Humanities meets Jurisprudence

—Compliance in research and education

JAET;Japan Association for East Asian Text Processing

漢字文献情報処理研究会 編

人文学と著作権問題

——研究・教育のためのコンプライアンス

好文出版

石岡　克俊
小島　浩之
上地　宏一
佐藤　仁史
田邉　鉄
千田　大介
二階堂善弘
師　茂樹
山田　崇仁

■本書は、人文学における著作権をはじめとする法律問題の考え方を解説したものです。本書で取り上げた事例はあくまでも一つの典型的なケースにすぎず、個別の問題にそのまま当てはまるとは限りません。具体的な問題の解決にあたっては、法律の専門家にご相談下さい。

■出版社への本書の内容に関するご意見・ご質問などには応じかねますのでご了承ください。

※本書は日本学術振興会科学研究費補助金基盤研究（B）「情報化時代における中国学次世代研究基盤の確立」（課題番号23320010、研究代表者・二階堂善弘）による研究成果の一部である。

まえがき

二階堂　善弘

本書『人文学と著作権問題』は、デジタル化が進みインターネットが日常的に使われるようになった現代において、人文学系の研究者や学生が著作権などの法的問題にどう向きあうか、その考え方を提示するものである。

インターネットやパソコンが使われるようになった九〇年代以降、我々は常にこの問題について悩まされてきた。たとえば、司馬遷の『史記』のデータベースを公開する場合、司馬遷自身の著作権などは、とうの昔になくなっている。これは当然ながら公開可能であろう。しかしそれが現代の研究者によって校訂されているときはどうか、またそれが特定の図書館所蔵資料に依拠したものであるときはどうなるのか、インターネット上にデータベースを公開して何か支障はないのか。このように古典資料の公開だけでも種々の問題が発生した。

こういった問題を考えるため、漢字文献情報処理研究会（漢情研）では二〇〇三年に「東洋学情報化と著作権問題」という公開講座を開催した。そのときに「著作権」と「所有権」は明確に区別すべきことを初めて知った。まさに目からウロコの感があった。

その後、講師の石岡克俊氏を中心に毎年のように漢情研では公開講座やシンポジウムを開き、多くの討論を通じて認識を深めていった。しかし一方で十年あまりが経ち、著作権法も変化していくなか、講座に参加していない人たちに同じ話をすると、毎度初めの議論に戻ってしまうことが多かった。

本書はこのような漢情研における議論の蓄積を、なるべくほかの方々にも共有していただきたいと考えて企画したものである。人文学の研究者や学生のみならず、大学・図書館・研究所・出版社などで業務に従事する方々にも、ぜひ参考にしていただきたいと考える。

CONTENTS

目次

人文学と著作権問題 —— 研究・教育のためのコンプライアンス

Q7

いつも大学図書館のパソコンで利用していた古典文献データベースを、自宅でも利用したいと思っていたところ、友人が「もう使わないから」とDVD-ROMを譲ってくれました。このデータベースは、「購入したユーザーが、一台のコンピュータにインストールして使うことができる」というライセンス契約になっていますが、友人はパソコンから完全にアンインストールしているとのことです。インストールしても問題ないでしょうか。

answer → p.165
ライセンス契約違反になる。

Q8

アメリカからの留学生が、大量の学術書をスキャニングした画像データの入ったDVD-ROMを貸してくれました。著作権について尋ねたら、フェアユースだから大丈夫だといっています。私のパソコンにコピーしても問題ないのでしょうか。

answer → p.166
日本国内ではフェアユースは適用されない。

Q9

数年前、大学の同僚教員五名の編著ということで教科書を出版しました。最近になり、内容が古くなってきたので改訂版を作ろうということになりましたが、編著者の一人が反対しています。彼は、教科書のほぼ全体にわたって何らかの手を入れており、その担当部分だけを除外することはできません。改訂版を作ることはできないのでしょうか。

answer → p.168
共同著作物では著作権者全員の合意が必要。

Q10

ある漢和辞典をデジタル化して公開したいのですが、初版は著者の死後五十年以上が経過しており、改訂版だと一部の著作者に権利が残っている状況です。この場合、初版であれば自由に利用して問題ないでしょうか。

answer → p.169
改訂版が出ていても、初版の著作権保護期間は満了している。

Q11

私の恩師が二十年前に出した概説書に改訂を加え、巻末に解説を付けて再出版することになりました。改訂者である私に著作権は認められるのでしょうか。

answer → p.171
恩師との共同著作物、あるいはあなたの二次的著作物になる可能性がある。

Q1 研究会で発表したアイデアが、論文を書く前に、その発表を聞いていたＡ氏の論文に使われてしまいました。最初に発表した私に著作権があるはずなので、Ａ氏の行為は著作権侵害ではないでしょうか。

answer → p.156 アイデアは著作権法では保護されない。

Q2 新たに発見した資料に基づいて、以前に発表した論文を一部書きかえて別の雑誌に発表しましたが、知人から二重投稿で著作権法違反ではないかと指摘されました。著者が自分であるのに著作権法違反になるのでしょうか。

answer → p.157 著作権法には反しないが、研究コミュニティにおいて倫理的・道義的責任を問われる可能性がある。

Q3 研究で使う文献や、授業で提示・配布する資料を学生にコピーさせています。最近、「自炊」代行業者に著作権法違反の判決が出たというニュースを見ましたが、学生にコピーさせている私も著作権法違反に問われるのでしょうか。

answer → p.159 「手足理論」により問題はない。

Q4 研究のために、村上春樹の小説をすべて電子テキスト化しました。将来的には、文体分析のために、この電子テキストを単語ごとに分解し品詞情報を付加して、コーパスを作成するとともに、それらをウェブに公開しようと考えています。このような学術的な活動は著作権侵害にはならないと思うのですが、いかがでしょうか。

answer → p.160 研究のためのコーパス作成は問題ないが、ウェブ公開には許諾が必要。

Q5 ある研究者のホームページに面白い話が載っていたので著書に引用したいのですが、そのホームページには「引用・転載や無断リンクを禁止します」と書いてあります。どのように手続きすれば引用できるでしょうか。

answer → p.162 公正な引用の範囲内であれば著作権者の許諾は必要ない。転載には許諾が必要。

Q6 私の勤務する図書館で、蔵書をデジタル化して公開しようと考えているのですが、そのなかに著作権者不明の著作物があり、誰に許諾をとればよいのかわかりません。どうしたらよいでしょうか。

answer → p.163 文化庁長官による裁定制度を利用できる。

凡例

- 本文・注ともに、著作権法を引用する際には、法律名を記さず条文番号から掲げています。また、法律などの条文番号については、漢数字の位取り記数法（「一二〇条」のような表記法）に統一しています（法令原文の引用内および巻末の著作権法全文はこの限りではありません）。
- ⅡおよびⅢでは、本文の下部に注釈を置き、条文引用や専門用語解説のほか、本書の関係箇所への参照を示してあります。
- 巻末には事項索引を付してあります。
- ⅡおよびⅢは、法学者（法條先生）と人文学者（菅原先生）の対談形式になっています。

  法條先生‥好文大学ロースクール教授。著作権を含む知的財産権の専門家だが、人文学や芸術にも広く興味を持っている。

  菅原先生‥湯島大学文学部教授。専門はアジアの歴史学で、研究手法は文献学からフィールドワークまで幅広い。小さな大学なので、教養科目や語学教育、さらには図書館・博物館・情報処理関係の仕事まで背負わされている。職務の必要上、著作権などの法律問題について解説書などを読んで独学しているが、悩みが尽きない。

I

序説

アカデミズムにおけるコンプライアンス

石岡　克俊

コンプライアンスのイメージ

本書『人文学と著作権問題』には、「研究・教育のためのコンプライアンス」というサブタイトルが添えられています。「研究・教育」と「コンプライアンス」。一見、ちょっと結びつきそうもありません。

「コンプライアンス」について、多くの人びとがイメージするのは、企業など組織における「コンプライアンス」です。確かに、書店などでは「コンプライアンス経営」とか「コンプライアンス体制」といったタイトルの書籍もよく見かけるようになりました。このように、これまでコンプライアンスは、企業活動にともなうリスクへの対処やその予防（リスク・マネジメント）との関わりで取り上げられることが多かったように思います。他方、近時、さまざまな企業不祥事の発覚を機に、内部統制のありかたが議論されるようになってからは、コーポレート・ガバナンス（企業統治）との関わりにおいても、しばしば話題にのぼるようになりました。

リスク・マネジメントとしてのコンプライアンス

金融リスク、財務リスク、商品・開発リスクや雇用リスクなど企業活動にともなうリスクには、じつに多様なものが考えられます。リスク・マネジメントとして語られるコンプライアンスは、法令違反や契約の不履行、権利侵害など法的なリスクが多くを占め、そのためでしょうか、我が国ではコンプライアンスに「法令遵守」という訳語をあてるようになりました。こうした法的リスクに企業が組織としてどう体制を整え、これに対応していくか。これがコンプライアンス経営の中心的な課題だといえます。

しかし、コンプライアンスという言葉を、単に「法令遵守」の意味で用いるのには、やや違和感を覚えます。コンプライアンス（compliance）は、comply（応じる、合致する）という動詞の派生語で、「共に＋（糸などを）織る（com＋plēre）」というラテン語に由来しています。ここから、「応諾」とか「合致する」という意味が出てくるわけです。ちょうど日本語には「折り合う（織り合う）」という言葉がありますが、私は、このニュアンスが最も近いのではないかと思っています。このように、原義を踏まえてこの言葉を理解するならば、「法令遵守」にとどまらない、より広い意義を見いだすことができると思います。

コンプライアンスとは

企業は一つの社会的存在として、さまざまなステークホルダー（利害関係者）と関わりを持ちながら事業活動を展開しています。ここで「関わり」といっているのは、契約など取引上の関係にとどまりません。その企業が立地する土地の住民や、地方自治体、国も含め、企業活動に関わりのあるいろいろな人びとを想定することができます。企業が社会のなかで存在し、事業を展開していくには、ステークホルダーの意向を理解し、受け入れ、社会の価値観に沿った経営をすることが求められます。しばしば話題となるＣＳＲ（Corporate Social Responsibility ── 企業の社会的責任）もこうした文脈のなかで語られます。

このように、コンプライアンスとは、市民としてみずからの属する社会の要請を受け入れ、これと折り合いながら行動していくことです。こうした行動は、市民としての義務や公共心に裏づけられた、より高い規範意識に基づかなければならず、単なる「法令遵守」とは異なります。

アカデミズムとコンプライアンス

大学などの研究・教育機関、また、そこで活動に従事する教職員・研究者も、いまやコンプライアンスと無関係ではいられなくなっています。

コンプライアンスと聞くと、何かちょっと新しい感じがしますが、決してそんなことはありません。小中学校や高等学校およびそれらの教職員は、「いじめ」や「モンスター・ペアレント」といった問題が出てくるずっと前から、日常的に父兄や行政機関をはじめ地域社会と接し、多かれ少なかれ、ここにいうコンプライアンスを意識してきたはずです。

また、本書で取り上げる人文学研究など、社会との関連性の一見薄そうな研究活動でさえ、次に見るように、暗黙裡にコンプラインスの問題が意識されてきたと思います。たまたま「コンプライアンス」という便利な言葉がなかっただけのことだと思います。

たとえば、研究室に閉じこもり、みずからの思考のなかで完結する研究だけをしている人がいたとしましょう。①もし仮に、そのような人がいたとしても、その研究は科学研究費など外部資金の助成を受けて行われているかもしれません。②研究や教育上の理由から、文献や資料の整理を大学院生などにやらせている場合もあるでしょう。③学問的な成果を研究論文などにまとめるにあたっては、みずからの着想だけではなく、ほかの研究者や先人たちの業績を日常的に参照し検討を繰り返しているはずです。

当然、助成を受けた研究費は、研究の目的以外の用途には使えません。でも、いざ資金を支出する段になると、研究目的といっても、実際にはどの範囲まで資金を支出することができるのか、意外に曖昧です。かつては、かなりルーズに運用されていたと聞きますが、最近では、こうした資金の利用に関する詳細なマニュアルが用意されるようになりました。それも数々の不祥事を経ての結果ともいえます（①）。

たとえば、学位や単位の認定権を持つ教員が「将来の研究に役立つから」などといって、指導する大学院生や学生に雑用を押しつけたり、作業させたりすることは、パワハラ（パワー・ハラスメント）とかアカハラ（アカデミック・ハラスメント）などといわれかねません。しかし、研究者なら誰でもわかっていると思いますが、研究室における指導教員と大学院生・学生の関係は、仕事上や商売上のそれとは違い、そう簡単に割り切れるものではありません（②）。

また、研究論文は、みずからの知的・精神的活動の成果であるとはいえ、まったく他者や先人たちの業績によらず仕上げることはできません。もし、これらの業績に一切触れず、すべてを「自分のものとして」公表したならば、盗作・剽窃といわれないまでも、そうした行動はみずからの業績の価値を貶め、結果的に研究者自身の評価を落とすことにつながるでしょう。ですから、学術的な研究論文の執筆・作成にあたっては、学会などで認められている一定の論文作法（マナー）にしたがうことになるわけです（③）。

「常識」という視点

ここまで見てくると、研究や教育の場が、普通とは何か違う、特殊な場所のように思えてくるかもしれません。しかし、コンプライアンスにとって、この一見、社会（日本人にとっては「世間」といった方がとおりがよいかもしれません）とは切り離された特殊な環境であるとの認識に、つまり、社会一般の常識と研究・教育の常識とのズレに、根本的な問題がひそんでいるのです。

研究・教育においても、リスクやトラブルがともなうということは先に見たとおりです。しかし、これらはいずれも常識的に考えると「不当」とはいいえても、「違法」とまではいいにくい内容も含んでいます。

ここで重要になってくるのが「常識」という視点です。社会の構成員の価値観は、常識というかたちで人びとの認識の上に浮かび上がってきます。コンプライアンスは、社会の常識から判断して「不当」とされたものについても真正面から取り組みます。

研究・教育機関も、企業などと同様、さまざまなステークホルダーとの関わりを持ちながら、社会のなかで活動している組織です。そして、同時に社会的責任を有する主体でもあります。確かに、コンプライアンスはもともと組織の問題です。しかし、大学などの研究者に代表されるように、研究活動という面においては、ある程度組織から自立的でいられる人も、いまや個人の単位で研究・教育上のリスクに対処しなければなりません。いや、むしろそういう立場にいる人だからこそ、「アカデミズムにおけるコンプライアンス」を先導していくことが求められているのだと思います。

本書の対象とねらい

本書は、「アカデミズムにおけるコンプライアンス」の必要性を踏まえ、大学などの研究・教育機関の教職員・研究者を対象としています。図書館などの実務にも役立つ部分もあります。すでに述べたように、コンプライアンスには、組織単位での対応と個人単位での対応の二つがあります。本書では後者を念頭におきながら、人文学の研究・教育の現場で起こりうる、あるいは、すでに起こっている諸問題について法的な立場からこれらへの対応や考え方を説明していきたいと思います。

本書では、主に研究・教育に関連する著作権の問題を取り上げていくことになるでしょう（前述の③で少し触れました）。本書のタイトルが『人文学と著作権**問題**』となっているのは、そのことを示しています。『人文学と著作権**法**』としていないのは、本書で取り上げる著作権問題の多くが、著作権法の問題であるばかりでなく、所有権や契約などにかかわるルールである民法やそのほかの法令とも深く関わっているからです。

本書では、想定されるいくつかの事例を素材として、具体的な対応を考えていきたいと思います。しかし、いわゆるマニュアル本とは一線を画すつもりです。結論だけを見るために読み飛ばしていくのではなく、一つひとつの思考のプロセスを追体験してもらいたいと思います。どうか、これをきっかけに「法的なものの考え方」（法的思考）というものに触れてもらえればと思います。

「法的なものの考え方」を知ることで、初めて出会うような未知の問題であっても、そんなに大きな見当違いをしなくなるはずです。私たちには、すでに常識というものが備わっていますから。

私は、人文学の世界ではあまりなじみのない「コンプライアンス」という言葉をあえて持ち込むことにしました。それは、閉鎖的になりがちな研究・教育の現場に、常識と義務感に支えられた研究者・教育者によるリスク・マネジメントを確立し、研究・教育機関がその社会的責任を果たすためにいま何が求められているかを、本書をきっかけとして考えてもらいたいと思ったからなのです。

II

人文学と法

――法的思考の基礎

1．ケーススタディー　研究・教育と著作権

私の所属する学部では、芸術系学科の卒業制作・創作などを除き、今後、卒論をデジタルデータで提出させることになりました。これにともない、過去十年分の卒業論文もデジタル保管に切り替えようと考えています。また、これまで卒論は原本を大学図書館が保存し、館内閲覧限定で公開してきましたが、デジタル化後はウェブでの公開に切り替えようと計画しています。卒論は学生が本学における教育の成果として大学に提出したものであり、大学が所有している以上、このような保存方法をとっても問題ないと考えますが、いかがなものでしょうか。

教育・研究成果の公開

菅原　近年、大学図書館は、学内の研究成果をオンライン公開する「機関リポジトリ」(1)に力を入れていますが、そこを通じて学位論文を公開する場合、一般的には博士論文（博論《はくろん》）、まれに修士論文（修論）(2)にとどまっているようです。

(1) Ⅱ・3（P73～）参照。

(2) 大学院は修士課程（博士前期課程）と博士課程（博士後期課程）からなり、それぞれの修了時に修士論文・博士論文を提出する。かつて人文学系における博士論文は、大学教授が退職前に研究人生の集大成として執筆することが多かったが（論文博士）、現在では博士課程修了時に博士論文を提出する課程博士が主流になりつつある。専攻や大学によって異なるが、人文学系の博士論文は四百字詰原稿用紙数百枚にもなる。

しかし、大学での教育・研究活動の成果一般を公開するとなると、これは教職員だけでなく研究員や大学院生、教育を受けている学部学生、さらには図書館実務の現場にも影響を及ぼすことになるかもしれません。

法條　現在、博論や修論には公表の義務はあるのですか。

菅原　博論については、「学位規則」（昭和二八年四月一日文部省令第九号）に公表の義務が明記されており、[3]平成二五年の改正で「インターネットの利用」によって公表する旨も付け加えられました。[4]修論については公表の義務はありません。ただ、東大・京大などのいわゆる旧帝国大学などには、修論を学部の図書室などに保管し閲覧を認めているところが多いようです。

菅原　なお、学部学生が卒業時に提出する卒業論文（卒論）も修論と同様、法令上の公表義務はありません。

法條　博論は、純粋な研究活動の成果として考えられているのでしょう。学術的研究の成果は公開され、さらなる研究の知的基盤となるべきものですから。また、博論の公表義務は、博士号という学位の付与にともなうものですので、その審査手続の透明性や水準の質的担保を狙ったものといえるかもしれませんね。

菅原　修論はどうですか。

法條　微妙ですね。確かに修士号という学位が付与されますが、実態として博士号ほど公的な意味づけがなされているわけではありません。学術的な成果としても、質量ともに博論とはずいぶん違いがあります。その点を踏まえての取

（3）学位規則九条一項　博士の学位を授与された者は、当該博士の学位を授与された日から一年以内に、当該博士の学位の授与に係る論文の全文を公表するものとする。

（4）学位規則九条三項　博士の学位を授与された者が行う前二項の規定による公表は、当該博士の学位を授与した大学又は独立行政法人大学評価・学位授与機構の協力を得て、インターネットの利用により行うものとする。

り扱いの違いなのではないでしょうか。

菅原　今回は大学院ではなく学部ということですが、いかがでしょうか。

法條　自立した研究ではなく、大学における教育の成果であるということをどうとらえるかというのが一つのポイントです。教育上のサポートを受けながら作成した卒業論文ですから。もう一つは、所蔵している教育上の成果を大学がどこまで自由にできるのかという点でしょう。

菅原　それは、著作権から派生する問題なのでしょうか。

法條　もちろん。しかし、著作権だけではありません。卒業論文は、大学が所蔵している物としても存在していますから、**所有権**(5)との関わりも考えておかねばなりません。

大学と学生の関係

菅原　いま、研究の成果と教育の成果の違いについて話が出ましたので、まず大学における学生の法律上の位置づけについて考えたほうがよさそうですね。

法條　たとえば、大学と教職員との関係は、雇用契約に基づいているといえます。そうした場合、どのような取り決めがなされているかは大学によって違いがあると思いますが、大学における教職員の研究成果が、**職務著作・法人著作**(6)との関係でどう取り扱われるかという問題が出てきます。しかし、大学と学生とは雇用関係にありませんし、業務に従事しながら著作物を創作しているわけではありません。するとやはり、学生が創作した知的・精神的成果につ

(5) p31およびⅢ・1（p104～）参照。

(6) 一五条一項　法人その他使用者（以下この条において「法人等」という。）の発意に基づきその法人等の業務に従事する者が職務上作成する著作物（プログラムの著作物を除く。）で、その法人等が自己の著作の名義の下に公表するものの著作者は、その作成の時における契約、勤務規則その他に別段の定めがない限り、その法人等とする。Ⅱ・3（p84～）参照。

いては、職務著作・法人著作とは区別して取り扱うべきでしょう。

菅原　雇用関係の有無によって著作物の帰属が変わってくるということですね。大学と教職員との関係は、一般に労使間で合意を得た就業規則に規定されています。学生の場合は大学とどのような契約関係にあるのでしょう。学生は対価を払って、大学から教育というサービスを受け取っている、ということになるのですか。

法條　大学が行う教育事業が、どのような性格のものなのかを考えておく必要がありそうです。一般に事業とは、経済活動のことをいいます。ここでいう経済活動とは、反復・継続して、商品・サービスおよび金銭の提供に対し、その対価を受け取る行為をいいます。したがって、一方的な給付を行う慈善事業や宗教事業、福祉事業などは事業とはいえないかもしれません。これらは、そもそも対価関係が想定されない事業です。教育事業はどうでしょうか。確かに、対価関係を見出すことができるものもあります。たとえば、自動車学校や英会話学校などはチケット制で、補習などの予定されていた課程からはみ出た部分については、チケットの追加購入が求められますよね。その意味では対価関係が明白だといえるわけです。

しかし、大学はどうでしょう。「ここから先は追加料金を頂きます」ということはあるでしょうか。あまり想定できませんね。そうすると、大学には学費を納めなくてはなりませんが、それはサービスの対価というよりは、ある種、大学を共同で維持するためといえますから、対価を求めるような性質のものではないとの理解も可能なはずです。少なくとも、我々研究者は恩師から「これから追加料金を頂きます」といわれたうえで、指導を受けるようなことはなかったはずです。

菅原　大学は、学生に対して何を提供しているのか、何を取引の対象と考えているのかという点は、非常に難しいところです。大学はやはりビジネスの問題とは切り離されるべきではないかと私は考えています。

法條　そうですね、なるほど。

菅原　このように学生の著作物に、いわゆる業務としてのぞむ職務著作を当てはめるのはかなり難しいと思うのですが、さりとて、大学と学生の関係をどう理解するか、契約というもので適切に切り分けることができるものなのだろうか、考えれば考えるほど悩ましい問題です。

法條　学生と大学の関係は、思ったより難しいのですね。

菅原　学生が調査・執筆した卒論が、著作物であるか否かという点は後で議論しますが、著作物であるという前提に立つと職務著作でない以上、各学生の知的財産ということになるでしょう。だとすると、これらの公表に際してはやはり了解を得るべきで、**著作者人格権**(7)、たとえば**公表権**(8)などとの関わりで考えていく必要があります。

法條　それでは、学則などで「卒論は公表する」とうたっておけば、入学してきた学生はそれに同意したとみなせるでしょうか。

菅原　それは、学則の内容が正当か否かという観点ですので、著作権それ自体の問

(7) コラム「三島由紀夫の手紙事件」(p63) 参照。

(8) Ⅱ・2 (p49) 参照。

題ではなく、一般的な契約法上の問題となりますね。

菅原　学則なり規則自体は契約として理解するということですね。

法條　ええ。学生は、入学と同時に学則などに同意して、両当事者はこれに拘束されることになるわけですから。ただ、大学などで作成された成果を強制的に、そして事前に説明もなく、大学に帰属するもの、ないしは大学の判断で公表できるとするのには違和感を覚えます。やはり当事者がお互いに合意するという正常な契約のプロセスを経ていることが大事です。こうした問題は別途、説明の場を設けるのがよさそうですが、本件のような場合には一般的なかたちよりも、レポートや卒論が提出されたときに、その都度その後の利用について整理し、譲渡などに関する契約を結ぶことが必要になるのではないかという気がします。

菅原　なるほど。では、たとえば、何らかの規則があるわけではなく、指導教員が「このゼミでは伝統的に卒論を公開しているから、君たちのものも公開します」と宣言しても、それだけでは契約にはなりえないということですね。

法條　そういうことになります。かつてみずから執筆した論文やレポートのことを考えると、過去を受け入れる人もいれば、二度と思い出したくないという人もいるかもしれません。そのような状況下で公にすると、意に反した公表ということになりますね。これは**著作者人格権**(9)の問題です。

菅原　私の修論も、規則により修了した大学院の図書館に収められています。当時はあくまで内部利用の扱いだったと思うのですが、最近になって「修論一覧」

(9) コラム「三島由紀夫の手紙事件」(p63)参照。

法條　としてネットで目録が公開されていて、驚きました。

公表[10]の定義で公衆提示とは何かという議論がありますが、著作権法上で**公衆**とは不特定多数ではなく**特定多数**をいうわけですから[11]、図書館に所蔵されてさまざまな人がアクセスできるのであれば、公衆提示ということになりますね。ですから菅原先生の出身大学院の修論は、ずっと以前から公表された著作物として扱われてきたのであって、ネットに目録が出たことにより著作権法上、特段変化があったわけではありません。

著作物の創作性

菅原　次に卒論が、著作権法に定める著作物にあたるのか否かを確認したいと思います。著作権法では著作物を「思想又は感情を創作的に表現したものであって、文芸、学術、美術又は音楽の範囲に属するものをいう」[12]と定義しています。

法條　学生の執筆にかかるものには卒論のほかにも、試験の答案、レポートなどたくさんありますから、これらを含め学生が執筆して大学に提出したもの全般について議論を広げて考えてみることができるでしょう。ただし、いわゆる「コピペレポート」[13]や「コピペ論文」などは除外して、まじめに学生自身が書いたものであるという前提です。

菅原　レポートや試験答案などは特に顕著かと思いますが、教員のなかには出題したのは自分であり、学生はそれに答えただけなので学生に著作権は無いと思い込んでいる人もいます。たとえば、知人が過去の自分の語学の授業での記

(10) p39およびⅡ・3（p80）参照。

(11) 著作権法では、特定の限定された範囲であっても多数がアクセス可能であれば公衆提示とされる。

(12) 二条一項一号。

(13) コピペとは「コピー&ペースト」の略。主としてネットの情報をコピーし、切り貼りして文章などを作成することを指す。

録を学生の解答とともに載せるような本の出版を計画しています。

法條　答案やレポートを、ですか。

菅原　そう、学生の書いた文章を丸ごと用例に挙げるだけでなく、学生の実名まで出すことを計画しているようです。

法條　確かに、課題を提供しているのは教員なのですね。それに応答するかたち、あるいは解答するかたちで書かれた作文が、著作物とは認められないという議論はもちろんありえます。しかし、そこはやはり著作物であると考えて、許諾を得るほうが無難だと思います。

菅原　たとえば、レポートでは本や授業の内容要約を課題とすることがありますし、卒論にしても、現実は先行研究をまとめたレベルのものが圧倒的に多いでしょう。こういったものは、「思想又は感情を創作的に表現したもの」という著作物の定義に合致しないのではないでしょうか。また同じ要約でも、確かにオリジナリティーあふれ、高く評価できるものもありますが、そういったものはごく少数です。

法條　著作物における**創作性**は、その人の個性の発露、オリジナリティーがあるか否かがポイントになります。要約という課題を与えられた場合、良い要約であろうと悪い要約であろうと、書く人によって差が出ますね。それがある種、創作性の表れだということになるわけです。何を重要と考え、それをどのようにまとめて書いたかというのは、オリジナリティーの表れであり、創作性という範疇でとらえるべきです。教員は学術的価値を評価しますが、その良し悪しは創作性と無関係です。見る人が変われば評価など逆転する可能性もあるわけですから。一つの課題に対して多様な解答が出てくるのは個性の表れで、それはむしろ創作性の根拠として考えることができるのではないでしょうか。

菅原　創作性の有無と出来・不出来は別なのですね。すると、教員が課題を提示したことの意味合いはどうなるのでしょうか。

法條　これは、教員が図書を紹介するということに留まるならば、創作への寄与は無いですね。したがって、教員は創作の契機を与えたのみで、創作者の一員ではありません。当然、学生の書いたレポートや卒論は教員との**共同著作物**(14)にはなりえません。

菅原　句会とか、和歌の会とかで、お題をポンと出すようなことに似ているかもしれませんね。

法條　その場合も創作には寄与していないですね。その課題を与えることによって、人々の創作意欲と感性を刺激したということでしょうか。「やるぞ」という気にさせたという意味では、スポンサーがお金を出すのと同じようなものかもしれません。しかし、実際に作品を作った人は誰かというと著作者であるわけで、スポンサーはインセンティブを与えたかもしれませんが、その作品の著作者とはいえません。

菅原　たとえば、試験で「○○について授業での議論を踏まえて述べなさい」と出題した場合、これは、授業をきちんと聞いていたか、授業での論理展開を理

(14) 二条一項一二号　共同著作物　二人以上の者が共同して創作した著作物であつて、その各人の寄与を分離して個別的に利用することができないものをいう。Q&A9〜11（p168〜）参照。

解していくるかなどを確認するために書かせるわけですけど、その場合、どうなりますか。

法條　試験答案が著作物か否かという点については、授業担当者である教員の「授業での議論を踏まえて」としていることが、その試験答案の作成に実質的にどう組み込まれ、結果としてどう表現されているかが問題となります。しかし、先ほどのように、創作性というものを個性の表れだと考えるならば、その内容が同一にならない以上、これは著作物となりうるのだと思います。

菅原　教員が授業で話したことを踏まえるというのも、本を読んでの要約とあまり変わらないということですか。

法條　そうです。たとえば、講義を聴いてまとめたノートがあったとします。ノートは教員の話を書き取ったものですが、速記録ではありません。学生が内容を取捨選択しているでしょうし、自分なりにわかりやすいかたちでまとめていると思います。これはやはり、配列や素材の選択に関し、ノートをとった人の創作性が認められるわけで、著作物と解してよいと思います。[15]ただ、もう少し考えると、教員が話した内容も著作物ですから、ノートを取るというその行為は、さらに創作性を付加したという意味で**二次的著作物**[16]ということになるでしょう。

菅原　著作物は文字として記録されたものだけとは限らないのですね。講演や音楽なども含まれますからね。

法條　著作権法では、どのようなものが著作物に該当するかを確認するために、

(15) コラム「ノートの創作性(補)」(p21)も参照。

(16) Ⅱ・2(p71)参照。

一〇条一項に例が示されています。そのなかには言語の著作物として「講演」も含まれています。著作権法で規定される著作物の範囲とその具体例ついては下の表にまとめておきました。

菅原　ここまで著作物とは何かを考えてきました。実例を挙げて一問一答式で確認すればわかるのですが、自分で著作物であるかどうかを総合的に判定するのは難しいものです。

少し視点を変えて、逆に確実に著作物ではないものを教えて下さい。

法條　著作権法一〇条二項には、「事実の伝達にすぎない雑報及び時事の報道は、著作物に該当しない」とあります。誰が書いても同じような表現にならざるをえないようなものは、創作的表現ではないので、著作物に当たらないとされています。

菅原　先ほどの要約の事例で、書いた人によってまとめ方が違う以上、そこには創作性を認めるべきとの議論がありましたが、それはこの条文と関連しているのですね。結局のところ、文字で書かれたものは、誰が書いても同じ表現になるもの以外は、著作物として認められると考えたほうがよいということですね。

法律の条文と判決、そしてガイドライン

菅原　ところで、著作物の取り扱いなどについて、国（文化庁）やこれに関連する

著作物の種類（文化庁『著作権テキスト』より）

言語の著作物	講演・論文・レポート・作文・小説・脚本・詩歌・俳句など
音楽の著作物	楽曲・楽曲をともなう歌詞
舞踊・無言劇の著作物	日本舞踊・バレエ・ダンス・舞踏・パントマイムの振り付け
美術の著作物	絵画・版画・彫刻・マンガ・書・舞台装置など（美術工芸品を含む）
建築の著作物	芸術的な建築物
地図・図形の著作物	地図・学術的な図面・図表・設計図・立体模型・地球儀など
映画の著作物	劇場用映画・アニメ・ビデオ・ゲームソフトの映像部分などの「録画されている動く影像」
写真の著作物	写真・グラビアなど
プログラムの著作物	コンピュータ・プログラム

ノートの創作性（補）

昔、大学における講義は、教員が講義ノートを読み上げ、多くの学生に写し取ってもらっていたそうです。それには、印刷技術が普及していない状況下での「知の複製」という意味がありました。このため、学者の著作が学生のノートなどを基にしてまとめられることも多くありました。

たとえば、フェルディナン・ド・ソシュール（Ferdinand de Saussure）は存命中に著書をまったく出していませんでした。有名な『一般言語学講義』（Cours de linguistique générale）は、彼の弟子がまとめたものです。ノートをとった学生によって内容が微妙に異なるので、その相違が研究対象にもなっています。また、中国史を学ぶ者にとっての必読書である内藤湖南『支那史学史』は、湖南の息子が、複数名の受講ノートを照合してまとめたものです。

このように学術分野における講義と著作との関係を歴史的に考えると、ノートを写し取ることよりも、ノートから原典（講義内容）をたどることの意義のほうが大きいことがわかります。そうであれば、本書で述べた講義を一次著作、学生のノートを二次著作とする議論は理屈では成り立つかもしれませんが、原典をどこまでたどれるかというノートの本義からすれば、ノートに創作性の議論を持ち込むことは、あまり生産的とはいえないかもしれません。

内藤湖南（左）とソシュール（右）

講義での口述を聴講した学生の筆記をもとに再現したことが明示されている明治期の書籍（東京大学経済学図書館所蔵）

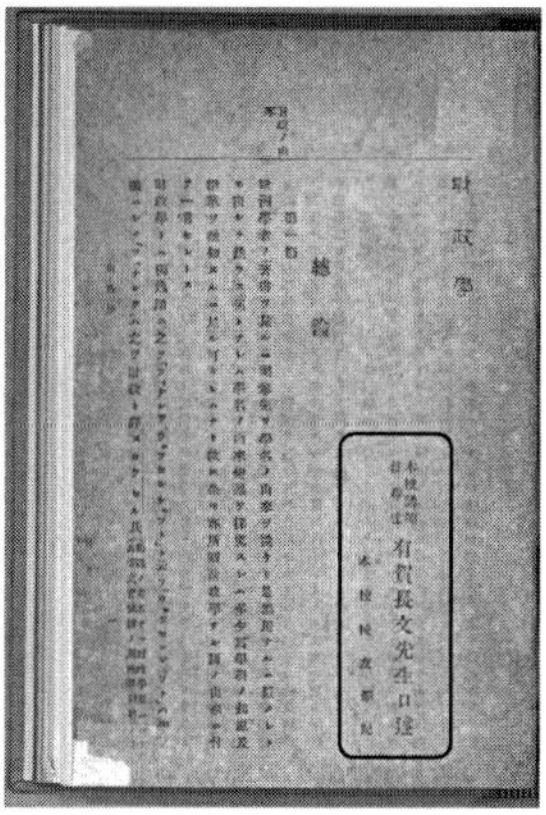
財政學
緒論
有賀長文先生口述

団体が「**ガイドライン**」を公表することがあります。しかし、これらのなかには、著作権法の規定のどこを読んでも出てこないようなルールが付加的に記されていることがあり、読んだ人が混乱することも少なくありません。そもそもこうしたガイドラインに、私たちはどこまで耳を傾ければよいものなのでしょうか。

法條　これまでの議論からも明らかなように、人間の精神的・知的な成果というものは、ほとんどすべてが著作物となる可能性があります。そこで特定の分野・業界の実情にそったかたちで、著作物の考え方について、その方向性を示したものがガイドラインです。もちろん、これらガイドラインの前提には著作権法の条文と裁判所の判決があります。一般に、条文の理解はその条項だけではなく、ほかの規定との関係を踏まえるなど、非常に複雑になります。裁判所の判決もたくさんあるわけではありません。そこで、「この業界ではこのように取り扱っていこう」との方針を、ガイドラインというかたちで示すことにしているわけです。

菅原　いま、裁判所の判決の話が出てきましたが、裁判所は個々の事実を踏まえて判決を出すのですから、判決が個別具体的な事例にしか当てはまらないという面は否めませんよね。

法條　そうです。でも、裁判所が出した判決の理由には著作権法の具体的な解釈が示されているわけで、そこでは裁判所がある条文をどう読むのが適切かについて一定の判断をくだし示しているのですから、当然、我々がこの条文を理解する上での指針となるはずです。そして、それらの解釈が積み重なることで**判例**(17)となり、法律と変わらない効力を持つようになるわけです。

菅原　一つの事案に対し、一つの判断がなされただけでは判例といわないのですか。

法條　まったく新しい判断が一つだけでは判例を形成することにはなりません。過去に何件もの類似の事件があり、それらに対する判断がある種のルールとなり判例が形成されます。

菅原　著作権に関する裁判というのはあまり多くないそうですね。だとすると判例も少ないのでしょうか。

法條　かつてよりは増えたように思いますが、ほかの法分野に比べると少ないかもしれませんね。
判例を読む場合、どの段階の裁判所で判断がくだされたかという点がまず大事です。地裁・高裁・最高裁と三審制をとる以上、最高裁判決というのが非常に大きな影響を与えます。
ただし、著作権の裁判で最高裁までいく例は必ずしも多くありません。著作権法に関する訴訟の裁判は地裁・高裁レベルのものが多いので、これらの判決を参照するというかたちになると思います。

菅原　そうすると、結局、あるものが著作物に該当するかどうかの判断は、まず、著作権法の条文に当たる。次に判例に当たる。それが駄目な場合は……。

法條　これまでの判決・判例を踏まえて、自分の頭で考えてみる。

菅原　自分の頭で考える、なるほど。ちなみに**ガイドライン**のたぐいについてです

(17)　コラム「主文（判決理由）と傍論」（p25）参照。

が、結局これらは特定業界の考え方なので、やみくもに参照したり従ったりすることは避けるべきですか。

法條　私は、あまりガイドラインを重く受け止めてはいません。いわゆる**法源**(18)ではありませんし、**有権解釈**(19)ともいえませんから。もちろん、実務的な処理をする便宜上、ある程度現場においてそういう対応をせざるをえないときに、参照するためのマニュアル（指針）として作成されることもあるでしょう。そのこと自体問題はありません。しかし、それが本当に法律の考え方に依拠したものなのかどうかということは、多少疑問を持ちながら見ていくべきです。ただそれに盲従するのではなく、著作権法の目的に立ち返って、考えていくことが大事だと思っています。

立法者意思説と法意思説

菅原　ガイドラインなどには、文化審議会の答申内容を根拠として書かれているものもあります。しかし、審議会の答申が法改正にすべて反映されるわけではありません。にもかかわらず、答申を根拠にしてまるで法律判断のように書かれているのはなぜでしょうか。

法條　法律の読み方には大きく二つあるといわれています。一つは**立法者意思**を重視する立場です。その法のテキストがどのようにしてできたのかをたどり、法律を理解・解釈していく立場です。国会や法律案を作る前提になった審議会などで、どういうやり取りが行われて、どういうことを念頭にこの法律が

(18) 法源（法の淵源）とは、法秩序を構成する法の存在形式の別をいい、法解釈の対象たる法の範囲を示す。法規範が文章のかたちをとる成文法、また、文章のかたちをなさず、社会における慣習が法として承認された慣習法のような不文法もある。判例や学説が法源と解しうるかについてしばしば議論となる。

(19) 有権解釈とは、権限のある機関による法の解釈であり、学理解釈と異なり、拘束力を有する。解釈を行う機関によって、立法解釈、行政解釈、司法解釈に分かれる。我が国では、日本国憲法八一条において、最高裁判所に「一切の法律、命令、規則又は処分が憲法に適合するかしないかを決定する権限」が与えられていることから（司法解釈）、その最終的な権限は最高裁判所にある。

制定されたのかを参照して考えていくわけです。もう一つは法律の条文から読み取れること（**法意思**）を重視する立場です。つまり、立法者意思がはっきりしていなかったり、立法者の想定外の事態に直面したりするなか、法律を適用しなければならない場合には、法の内容それ自体からその意図するところを汲み取り、法律の文言に忠実に読むことで、テキストを理解していかねばなりません。この両者は、まさに人文学研究者のテキストの読み方にも通じるのではないでしょうか。作家が当時どう思っていたのかを読み取って、作家論とあわせて批評することもあれば、逆にそのテキストが読者にどう読まれているかという観点から展開していく批評もあるかと思います。

COLUMN

主文（判決理由）と傍論《ぼうろん》

判決は、「**主文**（判決理由）」と「**傍論**」の二つに大きく分けることができるとされています。「主文」とは、のちの**判例**を構成する核心部分であり、判決の結論を導く直接的な理由の部分を指します。判決の主文の部分が、後続の類似事件の判断にあって参照されていくことになります。それが積み重なると、そこに一つの判例が形成されるのです。他方、「傍論」は裁判所が個別に事件に関する意見を表明したものであり、結論と直接関係はありません。傍論は、一般に判例を構成しないとされています。

もちろん、判決文には、主文と傍論の区別が明示してあるわけではありません。したがって、判決を読む人がどう読むか、つまり判決の結論との関係でその理由づけをどう読むかによって、主文と傍論が区別されていきます。

菅原　著作権法の解釈についていえば、法律の制定時期が比較的新しいこともあり、当時の立法担当者の議論が参照される場合が多いように思われます。この点については、どう考えればよいでしょうか。

法條　解釈上の重要な素材ですが、一つの見解ということになると思います。ただ、やはり一つの法律の理解には、立法の背景とともに、立法担当者の考え方も重要です。いまの著作権法は一九七〇（昭和四五）年にできていますが、この法律の制定に関わった加戸《かと》守行《もりゆき》氏（文化庁著作権課長・当時）が『著作権法逐条講義』[20]という本を書いています。この本は現在でも著作権法の解釈においてしばしば参照されます。もちろん**有権解釈**[21]ではありませんが、ある規定が、そもそもどういうことを念頭に置いて作られたものか、その経緯をたどることができるという意味で重要です。ですから、問題を考えていくためには、法律の条文、法律制定の経緯、そして司法がどういう判断を示しているかを考えていかなければなりません。

菅原　『著作権法逐条講義』は、まさに著作権法が一九七〇年代に書かれた文脈を提示しているわけですよね。したがって二一世紀のこんにち、現実と乖離している部分がある場合に、作られた当時の法律の文脈から離れて読んでも構わないのでしょうか。文学作品であればその時代ごとの読まれ方があって、たとえば『蟹工船』がいま再び読まれるのは、昭和初期の小林多喜二が書いた時代とは全然違う文脈で読まれているように……。

法條　ある意味、法律は作られたそのときからすでに古くなっています。法律は日々

(20) コラム「著作権法関連書籍ガイド」（p172）参照。

(21) p24参照。

新しい問題に対する問題解決の指針を示してくれてはいますが、まったくの未知の問題に直面したとき、立法者の意図とは異なるかたちで条文を解釈し対処しなければいけないということも出てきます。

菅原　著作権法でも、いまこのときにどう読むべきかというところが重要になる場合があるのでしょうね。

法條　問題を解決するために、どのように読まれるべきかを考えなければならない部分もあると思います。

菅原　特に、デジタル化に関連して、この二十年くらいの間で著作権のあり方がずいぶんと変わったのではないですか。

法條　現行の著作権法ができて、これまで四十数年の歴史から見ると、ここ十年、二十年の変化は非常に大きなものがありました。情報技術の変化で、立法当初想定されていた放送や映画だけでなく、さまざまな伝達方式が現れてきました。特に、二〇〇〇年前後からようやくデジタル化に対応した法改正が頻繁に行われるようになってきましたね。

菅原　情報の発信者の裾野が広がったということもありますよね。歴史的に見て、現代ほど、誰でも情報を発信できる時代はないような気がします。情報発信は権力者か知識人の特権でしたが、いまやパソコンや携帯電話さえあれば誰でもできるのです。

法條　確かに、そのようなハードルはかなり低くなったように思います。

菅原　これまで一般の人というのは、著作物を利用する立場でしたが、現在ではもはや発信する側、著作物を創り上げる側になっています。だからこそ、特に知識人として昔から発信する側にあった研究者は、世間に範たるべきなのではないでしょうか。

権利は誰のものか

菅原　これまでの議論で著作物とは何かということについて、おおよその輪郭がつかめたと思いますので、次に著作物の権利は誰にあるのかということに話題を変えたいと思います。法律上、**著作者**と**著作権者**は必ずしも一致しないそうですね。

法條　著作権法の定義規定によれば、著作物を創作する者を著作者だとしています[22]。そういう意味では著作物が創作された段階で、著作者は著作権を保有する著作権者となるわけです。しかし、あえて著作権者といわず著作者としているのは、作品と創作者の結びつきと、権利の所在が必ずしも一致しない場合があるからです。法律上、著作者は著作物に関する権利（**著作財産権**[23]）を第三者に自由に譲渡できます（なお、**著作者人格権**[24]は一身専属なので譲渡できません）。このため著作権者という場合には、著作者でなくても、権利を保有している人を含んでいます。

菅原　ここでは文字資料を前提に話を進めますが、**権利の発生**は著作物を書いた時点、著作物が出来上がった時点ということでよいでしょうか。

法條　一般に**知的財産権**[25]というのは、特許庁に登録して初めて権利が付与されると

(22) 二条一項二号　著作者　著作物を創作する者をいう。

(23) 著作権の諸権利（p29図参照）のうち、財産的な利益を保護する権利の総称。その一部又は全部を譲渡したり相続したりできる。一般に著作権という場合、著作財産権を指すことが多い。

(24) コラム「三島由紀夫の手紙事件」（p63）参照。

(25) 無形の発明・創作・思想の表白または顧客吸引力といった非有体物を客体とし、これらを保護するため、特許法・実用新案法・意匠法・商標法及び著作権法などの個別法によって排他的に支配しうる権利。

(26) 一七条二号　著作者人格権及び著作権の享有には、いかなる方式の履行をも要しない。

いうようなパターンもあれば、**無方式主義**[26]といって出願などの手続が不要なものもあります。著作権は後者なので、どういうふうに、いつ著作権が発生するかというと、それは創作した時点、創作的な表現が行われた時点ということになります。

菅原　先ほどの著作者と著作権者が異なるというところでいえば、論文掲載の条件として著作権譲渡を義務づけている学会もあります。また著作権譲渡までは求められなくとも、ウェブ掲載のために複製権と公衆送信権の行使を学会にも認めるかたちで契約を交わすこともあります[27]。

法條　著作権というのは、よく「権利の束」であるといわれ、著作物を利用する態様ごとに各種の権利が成立しています。ですから、そのなかで権利の全部もしくは一部、あるいは複製権や公衆送信権など限定した部分を譲渡、あるいは許諾するということはまったく問題のないことです。

菅原　そうすると、今回のケースでも、大学がレポートや卒論の提出時に学生と著作権の譲

(27) Ⅱ・3（p82〜）参照。

図　権利の束としての著作権（文化庁『著作権テキスト』より）

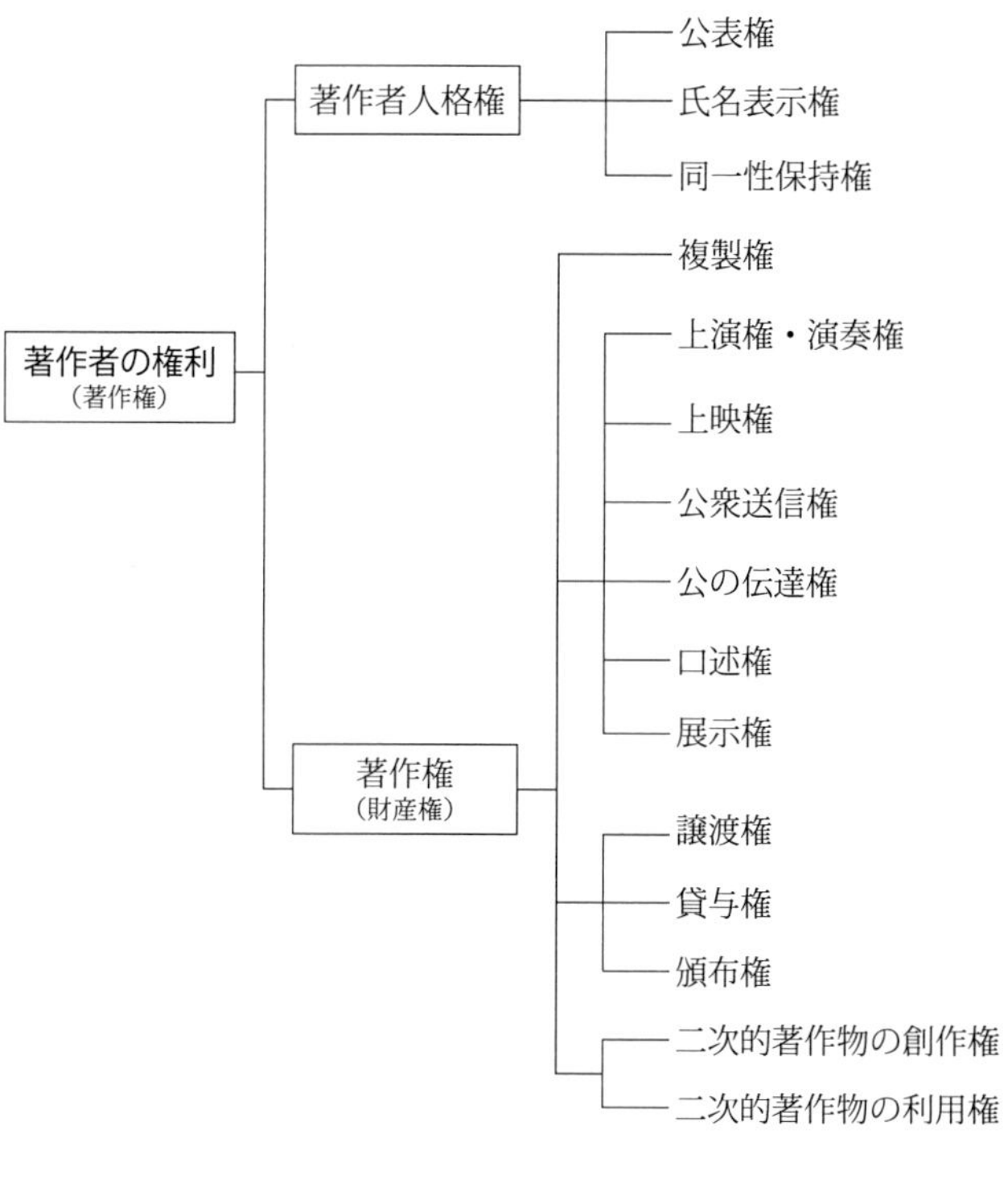

渡、もしくは許諾の契約を結んでいたかどうかということは、かなり大きな問題になりますね。

法條　今回の問題は卒論なので無関係とは思いますが、これが大学院生になってくると教員との**共同著作物**[28]か否かという問題も生じてくるかもしれません。研究段階になると、課題の提示というだけではなくて、ある程度、教員と一緒に問題を共有しながら成果を上げていくケースも出てきます。そういう側面があるとするならば、これは限りなく共同著作物に近くなります。

(28) Q&A9〜11（p168〜）参照。

菅原　学部生の場合、研究者をめざしている人はごく少数で、大半は就職にむけた知識や技術・資格などの修得を目標としています。こうしてみれば、レポートや卒論が、学術的に寄与するケースはまれで、知的訓練としての意味あいが強いと思います。

法條　教育目的で訓練の過程として行っている面が強いのだとすれば、卒論などは共同著作物とは違いますね。学生と大学の関係については先ほど触れましたが[29]、やはり、学生というのは法的にとらえにくく、法律上の位置づけをどう考えていくべきなのかいろいろ議論が必要でしょうね。

(29) p12〜参照。

菅原　特に卒論・修論などの場合では、指導が大なり小なり入りますよね。そして指導の結果、論文が出来上がる。教員がいるから訓練ができるという点を考えると、卒論や修論というのは本当に学生だけが著作者であるといえるのでしょうか。

法條　たとえば、理系の研究室単位で卒業研究を進めている場合には、研究室の施設・問題意識の喚起・実験などに対するコミットの仕方・役割分担・教員の適切な指導、そして場合によっては教員の着想（これはお互いの着想も含めて）などが、結果として一つにまとめられていくものかもしれません。この場合は研究室における知的生産の実態を表したものといえるのかもしれないですね。

しかし、文系はどうでしょうか。私の経験ですと、そこまで教員のコミットを受けて手取り足取りというわけではないように思います。

有体物と無体物（所有権と著作権）

菅原　さて、法律の素人が著作権を考えるなかで混乱するのは、物を持っている人に権利があるわけではなく、実際に物を持っていなくても、それを創った人に権利がある点だと思います。今回のケースでも、大学が所有しているものだから権利があると考えていますよね。

また、図書館でコピーをする際に提出を求められる文献複写の申込書について、本を所有している図書館の権利を侵害しないために書かされるのだと勘違いしている人も多いようですが、実際には著作権法に基づいて合法的にコピーできるようにするためのものです。

法條　そうですね。これは非常に根本的な問題であって、ある意味、知的財産権や著作権の問題のイロハなのかもしれません。**所有権**というのは民法に規定があり、定義上は「物の使用・収益・処分の権利」[30]ということです。要するに、

(30) 民法二〇六条　所有者は、法令の制限内において、自由にその所有物の使用、収益及び処分をする権利を有する。

物を使う、そして、それを使って何らかの利益を得る、収益を上げる、そして、それを捨てる。そういう意味では、物を排他的に管理する権限というものを認めているのが所有権です。ただ、その対象は物に限られています。民法上は、物というのは**有体物**をいい、(31) 一定の空間に物理的に存在する物というものを想定しているので、それは**無体財産**といわれている著作物などには及びません。

菅原　本の場合は、印刷され製本された紙の束としての有体物と、内容に含まれる知的創作活動の成果としての**無体物**の両面があるということですね。

法條　そうです。そこに難しさがあります。物それ自体には所有者がいる、しかし物に描かれている知的・精神的な成果は、必ずしも物の所有者と一致しているわけではありません。著作物というのはあくまでも無体物で、無体物に対する支配権は著作権者にありますが、有体物である物に対してのそれは所有者が持っています。**物**への支配というのは所有権の問題、無体物の占有は知的財産の問題ということで、所有者は著作権者に対して譲歩しなければいけない場合があるということになります。

菅原　つまり図書館の本でいえば、図書館は物体としての本そのもの、かたちある物を支配する権利は持っているけれども、その中身の知的・精神的な部分についての権利までは持っていないということですね。そうすると、本を買ったときに支払うのは、物理的な物の対価ということでしょうか。

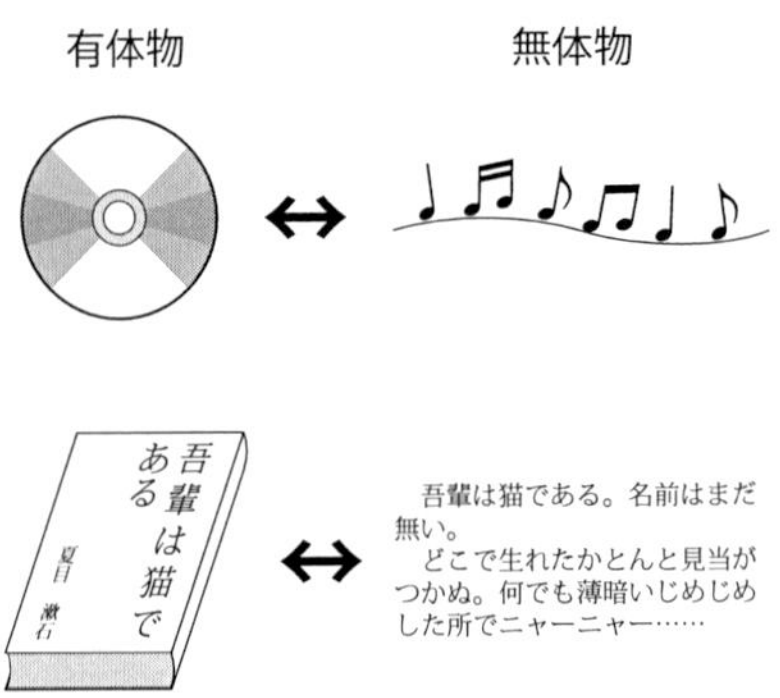
有体物
無体物
吾輩は猫である
夏目漱石
吾輩は猫である。名前はまだ無い。
どこで生れたかとんと見当がつかぬ。何でも薄暗いじめじめした所でニャーニャー……

(31) 民法八五条　この法律において「物」とは、有体物をいう。

法條　それは、物としての本だけでなく、そこに文字で書かれた内容である知的財産も合わせて購入しているということです。

菅原　購入していても、物でないものに対しては、所有権が及んでいないということですか。

法條　及びません。「本を読む」というように著作物を使用する場合は、特に所有している本であれば誰にも許諾は必要ありません。しかし、著作権者の利益に何らかのかたちで関わるような使い方をする場合には許諾をもらわなくてはならないのです。逆にいうと、著作権者に何らかの影響を及ぼすような使い方を、著作権法上は「**利用**」といって、「**使用**」と区別しているのです。

菅原　それではこう考えてよいですか。たとえば本を買うときには、その本の紙代と、読むことに対してのみお金を払っているのであって、それをコピーして頒布する権利までは購入していないのだと。

法條　まあ、そういう理屈になりますか。ですから図書館でも閲覧は自由なのですが、コピーに関しては一定の条件を満たす場合のみ、例外的に著作権者の複製権を制限して図書館で行えるよう認めているのです[32]。図書館でコピーに際して「文献複写申込書」を書なくてはならないのは、この条件を満たすことを確認するためです。

菅原　ちなみに、所有権は物に対する権利ということでしたが、そうすると、データは物として存在していませんから、データへの所有権はありえないことになりますね。

(32) コラム「図書館と著作権」(p72)参照。

法條　データを固定した媒体に所有権を及ぼすことは可能ですけれども、データそのものに所有権は想定しようがないということになりますね。

菅原　私の体験ですが、ある博物館に調査に行って所蔵資料の写真撮影を申し込んだところ、撮影データの所有権が博物館にあることを認めるよう誓約書を書かされたことがあります。これは法的にはまったくのナンセンスです。有体物と無体物に関わる諸権利はそれぞれ独立しているので、別個に処理することが可能で、またそれが望ましいわけですね。

法條　ただし、所有権が著作権より優先される場合もあるのです。たとえば彫刻とかモダンアートなどの芸術作品の場合、それを展示する権限については、著作権法に基づいた**展示権**(33)というものがあります。しかし所有者が別の人の場合、所有者が意図する場所に置くことを希望することが往々にしてあるそうです。こういった場合、知的財産権である美術作品の著作者は、所有者に譲歩しなければいけないのです。

菅原　それは法律に書いてあるのでしょうか。

法條　はい。所有権と展示権との間の調整を図るべく、展示権を制限する規定が設けられています。(34)このほか、屋外に設置するような彫刻をどう扱うかについて、一応、**調整のための規定**(35)が設けられています。このように所有権と知的財産権がせめぎ合う部分もいくつかありますね。

菅原　人文学研究では、調査に行って資料を収集してくることがよくあります。(36)歴史学の場合では近現代史を除いて、資料の著作権が切れていることがほとん

(33) 二五条　著作者は、その美術の著作物又はまだ発行されていない写真の著作物をこれらの原作品により公に展示する権利を専有する。

(34) 四五条一項　美術の著作物若しくは写真の著作物の原作品の所有者又はその同意を得た者は、これらの著作物をその原作品により公に展示することができる。

(35) 複数の法令が競合する場合において、どちらが優先されるかをあらかじめ想定し規定したもの。四五条二項　前項の規定は、美術の著作物の原作品を街路、公園その他一般公衆に開放されている屋外の場所又は建造物の外壁その他一般公衆の見やすい屋外の場所に恒常的に設置する場合には、適用しない。

(36) 「著作権切れ」という表現は一般によく使われるが、法律上は「著作権保護期間満了」とされ、著作権保護の期間を過ぎたこと、あるいはその結果、公有に帰した著作物のことを指す。なお、著作権の保護期間についてはⅡ・2(p.43)参照。

どですが、その場合でも、使用許諾が必要だといわれるのは、民法の所有権に基づいているのですね。

法條　そう理解するべきですね。知的財産権、いわゆる著作権の問題ではないということです。

COLUMN

建築の著作物と同一性保持権

ある施設がコンペでデザインを公募して新しい建物を建てた際に、**建築の著作物**であるために、内装から細かなサインなどに至るまで、設計者の許可がない限り改変できないという事態が発生しました。

おそらく著作者である建築家は、**同一性保持権**〔1〕に基づいてこのように主張したのでしょう。しかし、建築の著作物は実用品であって、我々が日常的に使わなければいけません。改装や模様替えも必要になりますので、著作者に同一性保持権などの人格権を逐一主張されたら困ったことになります。このため、著作権法は同一性保持権の各種例外を認めており、たとえば建築の著作物に関しては、模様替えや改装に権利が及ばないという仕組みになっています。〔2〕当該施設は著作権法をよく知らず、著作者の無理難題を受け入れてしまったのでしょう。

これも、所有権と知的財産権のせめぎ合いの結果、所有権のほうが優先された例の一つだといえるでしょう。

〔1〕Ⅱ・3（p92）参照。

〔2〕二〇条二項　前項の規定は、次の各号のいずれかに該当する改変については、適用しない。

……

二　建築物の増築、改築、修繕又は模様替えによる改変。

著作権の許諾と譲渡

菅原　これまでの話で、卒論について、大学に所有権があったとしても、著作権を学生が持っている限り、勝手なデジタル化や公開はできそうもないことがわかってきました。公開のためには大学側が規則を制定するだけでなく、学生に**許諾**を求める必要があるのですね。では、どのような許諾を求めればよいのでしょうか。

法條　著作権法のなかには、著作権の全部または一部の**譲渡**を可能とする規定[37]はありますが、具体的な譲渡の方法については書かれていません。これは著作権法の問題ではなくて、むしろ民法でいうところの**契約**[38]の問題になると思います。契約というのは、当事者が合意さえすれば、公序良俗に反しない限り、ある意味何でもできてしまいます。法律に書かれていないさまざまな条件を契約のなかで設けることは、何ら問題ありません。権利として定める一番のメリットというのは、誰に対しても主張できるというところです。ただし契約は、当事者のみが拘束されるという点に注意が必要です。

菅原　ということは、契約は第三者には影響を与えないと。

法條　はい。二者間で自由な意思に基づいて取り決めがなされた以上、契約はその二者間で、ある種、法と同じ意味合いを持ちます。したがって、契約に違背したら当然裁判で訴えられるということになります。

(37) 六一条　著作権は、その全部又は一部を譲渡することができる。

(38) Ⅱ・3「学術雑誌・書籍電子化の法的手続き」(p82〜)も参照。

菅原　著作権の許諾を得るのは、契約の一種だということですね。

法條　そうです。だから、著作物を他者にどのように利用させるかという問題は、一般に著作権の問題だと思われているかもしれませんが、実は契約の問題として理解したほうがよいケースのほうが多いのではないか思います。

菅原　著作者が著作権を譲渡した場合、著作者は権利を失ってしまうのですよね。著作者の権利を残しつつ相手も利用できる方法はありますか。

法條　それなら、権利を譲渡せずに許諾すればよいのです。

菅原　許諾なら、お互いハッピーになるのですね。たとえば今回のケースで学生から卒論の著作権許諾をとる場合、対象とすべき権利は何でしょうか。

法條　それは**複製権**[39]と**公衆送信権**[40]ですね。卒論をウェブサーバーで公開するまでの工程を考えてみましょう。今回のケースでは提出がデータということですが、仮に紙による提出の場合、スキャニングしてデータ化する作業がまず必要になります。ここで紙からデータへの複製が生じます。さらにデータをサーバーにアップロードしますが、これはサーバーにデータの複製を作るのと同じです。つまり卒論をウェブ公開するためには、一回ないし二回の複製を必要とするので、これを権利者に許諾してもらわなければなりません。

次に公衆送信権ですが、これは本来、放送や有線放送などを念頭においていたものです。しかし、平成九年の著作権法改正から**自動公衆送信**[41]として、インターネットによる配信もこの権利の対象となることが明記されました。自

(39) 二一条　著作者は、その著作物を複製する権利を専有する。Ⅱ・3（p95）も参照。

(40) 二三条一項　著作者は、その著作物について、公衆送信（自動公衆送信の場合にあつては、送信可能化を含む。）を行う権利を専有する。Ⅱ・3（p95）も参照。

(41) 二条一項七号の二　公衆によつて直接受信されることを目的として無線通信又は有線電気通信の送信……を行うことをいう。

動公衆送信においては**送信可能化権**が認められ、データを送信可能な状態にする、つまりサーバーにアップロードすることが、著作者の権利として定められています。卒論をウェブ公開する以上はサーバーにデータを置かねばなりませんから、これを権利者に許諾してもらう必要があるのです。

菅原　場合によっては、著作権の許諾ではなく譲渡を受けたほうが、のちのち面倒にならないのではありませんか。たとえばインターネットが無い時代には、公に頒布する複製といえば出版くらいしか方法が無かったのですから、複製権に基づいて出版権[42]を設定してその許諾を得ればよかったはずです。しかし、いまこれを電子化して公開しようとすれば、新たに公衆送信権の許諾を取り直さなければなりません。後になって許諾を取り直すべき権利が増殖していくのであれば、最初から譲渡しておいてもらったほうが楽ですよね。

法條　音楽業界では、アーティストからレコード会社などへの権利の譲渡がしばしば行われているようです。

公表された著作物

菅原　ここまでで、学生の書いた卒論は著作物として扱うべきで、その**公表**[43]にあたっては、著作権者である学生の有する諸権利を侵害しないように、大学側が公開の許諾や、権利の譲渡を受けるべきであるということがわかりました。ところで、冒頭で触れたように、卒論には法令上の公表の義務がありませんでした。この大学の図書館では、卒論の利用を閲覧のみとし複写を認めてい

(42) 七九条一項　第二十一条に規定する権利を有する者……は、その著作物を文書又は図画として出版することを引き受ける者に対し、出版権を設定することができる。

(43) Ⅱ・3（p80）も参照。

ないようですが、これはおそらく、著作権法上、図書館における複製が公表されたものに限られているからだと推測されます[44]。ただ先ほどいわれたように[45]、図書館に所蔵されてさまざまな人がアクセスできるのなら、それは公表ではないのでしょうか。

法條　著作権法三条一項には著作物の**発行**[46]についての定義があり、その性質に応じ公衆の要求を満たすことができる相当程度の部数の複製物が、複製権を有しているか、その許諾を受けた者などによって作成・頒布された場合を発行だとしています[47]。続けて四条一項で著作物の公表が定義され、著作物は、発行・上演・演奏・上映・公衆送信・口述・展示の方法で公衆提示があった場合に公表されたものとみなすとされています。前に述べたように[48]、公衆というのは特定多数を指しますので、アクセスできるかたちで提示された場合には公表になります。だから卒論や修論、さらにレポートはこの規定に合致するものとはいい難いかもしれません。

菅原　ただ、卒論は大学や学部の規則などで、大学図書館に保存・公開の義務を明記している場合もあります。また国立大学には、公文書管理法に基づいて卒論や修論を公開義務のある法人文書に指定しているところもあります。

法條　その場合は、公表といえるかもしれないですね。逆に私の大学などは、ゼミの指導教員に卒論を提出しておしまいで、それを研究室のなかに入れて図書館にも置いていません。これは公表していないことになります。

菅原　卒論は審査を受けますよね。審査員が見るわけで、それは特定多数が見ると

(44) コラム「図書館と著作権」(p72)参照。

(45) p16参照。

(46) Ⅱ・3(p80)参照。

(47) 三条一項　著作物は、その性質に応じ公衆の要求を満たすことができる相当程度の部数の複製物が、第二十一条に規定する権利を有する者又はその許諾……を得た者若しくは第七十九条の出版権の設定を受けた者によつて作成され、頒布された場合……において、発行されたものとする。

(48) p16参照。

いうことにはならないですか。

法條　保存された段階で、特定多数がアクセス可能になるかどうかということです。研究室や図書館に蓄積されている卒論が、公表された著作物といえるかどうかは、各大学における扱い方しだいだといえるでしょう。また国立大学の場合は、その公表に公文書管理法や情報公開法の規定が影響してくるところもありそうですね。

ケース1のまとめ

法條　ここまでの議論のなかから、特に今回のケースの要点をまとめると次のようになります。卒論を公開するのであれば、これらの点に留意して作業するのがベターでしょう。

- 文字で書かれたものについては、誰が書いても同じになるような性格のものでない限り、著作物として取り扱ったほうが無難であって、卒論も学生の創作性が発揮された著作物とみるべきである。
- もちろん教員の指導が入っていることは自明であるが、大学と学生との法的関係を考えるに、指導者の著作物へのコミットは現時点では証明が難しい問題である。
- 大学に提出されているので、有体物としての卒論の所有権は大学側にある。しかし無体物としての知的財産権（著作権）は著作者である学生にある。

・卒論は大学の規則などに保存・公開が明記されていない場合、公表された著作物とは認め難い場合もある。
・大学が卒論をインターネット上に公開する場合、著作者から著作権の譲渡を受けておくか、著作財産権のうち複製権・公衆送信権の許諾を得ておく必要がある。

2. ケーススタディー 資料のデジタル化と公開

私は著名な歴史小説家A氏（一九六一年四月死去）を共同研究するプロジェクトに参加しています。プロジェクトリーダーは文学研究者としてA氏の研究に長年携わっており、さまざまな資料を収集しています。今回のプロジェクトでは、それらA氏に関する資料をすべてデジタル化（テキストデータもしくは画像データ）しており、それらを資料集として出版するとともに、ウェブを通じてネット公開しようと考えていますが、法的に問題ないでしょうか。資料の内訳は以下のとおりです。

【A氏関連デジタル化資料内訳】

①A氏の出版された小説、②A氏手稿《しゅこう》、③A氏旧蔵書籍（古典籍・第二次大戦期海外資料）、④A氏を描いた肖像画・写真、⑤A氏作の書画、⑥A氏書簡・A氏宛書簡、⑦A氏の長男B氏執筆による『A氏伝』、⑧A氏に関する報道スクラップ、⑨A氏原作小説で映像化された作品のビデオテープ・DVD類、⑩A氏原作小説を下敷きとして制作されたゲームソフト類

問題の所在

菅原　今回のケースは、前のケースの応用編というべきものだと思います。このケースでは、資料のデジタル化や出版にともなう複製、さらにウェブ公開が計画されているので、公衆送信など著作権法上の利用権に関係する問題がでてくることになります。また、資料の扱いについては、公表されたものか否かなども考慮しなければならないでしょう。さらにプロジェクトリーダーが所有しているA氏関連資料が複製の場合、原本所有者の所有権との関係で問題になってくる可能性があります。

そこで、ここではまず、これらの資料が著作物に当たるのか、権利者は誰かというところから整理していき、あわせて資料原本の所有権の問題、公表・非公表の差異について考えていきたいと思いますが、いかがでしょうか。

法條　いいですね。一点、付け加えておくならば、「データベース化する」とのことなので、データベースに関する著作権法上の取り扱いについても考えておく必要があるでしょう。それからこのケースでは、A氏が亡くなってすでに五十年を経過していますが、著作権の保護期間の問題についても整理しておくべきでしょう。

著作権の保護期間

菅原　では最初に、著作権の**保護期間**(1)について概略を教えてください。

(1) Ⅱ・3（p84）も参照。

法條　著作権の保護期間は原則五十年となっています。[2] 例外は「**映画の著作物**」の七十年です。[3] ただ、保護期間が同じでも、A氏のような**自然人**と**法人**[4]では起算点が異なります。

菅原　法人という言葉はよく耳にしますが、具体的にはどういうものでしょうか。

法條　端的にいうと、自然人、つまり生身の人間と同様の資格を与えられた組織や団体のことです。

菅原　なるほど、そういうことになるのですね。

法條　自然人といいましたが、著作権法上は著作者です。知的・精神的な成果としての著作物は、人間の創作活動の帰結です。ですから、創作をする主体は法人ではなく自然人だということになります。

自然人の著作権の保護期間は、法律上、原則として死後五十年（死亡した翌年の一月一日から五十年）ということになっています。[5] 保護期間は創作した時点からスタートしますので、厳密にいえば五十年以上保護されるということになりますね。

団体名義の著作物、あるいは法人の著作物の場合は、死という概念が基本的に想定できないので、公表後五十年（公表した年の翌年の一月一日から五十年）ということになります。ですから、公表という概念が重要になってきます。ま

著作権の保護期間

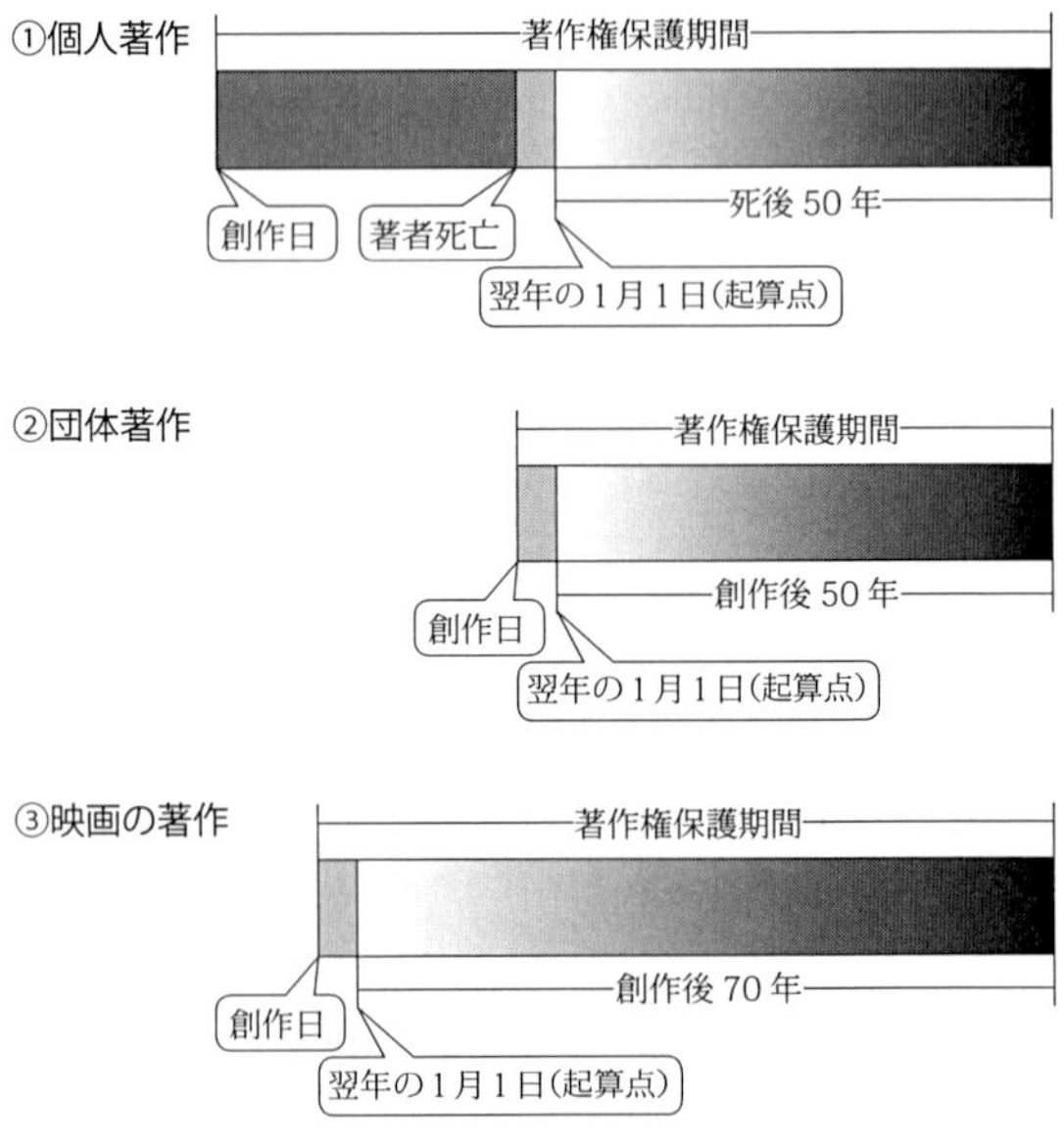

(2) 五一条二項　著作権は、この節に別段の定めがある場合を除き、著作者の死後（共同著作物にあっては、最終に死亡した著作者の死後。……）五十年を経過するまでの間、存続する。

た、公表後となると、保護期間が自然人よりも実質的に短くなります。「映画の著作物」が七十年になっているのは、法人が著作者になることが多いことが背景にあります。

菅原　ということは、自然人の著作者が亡くなった場合、通常の財産と同じように著作権を遺族などが相続することになるのですね。では、法人が解散した場合にも、承継する法人があればそれが継承するということでしょうか。

法條　そのとおりです。

菅原　しかし、研究会やサークルなどの場合、後を継ぐ団体がないことが多いと思います。そのような場合、どうなるのでしょうか。

法條　その場合は**消滅**します。(6)

菅原　では、研究会などの名義で本を出版した場合には、そのグループが解散して、後を継ぐ団体もなかったら、著作権は消滅するということですね。

法條　そうですね。そういう場合も考えて、グループ名義にしない方がよいかもしれません。(7)

菅原　著作権の保護期間を満了していれば、基本的に自由に使ってよいのでしょうか。

法條　そうです。**パブリックドメイン**（**公有**）となりますので、使ってかまいません。

文学作品や論文の著作権保護期間

菅原　では、以上を踏まえて、最初に挙げた①から⑩の資料カテゴリーについて、

(3) 五四条一項　映画の著作物の著作権は、その著作物の公表後七十年（その著作物がその創作後七十年以内に公表されなかつたときは、その創作後七十年）を経過するまでの間、存続する。
p67も参照。

(4) Ⅱ・3（p85）も参照。

(5) 五七条　……著作者の死後五十年、著作物の公表後五十年若しくは創作後五十年又は著作物の公表後七十年若しくは創作後七十年の期間の終期を計算するときは、著作者が死亡した日又は著作物が公表され若しくは創作された日のそれぞれ属する年の翌年から起算する。

(6) Ⅱ・3（p84）参照。

(7) 本書は、「漢字文献情報処理研究会編」となっているが、奥付に共著者全員の著作権表示をしており、研究会が解散したとしても著作権が消滅しないように配慮している。

著作物であると認められるのか、著作権者や所有者は誰か、保護期間はいつまでかなどを個別に確認していきたいと思います。その上で、出版物やウェブを通じて公開してよいのかどうかを検討したいと思います。

法條　まず①、A氏の出版された小説についてみてみましょう。この資料は、プロジェクトリーダーが書店などで買って収集したものなので、所有者は彼になると思います。著作権者は、A氏ということになりますよね。

菅原　そうですね。原則としてA氏が著作権者になると思います。

ただ、たとえば文学賞の応募作品などの場合、著作権の譲渡を応募の条件にしていることがありますよね。その場合は、主催者などになるでしょう。もっとも、A氏が亡くなってから五十年以上経ちますので、いずれにせよ著作権は切れています。

法條　学術雑誌のなかには論文の掲載にあたって著作権譲渡を求めるものがありますが、これも同じように考えてよろしいでしょうか。

菅原　はい、そのとおりです。

法條　主催者などに譲渡した場合でも、著作権の保護期間はA氏の死後五十年なのでしょうか。それとも、譲渡した先は法人になるので、公表されてから五十年となるのでしょうか。

菅原　その場合でも、死後五十年となります。

法條　今回のケースではないですが、仮に、一九九〇年代に『A氏全集』が出版され、現在でも販売されている、というような場合、ウェブに公開する際に全

法條　集を出版している出版社の許可がいるのでしょうか。

慣習上はその出版社に話を通すのかもしれませんが、本の編集やレイアウトといったものについて権利が認められていない現状からみて、今回のように著作権が切れているのであれば、ウェブ公開などについて出版社の許諾は必要ないと思います。ただ、現在、出版業界は**版面権**[8]を**著作隣接権**[9]の一つとして認めるよう政府に働きかけています。

菅原　著者の権利が消滅しているにもかかわらず、出版社の権利のほうが長く残るというのは本末転倒といえるかもしれませんね。

法條　そうですね。

菅原　A氏の小説には挿絵もありますが、それは別個に考えないといけないですよね。A氏の著作権は切れていますが、挿絵の画家の著作権は切れていない可能性がありますから。

法條　論文などで論の展開上挿入されている図版は、著作権法上の**引用**として認められる場合も多いでしょうが[10]、小説の挿絵の場合は別の著作物としての扱いになるでしょう。それ以外にも、本文中に著者とは異なる人が撮影した写真があったり、装丁作家が装丁したりということもありますね。本一冊をよくよく見ていくと、さまざまな人の創作が入っており、ものによっては映画並に込み入った権利関係があるかもしれません。

(8) Ⅱ・3（p89～）参照。
(9) p62～およびⅡ・3（p89～）参照。
(10) Q&A5（p162）参照。

未完成の作品は著作物といえるか

菅原　では次に②、A氏の手稿《しゅこう》に移りたいと思います。

法條　手稿とは何ですか。写本のことですか。

菅原　手稿は手書きの原稿やメモのことで、写本は著作物を手書きで写したものです。英語であればどちらもマニュスクリプト（manuscript）になってしまいますが、我が国の書誌学では両者を区別しています。

法條　なるほど。ということは、手稿というのは未完成である可能性があるわけですね。未完成のものが著作物として認められるかどうかについては、シューベルトの交響曲「未完成」などの例もあるように、手稿の中身が創作性を伴っていれば、完成・未完成にかかわらず、著作物として扱われると思います。

菅原　手稿のなかには、A氏が小説の構成を練った際のメモ書き、あるいは取材ノートなども含まれます。これらにも著作権は認められるのでしょうか。

法條　個々のメモについては、単なる引用のようなものも含むでしょうから、著作権を認められない場合もあると思います。しかし、ノート全体がA氏の知的・精神的活動のプロセスを示しており、その点に創作性を見いだすことができれば、完成・未完成にかかわらず一つの著作物として認めてよいと思います。

菅原　実はA氏の手稿はコピーであって、原本は長男であるB氏が所有しています。A氏の著作権は切れていますが、複写したものを公開するのにB氏の許可は必要でしょうか。

法條　著作権法としては公開して問題ありませんが、無断で公表したために所有者との関係がこじれる場合もあるようです。ですから、複写をさせてもらう際に、複製資料の利用方法について、契約(11)などで互いの意思を確認しておく必要があるでしょう。

菅原　そういえば**公表権**(12)というものがありましたね。手稿はほとんどが未公表だと思いますが、勝手に公表してしまってよいのでしょうか。

法條　公表権というのは**著作者人格権**(13)の一つであり、一身専属で、その人の死とともに消滅します。(14)ですから、A氏の死後であれば、原則として自由に公表できると考えてよいでしょう。ただ注意しておかなければいけないのは、その手稿の内容が遺族の評判を毀損するなど、人格的利益を害する場合には、不法行為として損害賠償の対象となる可能性がある点です。(15)

複製資料の公開

菅原　では次に③、A氏旧蔵書籍（古典籍・第二次大戦期海外資料）はどうでしょうか。

法條　A氏所有の古典籍はいつの時代のものですか。

菅原　江戸時代までに出版されたもののようです。

法條　そうであれば、すでに著作権は切れていると判断して問題なさそうですね。

菅原　ただ、古典籍の多くは、原本ではなくて図書館でコピーしたものです。これらはもう著作権が切れているものですから、コピーをそのままスキャニングして公開しても問題はないですよね。

(11) Ⅱ・1（p36）参照。

(12) 一八条一項　著作者は、その著作物でまだ公表されていないもの（その同意を得ないで公表された著作物を含む。……）を公衆に提供し、又は提示する権利を有する。当該著作物を原著作物とする二次的著作物についても、同様とする。

(13) コラム「三島由紀夫の手紙事件」（p63）参照。

(14) 五九条　著作者人格権は、著作者の一身に専属し、譲渡することができない。

(15) 六〇条　著作物を公衆に提供し、又は提示する者は、その著作物の著作者が存しなくなつた後においても、著作者が存しているとしたならばその著作者人格権の侵害となるべき行為をしてはならない。ただし、その行為の性質及び程度、社会的事情の変動その他によりその行為が当該著作者の意を害しないと認められる場合は、この限りでない。

法條　図書館で資料をコピーする際、コピーしたものに対して何か制限をかけるような契約などをしていませんか。貴重書などの場合、コピーや写真撮影に際して、無断掲載・公開の禁止や所蔵明示を義務づけるような契約を交わすことがありますよね。

菅原　そういった契約があると、著作権が切れたものでも自由に利用できないことが著作権法で定められているのですか。

法條　いいえ、図書館あるいは博物館の所蔵品を利用する際に何らかの契約を交わすのは、著作権法上の権利ではなく、所有権に基づいています。ですから著作権保護期間が満了したものについても所蔵機関の所有権に注意しなくてはなりません。(16)

海外の著作物

菅原　わかりました。次に「第二次大戦期海外資料」ですが、A氏は自分の興味関心から、第二次大戦期の海外の政府の公報や統計資料、さらには戦争文学や労働文学などの作品を収集していました。これらの資料の利用についてはどう考えればよいでしょうか。

法條　国内の**政府刊行物**については、禁止の表示がない限り説明の材料として転載して利用することができます。(17)

菅原　政府刊行物には統計書や白書が含まれますよね。こういったものは著作権が無いのだと思っていましたが……。

(16) Ⅲ・1（p104〜）参照。

(17) 三二条二項　国若しくは地方公共団体の機関、独立行政法人又は地方独立行政法人が一般に周知させることを目的として作成し、その著作の名義の下に公表する広報資料、調査統計資料、報告書その他これらに類する著作物は、説明の材料として新聞紙、雑誌その他の刊行物に転載することができる。ただし、これを禁止する旨の表示がある場合は、この限りでない。

(18) 一三条　次の各号のいずれかに該当する著作物は、この章の規定による権利の目的となることができない。
一号　憲法その他の法令
二号　国若しくは地方公共団体の機関、独立行政法人……が発する告示、訓令、通達その他これらに類

法條　日本では、法令や告示・訓令・通達、裁判所の判決・決定・命令などは**権利の目的とならない著作物**とされているので[18]、自由に利用できます。しかし、これ以外の政府刊行物については、一般の著作物の扱いと同様に創作性が認められれば、当然、著作権保護の対象となります。ただし、統計書や白書・報告書など一般に周知することを目的とする政府刊行物は、通常の著作物とは異なり、必要ならば**転載**することが可能とされています[19][20]。

菅原　**外国政府の刊行物**も日本政府刊行物の扱いに準拠すればよいのでしょうか。

法條　一概にそうとはいえません。たとえばアメリカは日本と異なり、合衆国政府刊行物は著作権保護の対象ではありません[21]。このため合衆国政府刊行物は日本においても自由に利用できます。しかしほかの国がそうとは限りません。

菅原　つまり、外国政府の刊行物については国ごとに対応が異なるということなのですね。

法條　そういうことになります。各国の法令で政府刊行物がどのように扱われているかを個別に確認しなければならないでしょう。

菅原　海外の文学作品はどうなるでしょうか。本が出版された国と利用されている国それぞれの著作権法で扱いが異なる場合や、条文の内容が拮抗するような場合もあると思うのですが……。

法條　我が国は著作権に関する国際条約である**ベルヌ条約**[22]に加盟しています。ベルヌ条約には、条約加盟国の著作物を自国の著作物と同程度に保護する「**内国**

(18) 著作権法一三条　次の各号のいずれかに該当する著作物は、この章の規定による権利の目的となることができない。…… 三号　裁判所の判決、決定、命令及び審判並びに行政庁の裁決及び決定で裁判に準ずる手続により行われるもの　四号　前三号に掲げるものの翻訳物及び編集物で、国若しくは地方公共団体の機関、独立行政法人又は地方独立行政法人が作成するもの。

(19) Q&A5（p162）も参照。

(20) 三二条二項　国若しくは地方公共団体の機関、独立行政法人又は地方独立行政法人が一般に周知させることを目的として作成し、その著作の名義の下に公表する広報資料、調査統計資料、報告書その他これらに類する著作物は、説明の材料として新聞紙、雑誌その他の刊行物に転載することができる。ただし、これを禁止する旨の表示がある場合は、この限りでない。

(21) アメリカ著作権法一〇五条。

(22) 文学的及び美術的著作物の保護に関するベルヌ条約（the Berne Convention for the Protection of Literary and Artistic Works）。

民待遇」と呼ばれる原則があります。このため、海外の出版物は我が国の著作権法にのっとって考えればよいことになります。

菅原　加盟国間で保護期間が異なるような場合はどうなりますか。

法條　ベルヌ条約には「**相互主義**」という原則もあって、基本は自国と同様に扱うことになります。ただし自国より保護期間の短い同盟国の著作物は、その国が定める保護期間に従えばよいことになっています。たとえば、著作権の保護期間が三十年である国の著作物は、我が国においても保護期間は五十年ではなく三十年となります。[23]

菅原　ほかに海外資料を扱う際に、気をつけるべきことはありますか。

法條　著作権の**戦時加算**というものがあります。これは、サンフランシスコ平和条約に基づくもので、連合国および連合国民が戦争発生前もしくは交戦中に取得した著作権は、通常の保護期間に戦争の期間分を加えて扱うというものです。[24]

菅原　戦争当時の日本の著作権保護期間に戦争期間分を加えるというものですか。

法條　いえ、そうではありません。当時の著作権保護期間は三十八年でしたが、これが五十年に延長される際に議論の末、五十年に加算することに決定されています。ですから、戦時加算する場合には五十年に下表（文化庁『著作権テキスト』より作成）の日数を加算しなければなりません。

菅原　私は主にアジア諸国を研究対象としていますが、これまで戦時加算についてはまったく知りませんでした。

著作権の戦時加算

アメリカ	3,794日
イギリス	
オーストラリア	
カナダ	
フランス	
ブラジル	3,816日
オランダ	3,844日
ノルウェー	3,846日
ベルギー	3,910日
南アフリカ	3,929日
ギリシア	4,180日

(23) 五八条　文学的及び美術的著作物の保護に関するベルヌ条約により創設された国際同盟の加盟国、著作権に関する世界知的所有権機関条約の締約国又は世界貿易機関の加盟国である外国をそれぞれ文学的及び美術的著作物の保護に関するベルヌ条約、著作権に関する世界知的所有権機関条約又は世界貿易機関を設立するマラケシュ協定の規定に基づいて本国とする著作物……で、その本国において定められる著作権の存続期間が第五十一条から第五十四条までに定める著作権の存続期間より短いものについては、その本国において

法條　サンフランシスコ平和条約(25)に署名していない国、たとえば中国・韓国・旧ソ連などは戦時加算の対象にはなりません。

菅原　ちょっと焦りましたが、それを聞いて安心しました。

訓読・注釈・校訂は著作物か

菅原　この資料群で問題になると思われるのは、古典籍・海外資料のどちらにも、A氏の書き入れ(26)がたくさんあることです。我々は、古典籍・海外資料そのものよりも、この書き入れの部分がA氏研究において重要だと考えており、書き入れのある資料の画像をウェブなどで公開したいと考えています。

江戸時代ですと、有名な学者の書き入れ本や手沢本《しゅたくぼん》(27)は、勉強するのに便利だということで高く売れましたし、出版社が書き入れ部分を含めて出版したりもしていたようです。

法條　なるほど。そういう活動は、ルネサンス時代のイタリアなどの法学者（注釈学派）などにも見られます。

しかし、商品として価値があるということと、著作権の有無とは別なので、それだけで書き入れが著作物かどうかを判断することはできないでしょう。個々の案件ごとに創作性の有無を確認する必要があると思います。

菅原　わかりました。A氏による古典籍の書き入れには、漢文を校訂・訓読《くんどく》したものや、注釈を施したものが多く含まれます。A氏の場合は著作権が切れていますからいずれにせよ問題ないのですが、校訂・訓読・注釈などが著作物と

定められる著作権の存続期間による。

(24) 連合国及び連合国民の著作権の特例に関する法律（昭和二十七年八月八日法律第三百二号）。

(25) 日本国との平和条約一五条（c）（i）日本国は、公にされ及び公にされなかつた連合国及びその国民の著作物に関して千九百四十一年十二月六日に日本国に存在した文学的及び美術的著作権がその日以後引き続いて効力を有することを認め、且つ、その日に日本国が当事国であつた条約又は協定が戦争の発生の時又はその時以後日本国又は当該連合国の国内法によつて廃棄され又は停止されたかどうかを問わず、これらの条約及び協定の実施によりその日以後日本国において生じ、又は戦争がなかつたならば生ずるはずであつた権利を承認する。

(26) 同じような言葉に「書き込み」があるが、書誌学的には書き入れと書き込みは異なるものである。書

いえるのかどうかについては、人文学では大きな問題になるかと思います。どのように考えればよいでしょうか。

法條　訓読というのは漢文の書き下し文のことですか。

菅原　書き下し文だけでなく、返り点を打っただけでも訓読と呼ぶことがあります。漢文、つまり中国古来の書き言葉を、日本語の順番に並び替え、送り仮名をつけるなどして日本語（古文）として読めるように変換すること全般を訓読といっているように思います。

法條　そうであれば、訓読は翻訳に近いものとして、**二次的著作物**(28)と考えてもよいと思います。ある程度の知的な営為があり、訓読をする人によって違いが生ずる可能性がある以上、これは個性の発露として、創作性があると考えるべきでしょう。

菅原　漢文作品の大半は著作権が切れていますが、その場合、訓読されたものも著作権が切れていると考えてよいのでしょうか。

法條　いえいえ、翻訳などの二次的著作物の保護期間は、もとの漢文ではなく、二次的著作物が創作された時点から別途起算されます。たとえば、サン・テグジュペリ『星の王子様』はすでに著作権が切れていますが、日本語の翻訳本の著作権は翻訳者の死後五十年まで有効です。

菅原　注釈はどうでしょうか。

法條　注釈も、原著作に依拠しながら解説を加えたもので、注釈者によって解説のしかたや読み方がずいぶん違いますよね。ですから、訓読と同様に二次的著

き込みは、文字の訂正や傍線、あるいは落書きなどを指す。対する書き入れは、思想や感情の発露が見えるようなコメントのことで、書き込みよりも重視される。

(27) 手沢本とは使い古された（使い込まれた）書籍のこと。「沢」には「光沢」というように「つや」「ひかり」という意味があり、本を使い古して手垢にまみれると、手の脂でつやが出るためこの名前がついた。

(28) p67～71参照。

作物と考えるべきでしょう。

菅原　資料の校訂(29)はどうでしょうか。

法條　校訂とは、校正のようなものですか。

菅原　校訂と校正は違います。分野によって校訂の定義にはゆれがあると思いますが、たとえば東洋学では次のように考えます。古典作品は、さまざまな人に書き写されたり、印刷されたりして伝わってきました。その間に、写しまちがいや字句の追加・脱落などが起きてさまざまな異本が生まれます。そうした異本を比較・検討して、もとのかたちを推定し復元します。これが校訂です。

新渡戸稲造の手沢かつ書き入れ本
（東京大学経済学図書館蔵）

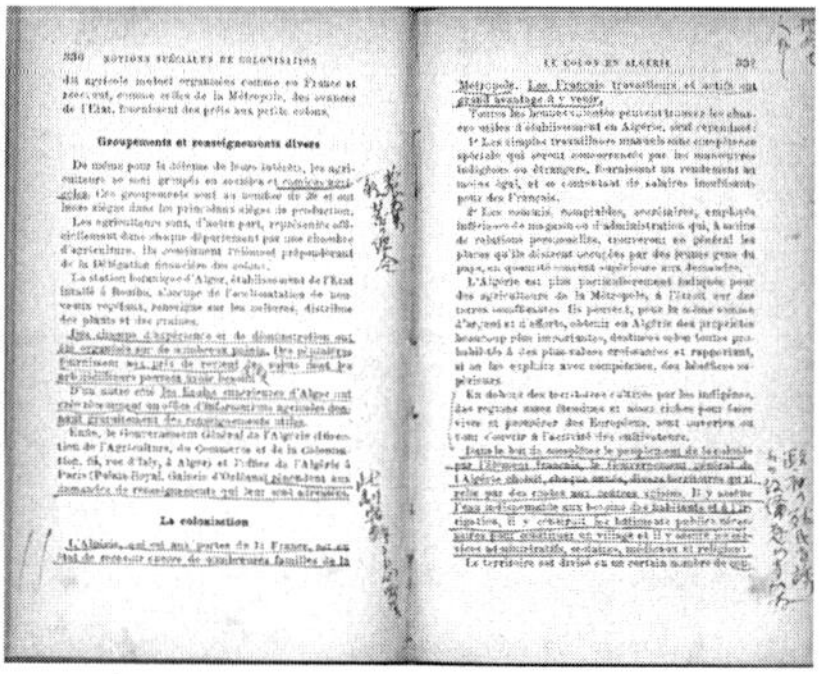

『資治通鑑』魏紀（訓読の例）
この本は明治時代に山名留三郎が、中国の歴史書『資治通鑑』に返り点を振り、上部に考証を記して、日本で印刷・頒布したもの。山名本と通称される。

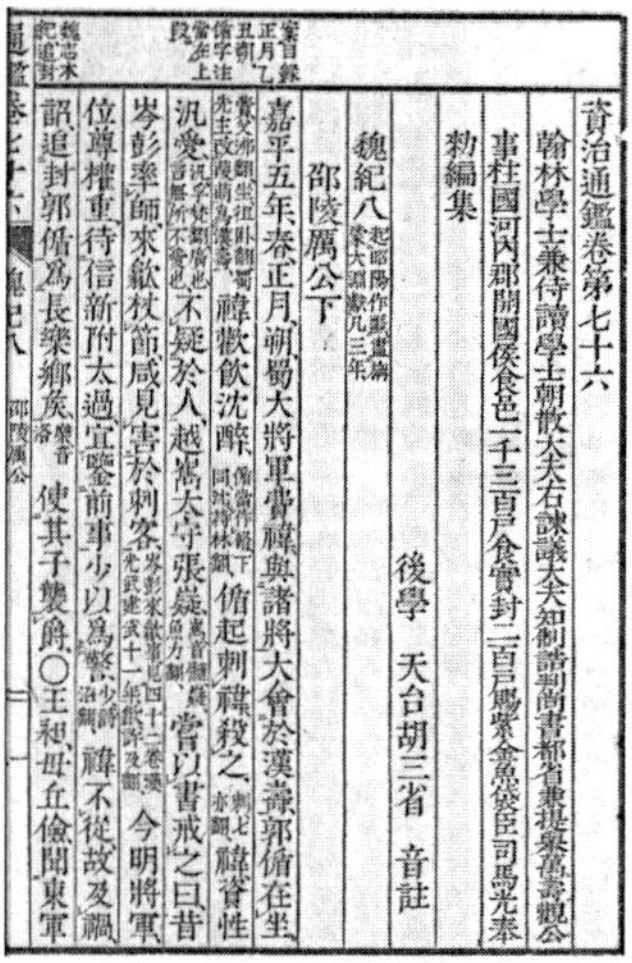
資治通鑑卷第七十六
後學　天台胡三省　音註
魏紀八
邵陵厲公下

（29）Ⅲ・2（p110～）も参照。

法條　なるほど。そういう意味では、校訂をする学者の知的営為はあるけれども、その学者が新たに意味を付加しているわけではないのですね。

菅原　そうですね。新たな創作性を付加してしまったら、逆に校訂の価値が落ちてしまうと思います。

法條　そうであれば、新たな作品を創るという作業ではないことになりますから、二次的著作物というのは少し難しいと思います。

菅原　しかし、出版社のなかには、校訂本を作るのに相当な知的リソースが投資されており、本を一冊作るのと同じくらいの労力がかかっているので、印税を払っている場合があると聞きます。これは、著作権的なものを認めようということではありませんか。

法條　それはちょっと違いますね。著作物として認められるか否かは創作性の問題であって労力の多寡は問題になりません。ただ、投下したコストや労力に対してそれなりの報酬を求めるのは自然でしょうし、研究者であれば業績として認めて欲しいと思うこともあると思います。

校訂者の労力に対して報いる仕組みを作る方法としては、二つ考えられます。一つは、その出版社がやっているように、権利とは関係なく出版化した際に**印税**という仕組みで労力に報いるという方法です。

もう一つは、権利を付与するという方法です。しかし、創作性がないものにまで著作権を認めるのはかなり難しいでしょう。ただ、著作物そのものは創作していなくても、それを伝達する行為については**著作隣接権**(30)が認められま

(30) p 62～およびⅡ・3（p 89～）参照。

訓読と翻訳

本文中に少し触れましたが、漢文の訓読は人によって異なることがあります。たとえば余りに有名な『論語』冒頭の一節ですが、一般的には次のように読みます。

子曰、学而時習レ之、不二亦説一乎。有レ朋自二遠方一来、不二亦楽一乎。（子曰わく、学びて時に之《これ》を習う、亦《ま》た説《よろこ》ばしからずや。朋《とも》有り遠方より来たる、亦た楽しからずや。）

しかし、「有朋自遠方来」の部分については、林羅山のように「朋遠方より来たる有り」と読む人もいます。訓読とは一種の翻訳ですから、読みが異なるということは意味もしくは文法的な解釈の相違を表します。「朋有り遠方より来たる」の場合は、志を同じくする仲間がすでに存在しており、かつその友人が遠くからやってくることになりますし、「朋遠方より来たる有り」であれば、志を同じくする友人が遠くからやって来ることがある、というようなニュアンスになります。

また「学而時習之」の部分についてですが、「学びて時に之を習う」という読み方は室町時代中期以降のものであって、より古くは「学んで時に習う」と読まれていたといわれています（吉川幸次郎『論語』上、朝日新聞社、一九六五年）。現在の読み方は「之」を「これ」と読んで、「学んだ事」を指す指示代名詞として理解しています。これに対して、室町時代前期以前は、「之」の字をリズムを整えるための助字（漢文において断定、詠嘆、疑問を表したり、口調を整えるために置かれる文字のことで、通常は訓読しない。たとえば上に示した『論語』では「而」や「乎」がこれに該当する）と理解していたのです。

このように漢文は句形に当てはめて自動的に読めるものではなく、むしろ原文の文法解釈をした上でどの句形に当てはめるかを選択しているのです。

すので、校訂者権というものを隣接権類似のものとして設定する、という方法も立法論的にはあるかもしれません。しかし、校訂という作業の性質上、校訂した文献をほかの研究者にどんどん使ってもらわなければ意味がないでしょうから、むしろ著作権や隣接権などで縛らないほうが使いやすいのではないでしょうか。

菅原　そうかもしれませんね。

絵画および写真をめぐる権利

菅原　次は④、A氏を描いた肖像画・写真です。これも、長男のB氏が所有しています。著作権者は、絵を描いた人や写真を撮った人だということでよろしいですね。

法條　そうですね。**写真の著作物**(31)に関しては、かつて創作性の程度が低いという理解から、保護期間が短く設定されていた時期もありましたが、現在は他の著作物と同様に扱われています。

菅原　著作権とは直接関係ないのかもしれませんが、人が写っている写真を公表するにあたっては、**肖像権**や**プライバシー**などについても配慮が必要なのではないかと思うのですが、いかがでしょうか。

法條　肖像権というのは判例上認められてきた権利です。肖像権が問題になるのは、その肖像が経済的な価値と結びついている場合に限られます。

菅原　それは芸能人の写真のようなものでしょうか。

(31) Ⅲ・4(p144)およびⅢ・5(p150)参照。

法條　そうですね。写真に写っている人が非常に高名な作家で、肖像の利用が商品化と結びつくような場合には肖像権の問題になるけれども、そうでない場合にはなりません。経済的な価値と結びつかない場合には、個人情報として、

COLUMN

印税

出版部数に応じて著作者らに支払われる金銭のことを、日本では慣例的に「**印税**」といっています。報酬としてもらう金銭であるのに、税金のような名称が付けられているのを不思議に感じたことはないでしょうか。

古い本の奥付には、写真のように印紙状の紙片（検印紙）が貼られ、その上に著者の検印が捺され、多くの場合さらに上からパラフィン紙で保護してあります。出版の際にはこの検印数に応じて金銭が支払われていました。おそらくこの検印紙を収入印紙に見立てたことで、印税という言葉が生まれたのだと考えられます。

時代とともに検印紙は姿を消して、「検印省略」などの表示に変わり、現在ではまったく痕跡を留めていません。しかし、印税という言葉だけは残り、出版業界のみならず音楽業界でも同じような意味で使われています。

このように印税とは歴史のある言葉なのですが、著作権法などに定められた言葉ではなく、慣用的な表現にすぎません。

検印紙
（水谷乙吉『佛印文化史』丸善、一九四三年より）

その肖像が法的保護の対象となる場合もあります。私はA氏のことを詳しく知りませんが、作家や学者の写真をカレンダーにして販売する、ということはあまりないのではないでしょうか。だとするならば、今回のA氏のケースでは、肖像権というよりは、**個人情報**の問題として考える必要があると思います。

美術の著作物

菅原　わかりました。では、次の⑤、A氏作の書画についてはどうでしょうか。これはA氏の著作物ということでよろしいですよね。

法條　そうですね。書は、「言語の著作物」というよりも「**美術の著作物**」となります。書は文字が書かれていますので、実用的な文章でもあるのでしょうけれど、字の美しさを享受するという意味では「美術の著作物」といえるでしょう。著作権者はA氏だということですから、亡くなってから五十年たっているということであれば、その作品の著作権は切れていることになりますね。

書簡の創作性

菅原　では続けて⑥、A氏書簡・A氏宛書簡はどうでしょうか。A氏が書いた書簡の所有者は、某県立図書館です。A氏宛の書簡は、長男のB氏が所有しています。

A氏が書いた書簡の著作権はA氏、A氏宛の書簡の著作権はそれぞれの書簡を書いた人にある、と考えればよいでしょうか。

法條　そうですね。年賀状や暑中見舞いのように、単なる時候のあいさつのようなもの、定型文だけのものであれば著作権の対象にならないでしょうが[32]、思想・感情を創作的に表現した文章ならば、著作物と考えられるでしょう。また、年賀状のようなものであっても、そこに差出人が自分で彫った版画などがあれば、**美術の著作物**となる場合もあるでしょう。

A氏の著作権はすでに切れていますが、A氏宛の書簡についてはそれぞれの著作権者について確認しなければなりません。また、先ほど③のところで議論したように、某県立図書館に書簡を閲覧させてもらったときに、ウェブでの公開を認めるような契約を結んだのかも確認しなければならないでしょう。

通常、書簡は公表されていませんから、著作権が残っている場合には、公表してよいか確認する必要があります。先ほど話したように、仮に著作権が完全に切れてパブリックドメインであったとしても、遺族が傷つくような内容のものを公表した場合には、別の権利を侵害したとみなされるかもしれません[33]。

菅原　なるほど。たとえば、A氏宛の書簡のなかに誹謗中傷やプライベートなことが書いてあったりする場合には、公表すべきではないということですね。

法條　そうですね。そういう場合には、著作権と関係なく、公表可能かどうかを遺族などに確認する必要があります。

(32) 一〇条二号。

(33) コラム「三島由紀夫の手紙事件」(p63) 参照。

出版社の権利

菅原　わかりました。では次は⑦、A氏の長男B氏執筆による『A氏伝』です。これは公刊されている著作で、B氏もまだご存命ですから著作権者はB氏です。この『A氏伝』をウェブで全文公開することについて、B氏は構わないといっているのですが、この本は現在も版を重ねていて、出版社にとってはロングセラーの一つになっています。B氏と出版社との契約では、三年ごとに出版契約を更新することにはなっていますが、電子書籍化やウェブ公開などの二次利用については何も取り決めていないそうです。

法條　通常の**出版契約**[34]においては紙に印刷する書籍だけを想定しているでしょうから、それ以外の媒体で出す場合、たとえばCD-ROMで配布するとか、あるいは公衆送信型[35]の配信をするというようなことであれば、そのことについて話し合いの場を持つのがよいでしょう。その際、B氏のように出版契約を結んでいても、出版契約の「出版」がどの程度の範囲を想定しているのかを確認しないと、出版社はウェブ公開や電子書籍化などを含めたあらゆる権利をすべて持っていると思い、後でまた問題になることがあります。「出版」をどの程度の範囲のものとして想定しているかについて、両者が合意しているかどうかが大事ですね。

菅原　先ほどの版面権の話では、出版業界に**著作隣接権**[36]が認められていないということでしたが、そもそも、著作隣接権には、どのような種類があるのでしょ

(34) II・3（p87）参照。

(35) II・1（p37）およびII・3（p95）参照。

(36) II・3（p89）も参照。

三島由紀夫の手紙事件

著作者人格権に関わる裁判に「**三島由紀夫の手紙事件**」があります。三島由紀夫（一九二五～一九七〇）は『潮騒』、『金閣寺』などの作品で知られる戦後日本を代表する作家です。彼は陸上自衛隊市ヶ谷駐屯地に立てこもり、壮絶な割腹自殺を遂げたことでも知られています。

この事件は三島由紀夫から私信を受け取った人物が、小説のなかでこれを公表したことに対して、三島の遺族が複製権および**公表権**の侵害として提訴したものです。これが裁判にまで発展した理由は、私信を公表することで、公にはされていなかった三島の秘密が暴露されたからでした。

裁判は第一審、第二審ともに遺族側が勝訴しましたが、以下の点で興味深い判例です。

一つは手紙でも、個人の「思想又は感情を創作的に表現した」文章であれば著作物とみなせるという判断を示した点です。これは本書でもくり返し述べてきました。

二つ目は、三島の秘密を暴露した行為が、著作権法に基づく**名誉回復措置**〔1〕の適用となったことです。遺族側は最初、著作者人格権に基づく公表権の侵害を主張しましたが、裁判所は著作者人格権が一身専属であることを理由に遺族の主張を退けました。しかし一方で、著作者の死後、遺族が故意または過失によって著作者人格権が傷つけられた際、名誉回復措置を請求できるという著作権法の規定に基づき、この措置を命じたのです。

---

〔1〕一一五条　著作者又は実演家は、故意又は過失によりその著作者人格権又は実演家人格権を侵害した者に対し、損害の賠償に代えて、又は損害の賠償とともに、著作者又は実演家であることを確保し、又は訂正その他著作者若しくは実演家の名誉若しくは声望を回復するために適当な措置を請求することができる。

一一六条　著作者又は実演家の死後においては、その遺族……は……故意又は過失により著作者人格権又は実演家人格権を侵害する行為……をした者に対し前条の請求をすることができる。

うか。

法條　現在、実演・レコード製作・放送・有線放送の四つが隣接権の対象として認められています。[37]楽曲などを歌唱もしくは演奏する演奏家、あるいはドラマの脚本を演じる俳優、そういった人々が実演家ということになります。また、放送と有線放送が、それぞれ放送事業者と有線放送事業者に認められた隣接権の対象ということになります。レコード製作も一つの隣接権の対象になります。これはレコード会社などが持っている権利になりますね。

菅原　どうしてその四つになったのでしょうか。

法條　日本の場合は条約ですね。**ローマ条約**[38]という隣接権の条約が戦後に作られた際、どの範囲で認められるかという議論になりました。そのときに各業界のロビー活動があって、最初に力の強い放送・レコード製作の分野が、その次に有線放送が認められ、実演家も自分たちの権利を主張して認められるようになりました。出版業界が主張している**版面権**[39]というものも、隣接権として認めるかどうかについて議論がされている最中です。

新聞スクラップの創作性

菅原　では次に⑧、A氏に関する報道スクラップについて教えてください。このスクラップを作成したのは、A氏研究のプロジェクトリーダーで、所有者も彼です。スクラップされているのは、新聞や週刊誌などに載ったA氏に関する

(37) 八九条。

(38) 実演家、レコード製作者及び放送機関の保護に関する国際条約 (International Convention for the Protection of Performers, Producers of Phonograms and Broadcasting Organizations)。

(39) Ⅱ・3（p89〜）参照。

記事です。

法條　この件については、新聞記事などの著作権と、スクラップが著作物といえるかどうかについて考えなければなりません。

まず新聞記事などの著作権について整理しておきましょう。死亡記事などの創作性がないものを除けば、原則として新聞は**法人著作**(40)になるでしょうから、新聞記事の著作権者は新聞社になります。記者による署名記事の場合も、新聞社と記者との間の契約によりけりでしょうが、これは責任の所在を明らかにしたものにすぎず、その記事に関する署名者の著作権を明示したものではないと思います。

一方、新聞記者が書いたものではなく、外部の大学教員などに依頼して書かれた時事問題の論評や書評などは、やはり契約内容にもよりますが、多くの場合、著作権は執筆者に存在するのではないかと思います。

菅原　新聞の投書欄などはどうなるでしょうか。

法條　これも各社との契約によりますが、文学賞の応募作品などと同じで新聞社のほうに帰属させているのではないでしょうか。

菅原　ちなみにインターネットのBBSや投稿サイトも同じ構造なのでしょうか。多くのサイトでは、投稿記事の著作権をサイト管理者に帰属させることを投稿の条件としていますから。

法條　そうですね。同じ構造ですね。

菅原　スクラップについてはどうでしょうか。

(40) Ⅱ・3(p84)参照。

法條　スクラップが著作物かどうかについては、そこに創作性が見いだされるかどうかによって判断されるだろうと思います。スクラップを作った人がA氏について長年研究している研究者であり、それなりの学識と研究成果に基づいて資料が取捨選択され、配列に工夫が凝らされていれば、**編集著作物**(41)として認められる可能性はあるでしょう。

菅原　新聞記事の場合、保護期間が満了したにもかかわらず、利用に際して使用料を要求されるようなこともあるようですが。

法條　それは、本来ありえないですね。何を意図していっているのか、根拠がよくわかりません。著作権法上は保護期間が満了していれば新聞記事であっても自由に利用できるはずです。

映像の著作物

菅原　では次の⑨、A氏原作小説で映像化された作品のビデオテープ・DVD類です。このなかには市販品もあれば、テレビ番組を録画したものもあります。所有者はすべてプロジェクトリーダーになります。

法條　映画であれば映画の製作者、テレビ番組であればテレビ局や下請けの番組制作会社などがそれぞれ著作者になるでしょうね。いずれにせよ、法人著作である場合が一般的ですから、保護期間は公表された年の翌年からの起算となります。映画の著作物の場合、二〇〇六年以降は七十年ですが、それ以前のものは五十年となります。

(41) 一二条　編集物（データベースに該当するものを除く。以下同じ。）でその素材の選択又は配列によつて創作性を有するものは、著作物として保護する。

菅原　テレビ番組も「**映画の著作物**(42)」になるのですか。

法條　著作権法の定義からすればテレビ番組も映画の著作物に含まれます(43)。ゲームソフトはほとんどのものに動画が含まれますので、その部分は映画の著作物になります。

菅原　映画作品は、映画館で公開された後にテレビでも放映されることがありますよね。それを録画した場合、テレビ局にも何らかの権利があると考えたほうがよいでしょうか。

法條　作品の著作権は映画会社が持っています。それを地上波や衛星波で放送したものを録画したものには、先ほど述べた隣接権の問題が出てくるかもしれません。

原作と二次的著作物

菅原　映像作品の著作権は映画会社などにあるということですが、原作者であるA氏に権利はないのでしょうか。

法條　たとえば、ある小説がマンガになったり、ドラマ化・映画化された場合、新たな創作性が加わった**二次的著作物**(44)となります。したがって、原作者（小説の著者）も著作権を持ちますが(45)、映画化の場合には映画会社なども二次的著作物の著作者になります。

菅原　マンガには、たとえば『北斗の拳』や『美味しんぼ』などのように、原作・○○、作画・△△というようなものがありますけど、この場合も作画した人

(42) p68も参照。

(43) 二条三項　この法律にいう「映画の著作物」には、映画の効果に類似する視覚的又は視聴覚的効果を生じさせる方法で表現され、かつ、物に固定されている著作物を含むものとする。

(44) p54およびp71も参照。

(45) 二八条　二次的著作物の原著作物の著作者は、当該二次的著作物の利用に関し、この款に規定する権利で当該二次的著作者の著作者が有するものと同一の種類の権利を専有する。

法條　は二次的著作物の著作者ということになるのでしょうか。

小説が先に出版されてそれをマンガ化した、というのではなく、映画の脚本のようにマンガ制作の一環として「原作」が作られる場合には、**共同著作物**[46]と考えたほうがよいでしょうね。マンガ原作者と慣例的に呼ばれていますが、A氏の場合の「原作」とは異なるものと考えるべきでしょう。

ゲームソフトの著作権

菅原　さて、最後に⑩、A氏原作小説を下敷きとして制作されたゲームソフト類です。

法條　これは、⑨と同じように、原作小説を書いたA氏がまず著作者となります。それをゲーム化した場合には、**二次的著作物**[47]になり、ゲーム会社などが著作者となります。

コンピュータゲームはソフトウェアですから、**プログラムの著作物**[48]としても保護されます。ならばプログラムを保護するだけでよいではないかという議論があるかもしれません。しかし、その場合、ストーリーや絵がそっくりなのに、プログラムだけを作りなおしたゲームを作ってよいことになります。このため、プログラムだけでなく、表現形態も含めて保護の対象にする**映画の著作物**[49]でもある、とするのです。

菅原　古いゲームソフトではゲーム機本体が入手不可能なものもあります。映像作品でも、マイナーなメディアフォーマットだと、再生機器が入手できないも

(46) Q&A9～11（p168～）参照。

(47) p71参照。

(48) 二条一項一〇号の二　プログラム　電子計算機を機能させて一の結果を得ることができるようにこれに対する指令を組み合わせたものとして表現したものをいう。

(49) p67参照。

GPLとクリエイティブ・コモンズ

フリーソフトウェアのライセンスとして有名なのが**GPL**（GNU General Public License）です。日本で「フリーソフト」というと無料のソフトウェアを指すことが多いのですが、GPLが対象とするフリーソフトウェアの「フリー」は「自由」という意味です。GPLでは①ソフトウェアの実行の自由、②ソースコード（ソフトウェアの実行内容が書かれたテキストファイル）へのアクセスの自由、③再配布の自由、④ソフトウェアを改良し配布する自由、が許諾されます。ただし④の改良したソフトウェアについては、同じGPLが適応されなければならない、という制限があります。つまり、他人が作ったソースコードにアクセスし改良できたのだから、その結果を独占してはならず、別の人が自由にアクセスできるようにしなければならない、という考え方があるのです。この規定によって、企業がGPLのソフトウェアを部分的に取り入れて開発したソフトウェアが公開されることになった例もあります。GPLのこのような性質のことを「感染する自由」といういい方をする人もいます。

ソフトウェアとは異なり、文書や絵画作品などの配布においてライセンスはまだ普及していません。文書に対するGPLと同じ考え方のライセンスとしてGFDL（GNU Free Documentation License）があり、ウィキペディアは最近までこのライセンスを用いていました。現在ウィキペディアでは**クリエイティブ・コモンズ**というライセンスに変わりましたが、これは、非営利利用に限る／限らない、改変の許可／禁止など、細かい指定をすることができるもので、研究・教育分野にも普及しています。

ウィキペディアのページを見ると、下の方に小さく「テキストはクリエイティブ・コモンズ 表示-継承ライセンスの下で利用可能です」と書いてあります。ただ、このような表示だけで、ライセンス（契約）を交わしたといえるのか、という議論もあります。本文中で述べているとおり、契約にはコンテンツ提供側と利用者側との間で、個別の意思確認が必要だからです。

のもありますね。これらを動かすためにデータを抜き出したり、映像の場合ですと別のメディアに変換するのは著作権法上、問題ないのでしょうか。

法條　媒体や規格が異なるものに移し替える作業は、複製にあたります。したがって、ゲームソフトなどに著作権があれば、許諾を得るのが原則でしょう。注意しなければならないのは、コピープロテクトがかけられているＤＶＤやゲームソフトなどの場合、プロテクトを解除して複製することは私的複製であっても禁じられています。(50)

菅原　もし、著作権法に違反したら、処罰されるのでしょうか。

法條　著作権法の一一九条から一二四条には、違反した場合の罰則が規定されています。これらは原則として親告罪なので、著作権者の告発がない限り、いきなり逮捕されるようなことはありません。ただ、**違法ダウンロード**は窃盗罪や傷害罪などと同じ扱いになりました。このため、違法なコンテンツであることを知りながらダウンロードすれば、告発なしに罪に問われることになります。また、国際的に著作権法違反の厳罰化を進める方向にあるので、注意が必要です。

編集著作物・データベースの著作物

菅原　以上で、個々の資料についての検討は終わりましたが、研究プロジェクトではこれらの資料を抜粋して資料集として出版するとともに、データベース化しウェブで検索できるようなシステムを作ることを考えています。

(50)　三〇条一項二号　技術的保護手段の回避……により可能となり、又はその結果に障害が生じないようになつた複製を、その事実を知りながら行う場合。

法條　資料集については、**編集著作物**と考えてよいでしょうか。資料を取捨選択し、まとめ、配列し、場合によっては解題などをつけるのであれば、それは編集著作物となるでしょうね。

菅原　データベースはどうでしょうか。

法條　データベースを作成しウェブ公開する場合には、データベース化に際してその素材の選択と体系的構成に創作性があれば、データベースを作った研究プロジェクトもしくはその担当者などに新たに著作権が生じることになります。もちろん、個々の資料が公衆送信できるかどうかについて確認する必要もありますが。

菅原　編集著作物や**データベースの著作物**(51)は**二次的著作物**になるのですか。

法條　二次的著作物にはなりません。二次的著作物というのは、「著作物を翻訳し、編曲し、若しくは変形し、又は脚色し、映画化し、その他翻案することにより創作した著作物」(52)です。すなわち、すでに存在している著作物に加えて、創作性が付加されたものが二次的著作物です。編集著作物やデータベースの著作物は、素材そのものに創作性を付加しているわけではありません。素材を取捨選択したり、並べ方を工夫したり、シソーラスなどの検索のためのしくみを作ったりすることによって創作性が生じます。ですから、二次的著作物ではありません。

(51) 二条一項一〇号の三　データベース　論文、数値、図形その他の情報の集合物であつて、それらの情報を電子計算機を用いて検索することができるように体系的に構成したものをいう。

(52) 二条一項一一号。

図書館と著作権

図書館は、著作権法で著作権者の複製権を制限する、すなわち、著作権者の許諾を得なくても図書館の判断で著作物を複製することを認められています。具体的には著作権法三一条に定められており、①図書館などの利用者の求めに応じ、その調査研究の用に供するために、公表された著作物の一部分の複製物を一人につき一部提供する場合、②図書館資料の保存のため必要がある場合、③他の図書館などの求めに応じて絶版資料の複製物を提供する場合です。

先ほど、再生機器が入手不可能なソフトの媒体変換の話が出ましたが、もしこれらが図書館所蔵資料であれば、②の条項に依拠して、図書館において媒体変換を行える場合もあります。特に国立国会図書館は近年の著作権法改正により、図書館資料の利用による滅失や損傷・汚損を避けるために著作権者の許可を得ずとも、電子化により公開することが可能となっています。[1] このように、個人による著作物の複製（**私的複製**）[2] と、**「図書館等における複製」**とでは、その法的根拠もできうる内容も異なっています。

本書は、Ⅰの序説でも述べたように、法的なものの考え方を提示することに力点を置いており、また研究者や大学・学校の教職員などの個人を主な読者として想定していますので、図書館と著作権の問題については、利用者として知っておくべき内容に絞っています。このため、複製行為の主体が図書館である場合の議論は、本書とは異なる結論になることもあるでしょう。逆にいえば、図書館が複製を作成・公開しているからといって、それがそのまま研究者個人が複製を作成・公開してよいという理由にはならないので注意が必要です。

〔1〕三一条二項。
〔2〕Q&A3（p159）参照。

3. ケーススタディー　学術刊行物のネット公開と電子出版

私は学内に設置された「研究成果の公開普及と利用に関する委員会」の委員長を引き受けなければならなくなりました。委員会では、学内で発行されている紀要などの研究雑誌にこれまでに掲載されたもの、これから掲載されるものを問わず、論文などを機関リポジトリに公開していかなくてはなりません。また、私が評議員になっている学会でも、機関誌の電子化推進が決まっています。こうした場合、どのように手続きしておけば法的に問題が生じないでしょうか。

機関リポジトリ誕生の経緯

法　ずいぶん大変な役職に就かれたのですね。私の大学でも近頃、図書館が機関リポジトリ（以下、リポジトリ）に力を入れていますが、リポジトリがらみの話をよく聞くようになったのは、何かと話題の国際的な大学ランキングを上げるための戦略なのでしょうか。

菅原　大学ランキングでは、論文の被引用数が重要な評価指標の一つになっています。この点、リポジトリなどで公開された論文は、被引用率が急上昇するようなので、そのような側面は当然、あるでしょう。

法條　そういった効果が実際にあるのであれば利用しない手はないですね。そもそもリポジトリは、そのような要請に応えるために作られたという理解でよいでしょうか。

菅原　いいえ、少し違います。アメリカでリポジトリが生まれた背景には、高騰する有償電子ジャーナル[1]への対抗策という意味あいがあります。一九九〇年代に有償電子ジャーナルの寡占化が進み価格が高騰したことで、学術情報の迅速かつ公平な流通が阻害されるようになってきました。具体的には、大学図書館ですべての電子ジャーナルを購入しきれなくなり、研究者が学術情報の入手に困るようになってきたのです。これを打開する手段の一つとして、無料で誰もが利用可能な「オープンアクセス」化が提唱され、社会に向けた学術情報の透明性や説明責任という観点から、国もこれを推進する方針を打ち出しました。
そこで登場したのがリポジトリというわけです。リポジトリは、紀要や科研費報告書などの一般に流通していない刊行物はもちろんのこと、最終的に有償電子ジャーナルに掲載される論文についても、正式な論文の前段階にあたるプレプリントや発表原稿の登録を進めました。これにより、学術研究の動向を有償電子ジャーナルに依存することなく把握できることをねらったので

（1）「電子ジャーナル」とは、「有償無償を問わず、ウェブを通じてアクセス可能な電子的な雑誌」の意味である。電子ジャーナルにはエルゼビア社などが配信している有償のものと、リポジトリなどを通じて無償で公開されているものの二種類がある。つまり、「電子ジャーナル」・「無償電子ジャーナル」とは「有償電子ジャーナル」の総称なのである。ただし、この三者を厳密な意味で使い分けるのは煩雑なので、本書では文脈で「有償」・「無償」の区別が明らかに付く場合は、単に「電子ジャーナル」とのみ表現している部分もある。

す。

法條　そうすると、リポジトリはお上の強制力でやらされたというより、大学が国を動かして作った格好になるのですか。

菅原　経緯からすれば、電子ジャーナルの価格高騰に苦慮した大学図書館、ないしは大学経営者の側からの発想だと考えてよいと思います。一九九〇年代の雑誌価格高騰は「雑誌の危機」（Serials Crisis）と呼ばれ、アメリカでは十年間の価格上昇率が二〇〇％を超えています。図書館や研究機関はオープンアクセス、そしてリポジトリといった形でこの危機に対応し、少し遅れて日本もそれに倣ったわけです。最初は国立情報学研究所（ＮＩＩ）が参加大学を募って予算を振り分け、大学図書館側が暗中模索しながらはじめたように記憶しています。

法條　リポジトリは単にディスカッションペーパーなどを公開する手段だと思って使っていましたが、まさか電子ジャーナルの価格高騰と関係しているとは知りませんでした。ただ、両者の結びつきがいま一つよくわからないのですが。

菅原　電子ジャーナルの価格が高騰すれば、大学はすべての電子ジャーナルを購入することができなくなります。それは研究者にとってライフラインを遮断されるようなものなので、せめてプレプリントなどを公開することで、最低限必要な情報を相互に融通しあう発想だったのだと思います。リポジトリによって電子ジャーナルの価格高騰を直接抑えられるわけではありません。しかし、リポジトリが充実して研究者の間で認知されれば、それまでの有償電子ジャーナルの独占的地位を相対的に弱めることができるので、間接的には価格高騰への牽制となり、図書館側が価格交渉を有利に進める可能性が開けることを期待していたのです。

法條　なるほど、リポジトリの誕生にそういった意味があったのですね。

菅原　ただし、現在のリポジトリは、構成員の研究成果を発信するための単なるプラットフォーム(2)にすぎないものも見受けられますし、国が力を入れ出した時点から、予算獲得のための登録数競争が大学間で繰り広げられるようになっており、もはや当初の目的は忘れ去られています。リポジトリの登録数を増やすために貴重書をデジタル化して登録するに至っては、本末転倒といわれても仕方ないでしょう。

法條　古典籍をリポジトリで公開しても、電子ジャーナルの価格には何の影響も与えないですよね。

大学のブランド化との関係

菅原　最初に大学ランキングとの関連について話しましたが、これは国策であると同時に、大学のブランド化を通じた生き残り策であるといってもよいでしょう。大学側は、研究成果を発信することで、「被引用数の増加」→「大学の評価上昇」→「優秀な学生や助成金の獲得」という皮算用をしているのだと思います。つまり研究成果の公開が大学のブランド力増強という付加価値を生み出し、それが少子化時代における経営基盤の強化につながるという論理

(2) 原義は演壇・足場（駅のプラットホームも同じ）で、ハードウェアやシステムソフトウェア（ウィンドウズなどのOS）のように、アプリケーション・ソフトウェアを動作させるための基盤となるもの。アマゾンやiTunes Storeなど、コミュニケーションや商取引のための情報環境を指すこともある。

です。ですから、大学によっては、大学のランキングに如実に反映する内容を扱うため、リポジトリ関係の委員会がかなりピリピリした雰囲気になっているようです。

法條　ブランド化というのはそういう意味ですか。留学生数と同じで、リポジトリで公開されている学術論文数も、一つの指標なのですね。

菅原　ですから、リポジトリによっては、登録論文ごとの閲覧数やダウンロード数といった統計を公開したり、著者にこれらの統計を定期的にメール配信したりしています。

さらに、平成二五年に「学位規則」が改正され、博士論文[3]はリポジトリで公開されるようになりました。

法條　規則のなかにリポジトリとは書いてありませんよ。

菅原　学位規則には「インターネットの利用により公表する」[4]としかありませんが、運用上のマニュアル類はすべて、リポジトリによる公開を前提として作成されています。博士号の数や評価内容といった、やはり大学のブランド力を高めるコンテンツがリポジトリのなかに収められていくわけです。こうして見ると、今後リポジトリは、大学のブランド力を測る尺度の一つとして機能する可能性があります。

(3) Ⅱ・1（p11）参照。

(4) 学位規則九条三項。

バックナンバーの扱い

菅原　こうした理念的・戦略的な動機とは別に、我が国で学術雑誌や書籍の電子化が推進される背景には、紙版の保管スペースが不足している、絶版で手に入らない本が増えている、といった現実的な事情もあるようです。

法條　現実的で身につまされる問題ですね。

菅原　特に人文学系の学会にとって、学会誌のバックナンバーの保存が大きな負担になっています。以前は、雑誌の販売を委託している出版社の意向もあり、バックナンバーの電子化はなかなか進みませんでしたが、年々増加する保存コストに圧迫されて、いまではむしろ学会・出版社ともに在庫を抱えたくないという雰囲気に変わってきました。

ところがバックナンバーに掲載された論文を電子化するためには、法的にどのような手続きが必要なのかが理解されていないため、強引に電子化が進められたり、あるいは結局何もせずにバックナンバーだけが廃棄されたり、少々混乱した状況が見られます。このバックナンバー電子化の手続きは、リポジトリの構築でもしばしば問題になっているようです。

法條　個人の研究室に、バックナンバーが山積みになっているケースもありますよね。また図書館の場合だと、配架スペースの圧縮のために古い雑誌を処分したいという思惑もありそうですね。

絶版および入手の難しい書籍

法條　さきほど、絶版で手に入らない本が増えていることが電子化の背景になっているという話がありましたが、これはどういうことでしょうか。

菅原　個々の研究者や学生にとっては切実な問題なのですが、これを理由に大学・学会などの機関が電子化をすすめることはほとんどないようです。あえていえば、各大学図書館が著作権切れの図書をデジタル公開しているのが多少そうした意味あいを持つでしょうか。しかし、復刊ドットコム[5]のように広く意見を募って電子化を進める事業があってもよいのかもしれませんね。

法條　いまの話を聞いて、私はグーグル[6]などの取り組みを思い出しました。グーグル・ブックスも絶版書籍を中心とするサービスですね。ただ、書籍の電子化にどのくらいの学術的必要性やニーズがあるのかについては議論されているのでしょうか。電子ジャーナルの場合は、紀要など一般には入手しづらい媒体に掲載された論文などが登録されれば、電子化のインセンティブはかなりあると思いますが、書籍については少し考えにくいのではないでしょうか。分野によるのかもしれませんが、雑誌と書籍では電子化の意味あいが根本的に違っているような気がするのです。この点はいかがでしょうか。

菅原　電子化の最大のメリットは速報性に尽きると思います。人文学の研究書は公表された複数の論文を最終的に一冊にまとめるケースが多いので、速報性を必要としないものが大半を占めるのではないでしょうか。速報性という点で考えるならば、図書より雑誌のほうが電子化に向いていると思います。ちなみに、雑誌と書籍の中間にあるのが報告書だと思います。科学研究費補助金を受けた研究の成果報告書、行政発掘などの調査報告書、こういったものは市販ルートにほとんどのりませんが、それなりに速報性を兼ね備えてい

（5）絶版・品切れの本をリクエスト投票により、復刊させるサービスを行っているサイト（http://www.fukkan.com/）。

（6）グーグル・ブックス：http://books.google.co.jp/

ますから、雑誌論文と同様に電子化に向いているといえるでしょう。

法條　報告書のたぐいは、学術情報として参照する必要がありますが、執筆者や出版元に直接アクセスしないと入手が難しいですよね。ですからリポジトリなどで電子化されるのは、研究者にとってありがたいことです。

電子データと複製

菅原　ところで、紙媒体の雑誌を電子データ化することは、著作権法上の複製に当たりますから、電子出版ではなく（電子的）複製とでもいうのでしょうか。しかし、電子ジャーナルには、ボーンデジタル、すなわち最初から電子媒体でしか存在しないものもあります。こちらは、同じ電子データでも複製ではなくて**出版**になるのでしょうか。そもそも、出版は著作権法上、どのような概念なのでしょう。

法條　著作権法には出版の定義がなく、基本的には著作物の**発行**(7)という形で表現されています。発行の概念で重要なのはその時期であって、これが**著作物の公表**(8)、つまり保護期間の算定にかかわることになります。これに対して出版は、複製のなかの一部を指す概念です。著作権法で**複製**とは「有形的再製(9)」のことになりますから、何か物に固定されていなければ複製とはいい難いです。したがって、データだけが存在するものは、著作権法上の複製にあたらず、出版にも該当しない、ということになるかもしれません。

（7）Ⅱ・1（p39）参照。

（8）四条一項　著作物は、発行され、又は第二十二条から第二十五条までに規定する権利を有する者若しくはその許諾を得た者によつて上演、演奏、上映、公衆送信、口述若しくは展示の方法で公衆に提示された場合……において、公表されたものとする。

（9）二条一項一五号　複製　印刷、写真、複写、録音、録画その他の方法により有形的に再製することをいい、次に掲げるものについては、それぞれ次に掲げる行為を含むものとする。

イ　脚本その他これに類する演劇用の著作物　当該著作物の上演、放送又は有線放送を録音し、又は録画すること。

ロ　建築の著作物　建築に関する図面に従つて建築物を完成すること。

菅原　ただボーンデジタルといっても、実際は出版社側の戦略や図書館側の要望などもあって、電子ジャーナルの出版元が、紙媒体という選択肢を完全に排除したわけではありません。特に図書館は、一般的な電子ジャーナル契約ではアクセス権だけしか得られないため、契約が切れた場合、手元に何も残らないのを嫌がり、紙媒体を併せて購入することが多いようです。とはいっても、価格高騰や保管スペースの問題でそれも難しくなってきているのですが。

法條　こういう電子媒体、ここでは電子ジャーナルの問題を扱うときに、販売から許諾へという性格の変化があることは、ある程度強調しなければなりません。いま、話題に上がったように、電子ジャーナルでは物が手元に残りませんから、そのサービスにアクセスするライセンスが無くなれば、二度と使えなくなります。一般に物は、所有すれば利用できるのですが、電子ジャーナルは所有が無い分、その「**利用**」[10]による権利の享受が「**所有**」よりも限定されてしまうのです。媒体の変化と実際の取引形態の変化を考えなければいけませんね。

菅原　確認しますが、著作権法上の複製は、物理的な複製でなければならないのですね。たとえば、ユーチューブなどにアップロードされた違法なコンテンツをダウンロードした場合には、複製権の侵害として警察に逮捕されてもおかしくありません。[11]この場合も、物理的な複製といえるのでしょうか。

法條　それは、ハードディスクなどにデータを固定することで複製になるのです。

菅原　だとすれば、ネット上の動画をストリーミングで閲覧しているとき、一時的

(10) Ⅱ・1（p33）参照。

(11) Ⅱ・2（p70）参照。

にパソコンにキャッシュされたものも複製になるということでしょうか。

法條　もちろん複製になります。ただし、平成二一年の著作権法改正で、著作権者に許諾を得る必要のない複製として「**送信の障害の防止等のための複製**」[12]が追加されました。ここにはミラーリング、バックアップまたはキャッシュなどが該当します。ですから、キャッシュは複製ではあるけれども複製権の侵害にはなりません。

菅原　データがハードディスクやDVDなどの媒体に固定されているという前提であれば、紙から電子化（複製）したものと、ボーンデジタルのものに、著作権法上、扱いの差はないということですね。

法條　取り扱いに関して、差はありません。

学術雑誌・書籍電子化の手続き

菅原　学術雑誌の電子化については、実際問題として、デジタル化を前提として雑誌を刊行するケースと、バックナンバーなど、すでに紙媒体で出版されているものを電子化するケースの二つがありますから、それぞれ別に考えていきたいと思います。

法條　通常、紙媒体の学術雑誌に投稿する場合、二つの可能性があると思います。著者が著作権を留保したまま雑誌に投稿するケースと、雑誌を発行している学会などへの著作権の譲渡に同意した上で投稿するケースです。**著作者人格権**[13]は譲渡不可能ですけれども、**著作財産権**[14]の取り扱いについては学会に譲渡

(12) 四七条の五　自動公衆送信装置等……の用に供する部分…を他人の自動公衆送信等…の用に供することを業として行う者は、次の各号に掲げる目的上必要と認められる限度において、当該自動公衆送信装置等により送信可能化等……がされた著作物を、当該各号に定める記録媒体に記録することができる。
一号　自動公衆送信等の求めが当該自動公衆送信装置等に集中することによる送信の遅滞又は当該自動公衆送信装置等の故障による送信の障害を防止すること　当該送信可能化等に係る公衆送信用記録媒体等……以外の記録媒体であつて、当該送信可能化等に係る自動公衆送信等の用に供するためのもの
二号　当該送信可能化等に係る公衆送信用記録媒体等に記録された当該著作物の複製物が滅失し、又は毀損した場合の復旧の用に供すること　当該公衆送信用記録媒体等以外の記録媒体……

することは可能です。電子化を念頭に置いた場合でも、著作権を著作者に留保する形で電子化を想定した取り決めをするか、それとも全面的に権利を譲渡してもらうかという二つのパターンがあるということです。そういう意味では、従来とそれほど違いはありません。法学系の学会ですと著作権留保型が多いように思いますが、理科系は大半が譲渡型なのではないでしょうか。

菅原　最近は、人文学系でも譲渡を求められる場合が出てきています。ただ著作権を渡すことに拒否反応を示す研究者も多いようですが……。

法條　学術情報の場合も、学会という一つ団体のなかでの流通を考えるならば、著作権を学会に譲渡したほうが流通は確保できる、という議論になるのかもしれません。

菅原　過去にデジタル化を想定せず契約を交わした、あるいは慣習として契約すらも交わさなかったものが、デジタル化に際して再契約しなければいけなくなっていることを考えると、同じ轍を踏まないためにも、学会としては権利を全部譲渡してもらっておくほうが安心ですよね。

法條　論文執筆者の抵抗があるということですが、彼らにとって権利を譲渡した場合の具体的な不利益とは何なのでしょうか。

菅原　何か自分のものでなくなるような気がするという、漠然とした不安なのではないでしょうか。それに学会との信頼関係もありますね。人文学系の学会は、理科系のようにシステマチックな学会事務組織になっていないところが多い

(13) コラム「三島由紀夫の手紙事件」(p63) 参照。
(14) Ⅱ・1 (p28) 参照。

ですから。ところで、もしも権利を譲渡した学会が解散したらどうなりますか。

法條　権利に関する取り決めがなければ、継承すべき法人があればそこが継承し、なければ基本は著者に戻すのではないでしょうか。通常、著作財産権については継承者がなければ、**消滅**して国に帰属するのですが[15]、この場合、本来自分が書いた論文だと主張する人が出てくるでしょうから、それぞれに帰属することになると思います。

菅原　著作権の**保護期間**[16]は、個人であれば著者の死後五十年、団体は公表後五十年でしたね。そして個人の著者が著作権を団体に譲渡した場合は、前者に従うのでした[17]。

法條　著作者は誰かというと著者ですね。その権利を団体に譲渡すれば、団体・法人が著作権者になります。でも団体・法人は基本的に著作者にはなりえません。知的財産はその名のとおり知的なもので、知的な活動をするのは人間だけであるという立場からすれば、**特許**[18]や著作物を創作するのは人間だけなのです。しかし映画などのように、必要上、法人に著作権が帰属することもあります。映画の著作物の場合は、さまざまな人が関わる創作ですから、創作的な寄与をする人が多数いて、全員の許諾を得るのが現実的ではないため、権利の窓口を一本化させるために**法人著作**を認めているのです。

菅原　一般的な、文字で書かれたもの、つまり言語の著作物に法人著作は存在しないということですか。

(15) 六二条一項　著作権は、次に掲げる場合には、消滅する。
一号　著作権者が死亡した場合において、その著作権が民法……第九百五十九条……の規定により国庫に帰属すべきこととなるとき。
二号　著作権者である法人が解散した場合において、その著作権が一般社団法人及び一般財団法人に関する法律……第二百三十九条第三項……その他これに準ずる法律の規定により国庫に帰属すべきこととなるとき。

(16) Ⅱ・2（p44）参照。

(17) Ⅱ・2（p46）参照。

(18) コラム「特許・実用新案・意匠・商標」（p102）参照。

法條　概念的にはあり得ないです。

菅原　法人名で出ている著作物はどうなりますか。

法條　ありうるとすれば**職務著作**[19]です。ある法人に帰属する人がその業務との関係で作った文書などについては、法人が作っているということになります。

菅原　ということは、学会や機関が著作権を譲渡してもらったら、その権利をいつまで行使できるのか、しっかり管理しなければならないということですね。

法條　そうです。ともすると、どこも権利の取得だけに躍起になりますが、知的財産権で大事なのは、やはりマネジメント、つまり管理することなのです。

菅原　確かにどの学会・機関も、著作者から権利を譲渡してもらうことに必死で、管理について考えているところは多くなさそうです。著作権を著作者が保持しているか譲渡を受けたかにかかわらず、これはきちんとしておくべきことですし、そうすることで著作権を渡すことへの論文著者側の抵抗感も減ることになるでしょう。

法條　権利の保有者は当然そうすべきですね。著作権を保有する以上は、それを財産権として行使する以前に、まずはしっかりと管理することが重要である、この点は強調しておきたいですね。

菅原　学会や研究会というのはすべて法人扱いになるのですか。

法條　法人格を取っていれば**法人**[20]です。そうでなければ**任意団体**であり、法人ではありません。

菅原　学会や研究会はむしろ法人格の無いところが大半だと思いますが、その場合

(19) 一五条一項　法人その他使用者(以下この条において「法人等」という。)の発意に基づきその法人等の業務に従事する者が職務上作成する著作物(プログラムの著作物を除く。)で、その法人等が自己の著作の名義の下に公表するものの著作者は、その作成の時における契約、勤務規則その他に別段の定めがない限り、その法人等とする。

二項　法人等の発意に基づきその法人等の業務に従事する者が職務上作成するプログラムの著作物の著作者は、その作成の時における契約、勤務規則その他に別段の定めがない限り、その法人等とする。

(20) Ⅱ・2(p44)も参照。

はどういう手続きになりますか。

法條　法人でなければ、法律上の主体たりえません。

菅原　著作権の譲渡を受けたり、許諾を得たりすることができないのですか。

法條　そうです。任意団体の場合、代表者に譲渡する形であれば可能です。

菅原　ほとんどの学会や研究会は、そこまで意識して契約を交わしていません。多くが学会・研究会に譲渡することになっており、その代表者と契約を交わす形になっていないと思います。

法條　法人格の無い任意団体ならば、代表者名での契約にして、代表者が代わるときには契約を更新しなければなりません。それが面倒だから法人格を取るわけですよ。

菅原　たとえば、紀要などの場合、学部や学科・研究室といったセクションが主体となることもあります。大学は法人格をもっていますが、個々のセクションになると法人格はありません。

法條　そこに主体としての性格はないですからね。学部・学科などは法人の機関ですから、学校法人○○大学の個々のセクションなら、本来は学校法人○○大学の学長名で著作権の譲渡や許諾の契約を結ばなければなりません。

菅原　学部などは、法人格がない研究会と同じ扱いになるのですね。学会誌の場合、投稿規程のなかに投稿された論文の著作権を譲渡・許諾するように定められているだけで、個別に契約を交わしていないところも多いですが。

(21) 七九条一項　第二十一条に規定する権利を有する者（以下この章において「複製権者」という。）は、その著作物を文書又は図画として出版することを引き受ける者に対し、出版権を設定することができる。二項　複製権者は、その複製権を目的とする質権が設定されているときは、当該質権を有する者の承諾を得た場合に限り、出版権を設定することができるものとする。八〇条一項　出版権者は、設定行為で定めるところにより、頒布の目的をもつて、その出版権の目的である著作物を原作のまま印刷その他の機械的又は化学的方法によ

法條　投稿規程というのは、一方的に学会側が希望の条件を提示しているだけで、投稿という行為によってそれを受け入れたことにはなりません。ですから投稿規程に基づいて論文が投稿され、めでたく掲載が決定した段階で、改めて著作権に関わる契約を結ぶべきでしょうね。

菅原　過去に紙媒体として出版したものを電子化する場合はどうなるでしょうか。電子化ということが想定できない時代に結ばれた契約ならば、改めて電子化に関する契約を締結しなければならないのでしょうか。

法條　**出版契約**というのは出版社と著作者との間の契約です。しかもそれは、本を発行するにあたって結ばれる契約で、たとえば印税の額であるとか、あるいは期間を定めてその出版社から専属的に出すというような出版権設定契約を結ぶものです。[21] そういう意味では原則紙媒体を想定しているわけです。したがって少なくとも出版社との関係において、従来の本として出されていたものを電子化する場合には、出版社と再度、電子化に関する契約を結び、それに基づいて電子媒体のものを発行することになると思います。

菅原　学術雑誌に論文が掲載されるときの契約は出版契約にはならないのでしょうか。出版社ではなくて、学会や研究会が主体となって発行している、非営利的な雑誌のような場合ではどうでしょうか。

法條　出版契約というのは、ある意味、営利ベースによる契約が中心です。先ほどの出版権設定までを想定しなければならないですから、はたして学会誌への掲載の契約が出版契約とまでいえるでしょうか。

り文書又は図画として複製する権利を専有する。

二項　出版権の存続期間中に当該著作物の著作者が死亡したとき、又は、設定行為に別段の定めがある場合を除き、出版権の設定後最初の出版があつた日から三年を経過したときは、複製権者は、前項の規定にかかわらず、当該著作物を全集その他の編集物（その著作者の著作物のみを編集したものに限る。）に収録して複製することができる。

三項　出版権者は、他人に対し、その出版権の目的である著作物の複製を許諾することができない。

八一条　出版権者は、その出版権の目的である著作物につき次に掲げる義務を負う。ただし、設定行為に別段の定めがある場合は、この限りでない。

一号　複製権者からその著作物を複製するために必要な原稿その他の原品又はこれに相当する物の引渡しを受けた日から六月以内に当該著作物を出版する義務

二号　当該著作物を慣行に従い継続して出版する義務

菅原　確かにいえないですね。先ほど話したように、投稿規程があるだけという場合が圧倒的に多いですから。契約書が無い以上、著者と学会との間には契約は存在しないということになるのでしょうか。

法條　いや、**契約**は文書でなければ成立しないものではありません。お互いの間に申し込みと承諾（意思の合致）があれば契約は成立します。だから、「投稿規程の提示」→「投稿」→「査読通過」→「掲載決定」という一連のプロセスからいうと、投稿者が掲載されることを了解している前提のもとで、合意に至っているというようにも読めなくはありません。

菅原　そうするとこの場合はどのような種類の契約になるのでしょうか。

法條　契約法上は、**典型契約**（売買・贈与・賃貸借、あるいは使用貸借・消費貸借など）のなかで、どの側面を持っているかを考えます。仮に著作物を譲渡した結果への対価があるならば、売買契約に類似していますが、売買は物でなければいけませんから、厳密には当てはまりません。学会に公表したいと考えている論文を印刷・発行してもらうという意味では、委任や請負契約かもしれません。でも実体を見るとかなり違うように思います。やはり、典型契約の一類型として整理するのは少し困難ですね。典型的な契約類型にないケースで何かトラブルになった場合、裁判上は典型契約において類似するものを参照したり、当事者間でどういった意思に基づいて結ばれた契約なのかを推測して判断することになります。ですから、意思の合致があれば契約の成立は口頭でも可能ですが、トラブルになったときのことを考えると、文書に記しておくのが、両当事者がどういう認識をもって契約に至ったのかを参照できるので望ましいわけです。学会誌への投稿から掲載に至る一連のプロセスを出版契約と呼べるかどうかは別にして、現実的に「投稿」→「掲載」→「学会誌刊行」という経過をたどることを考えると、投稿が採用された段階でたとえば「掲載契約」のような契約を結ぶことが適切だと思います。もし契約のなかに、明示的な意思が認められなければ、電子化までは想定されていないと思います。この場合は改めて電子化についての契約を結ばなければならないでしょうね。

電子化と著作隣接権

菅原　リポジトリなどの場合は、書籍を電子化することも少なくありません。この場合、**著作隣接権**、具体的にいえば**版面権**の議論があったかと思うのですが。

法條　著作隣接権のわかりやすい例として、楽曲を採り上げてみましょう。作曲家・作詞家は著作物を創作したという意味で著作者です。しかし、歌を唄う人や楽器を演奏する人（実演家）の協力がなければ、我々は音楽を享受できません。さらにいえば、より広く多くの人に音楽を提供するためには、ライブだけでなく、音楽をＣＤやレコードなどの媒体に固定して頒布する人が必要となります。ところが、実演家は創作者あるいは著作者かといえばそうではありません。でも彼らはそれなりの専門技術、あるいは才能を活かして著作物の流通に寄与しているという点で、非常に大切な役割を果たしています。そういう人々の権利を保護するために、特に戦後、著作権そのものではないけれどもそれに隣り合った権利、すなわち隣接権（Neighbouring rights）を認める制度が作られたわけです。

本の場合にこれが当てはまるかを考えてみましょう。著者が創作者であることはまちがいありません。一方でそれを印刷・編集・刊行する人々は権利を持っていません。この意味では、実演家やレコード会社に匹敵するような役割を事実上果たしているといえますが、いまだに権利として認められていません。そういう出版や編集に携わる人々に対し、一般大衆への伝達に寄与しているという意味で権利を、たとえば出版の「版面」に関わる権利（版面権）という形で認めていこうという主張がなされるようになったのです。

菅原　編集やレイアウトのデザインによって、本が読みやすくなっているのは確かですから、価値のある仕事だとは思います。しかし、現段階では版面やレイアウトに創作性があるわけではないという見方が一般的です。

編集やデザインなど出版の過程で生じた作業には、これまでも対価が支払われてきています。おそらく、いま版面権が問題になっているのは、デジタル化に絡んでいるのでしょうね。出版の対価は支払いが完了していますが、デジタル化してこれまでとは違ったコンテンツになるのであれば、過去の努力に報いて欲しいということなのではないでしょうか。

法條　電子出版は、本のような実体をともなった物の取引とは違いますから、その利益の一部にあずかるために、版面権を認めてもらう必要があるということなのでしょう。確かに、音楽のアーティストが特定のスタッフでなければ歌わないことがあるように、本の場合も編集者の貢献は大きいですね。

菅原　実際、小説や一般向けの本では、編集者の意見により相当書き変えられるみたいです。大学の教科書などでも、編集者の腕によって出来栄えがかなり違ってきます。

法條　やはり出版関係者が危機感を持っていて、電子出版の潮流に何とかコミットできないかと考えているのでしょう。確かに本の刊行に編集者の一定の寄与があることは事実だと思います。特に学術出版においては編集者の力というのは本当に評価すべきところがあるわけです。しかし、それを権利として、出版社の隣接権として構成したときに、はたして彼らにとって新たなメリットはあるのでしょうか。現状でも事実上、そういうものを一応尊重しているのですから。

著作権と契約

菅原　さて、これまでの議論をまとめると、次のようになるでしょうか。

- 論文などを遡及的に電子化し、またネット上で公開しようとする場合、投稿規程や掲載契約で紙媒体しか想定されていなかったのであれば、改めて電子化に関する契約を結ぶ必要がある。

・その際に問題となる著作権上の権利は、複製権と公衆送信権である。(22)
・権利処理の方法には**譲渡**と**許諾**の二種類がある。
・契約の主体となれるのは自然人もしくは法人である。

法條　実際に各機関や学会でも、権利を適切に処理する必要があることは認識されているようです。ただ実際の対応となると、大きく「大胆方式」と「小心方式」というべきものに分かれます。大胆方式というのは、書面により、日限を切って同意の回答を求め、回答の無い場合は同意したものとみなして公開する、というものです。小心方式というのは、同意の返事がきたものだけを公開するものです。現状では、大胆方式を採っている学会が意外と多いのですが、法的に見ていかがでしょうか。

法條　先ほどお話したように、**投稿規程**だけでは電子化の合意があったことにはなりませんし、合意がなければ契約は成立しないわけですから、一方的に押し切る大胆方式では契約として認められないですね。

菅原　許諾が得られたとして、電子版を公開するときに、何らかの事情で紙媒体と**レイアウト**を変えることになったら、**著作者人格権**の侵害になりますか。

法條　**同一性保持権**(23)は、内容に関する変更でなければ問題にならないと思います。もちろんレイアウトにこだわる人もいますが、こういう問題は契約でそこまで注意深く書くよりは、実際に編者や電子化の作業者と著者との間でのやり取りを密にするのが、最もリスクを回避できる方法でしょう。

(22) Ⅱ・1（p37）参照。

(23) 二〇条一項　著作者は、その著作物及びその題号の同一性を保持する権利を有し、その意に反してこれらの変更、切除その他の改変を受けないものとする。

ところで、現実問題として電子化許諾契約に同意しない理由には、どのようなものがあるのでしょうか。もしも中身が恥ずかしくて出せないというのであれば、そもそも論文として公表していることがおかしいのではないでしょうか。

菅原　そういう研究者もいるかもしれませんが、学会などの事務局のやり方が信頼できないとか、雑誌に掲載された論文を修正して本として出しているので、元の論文を公開したくないなどの理由が考えられます。また将来、書籍としてまとめる予定があれば、後々の手続きの面倒を考えて、論文段階のものを公開したくないということもあるでしょう。理由によっては、後から公開を取り下げられるのであれば、とりあえず許諾してくれるかもしれません。公開取消の要請は、実際ありうる話だと思いますが、そのときどのように対応したらよいのでしょうか。商業的な契約などでは「**契約の終了**」が明示してありますが、著作権に関する許諾で「契約の終了」という項目は見たことがありません。契約内容に疑義のある場合は両者で協議する、などという一項を入れればよいのでしょうか。

法條　そうですね、著者の権利というところからスタートしている以上、その公表を途中で撤回することについても、コントロールできる必要があるでしょうね。ただ、契約書で契約解除を明示するのは適当でないでしょうから、どちらかの申し出によって契約は更改できる、あるいは、一方が契約の条件の変更を申し出た場合には双方誠実に協議する、という一項を入れ込む形になる

菅原　でしょうか。

学会によっては、一旦権利の許諾を得たら、それを楯にして以後の変更を一切認めないような雰囲気がありますが、民法上の契約なのですから、双方の合意が大切だということですね。そういった将来の**契約変更**の可能性まで見すえて契約書を整えておくことは、実際の法的処理にとどまらず、著作者からの信頼を高める上でも重要だといえそうですね。

法條　ところで、著作者がすでに亡くなっていて、著作権者がその遺族である場合、法的な扱いは変わってきますか。

菅原　まず、学会なり機関なりが権利の全部譲渡を受けたのか、それとも複製権と公衆送信権に限定した譲渡であったのかで対応が違います。後者であれば、ほかの権利が遺族に残っているので、それらと抵触するようなことはできません。

法條　全部譲渡の場合はどうですか。

菅原　全部譲渡していたら、遺族は何もいいようがありません。

法條　契約の当事者の一方が死亡しても、その契約は有効なのでしょうか。

菅原　契約の終わりの時期についてですね。契約期間が定められていない場合、その終期について、たとえば、委任契約など当事者同士の信頼が前提となる契約であれば、次の法定相続人がその信頼関係を引き継ぐわけではなく、信頼関係が消滅しますから、一方の当事者の死によって契約は終わります。

菅原　しかし、著作権の場合、契約期間がとても長いですから、契約書の表現も難しいのではないでしょうか。紙媒体だけを想定していた既存の契約が電子媒体に対応しきれなくなったように、メディアそのものが何十年も後にどうなっているかまったく予測できませんから。

法條　誠実な契約という意味では、**複製権**に関して、たとえば冊子形態による出版刊行に加えて電子媒体を含むというような、具体的な対応は書いておくべきだと思います。電子媒体としておけば、媒体が変わっても多くがデジタル化という範疇でとらえられるのではないですか。現状でそれ以外の複製方法を想定できるでしょうか。

菅原　確かに現状ではアナログ（紙・フィルムなど）かデジタルしか考えようがないですね。ちなみに、複製権全般で許諾を得ておけば、バックナンバーをまとめて再刊する場合などにも対応できるでしょうか。

法條　それは別契約になると思います。

菅原　そうですか。なかなか難しいですね。次に**公衆送信権**に関わる問題ですが、公開するサーバを途中で変えるというようなことは、問題ないでしょうか。

法條　公衆送信権の許諾さえ得ておけば、著作権法上の権利をもってサーバの機器を特定するということはありえないですね。

菅原　しかし、リポジトリで公開するというように具体的に書くと、制度が変わってリポジトリではないサーバから公開する際、もめる可能性がありませんか。そこで、契約書中に「当方が適当と認めるサーバで公開する」という一文を入れようかと考えています。

法條　なるほどね、契約書に○○のサーバとか、ワールドワイドウェブとか、CDとか、具体的な名称を避けるのは一つのテクニックですね。契約が切れるころには、メディアが変わってしまっている可能性もありますから。

菅原　契約書が死語だらけで、契約の当事者が内容を理解できなくなる可能性もありますし、そもそも著作権の枠組み自体がまったく変わってしまって、ここでの議論が無意味になっている可能性もありますよね。

そう考えると、法律そのものが変わってしまったら、契約はどうなるのでしょうか。

法條　法律が変わるとはどういうことでしょうか。

菅原　たとえば、ある契約Aがあったとして、法改正があったことで、契約Aより改正された法律そのものに基づく方が、お互いにとって得であるような場合、契約Aは自動的に解消されるのでしょうか。

法條　そんなことはないですね。基本は法律より契約のほうが優先します。何かトラブルがあったとき、まず参照されるべきは、当事者がどう合意しているかということですから。

法律は突き詰めて議論すると、悩ましい問題がいろいろ出てきますね。

菅原　はい、難しいです。

学術雑誌電子版の公開

法條　さて、こうやって法的問題をクリアしたものは、どういう形で公開されるのでしょうか。話を聞いていたら興味が出てきたので、差し支えなければ教えてください。

菅原　コンテンツをどのような手段で公開するかというのは、大変悩ましい問題です。みずからサイトを立ち上げて公開する方法は最も簡単である反面、セキュリティーの問題や、公開主体の組織の消滅、運営する個人の死などがサイトの消滅につながるなど、さまざまなリスクを抱えることになります。そこで公開に際しては、既存のプラットフォームを利用するのが最適ではないかと考えます。

大学や研究機関でしたら機関リポジトリが使えるでしょうし、学会や研究会が利用できるものとしてはCiNii Articles[24]・JSTOR[25]などがあります[26]。書籍を電子版として出版してしまうのであれば、Amazon Kindleダイレクト・パブリッシング[27]、パブー[28]、Apple iBooks[29]などのサービスを利用できます。このほか、国立国会図書館（NDL）は、国内刊行物を保存のためにすべて電子化できますから[30]、電子化して公開してくれるのを気長に待ってもよいでしょう。

法條　NDLではオンライン納本も始まっているようですが、これらのデータは、一般に見られるのでしょうか。

菅原　オンライン納本は、電子出版物の納本のことですから、現状ではNDL館内

(24) http://ci.nii.ac.jp/
(25) http://www.jstor.org/
(26) 公開方法の詳細については、小島浩之「学会における情報発信の課題 ── 学会誌のデジタルアーカイブ化を中心に」（『漢字文献情報処理研究』一四号、二〇一三年）参照。
(27) https://kdp.amazon.co.jp/
(28) http://p.booklog.jp/
(29) http://www.apple.com/jp/itunes/content-providers/book-faq.html
(30) 三一条二項　前項各号に掲げる場合のほか、国立国会図書館においては、図書館資料の原本を公衆の利用に供することによるその滅失、損傷若しくは汚損を避けるために当該原本に代えて公衆の利用に供するため、又は絶版等資料に係る著作物を次項の規定により自動公衆送信……に用いるため、電磁的記録……を作成する場合には、必要と認められる限度において、当該図書館資料に係る著作物を記録媒体に記録することができる。

で閲覧するしかないでしょうね。

ちなみに、電子出版でもＩＳＳＮ[31]やＩＳＢＮ[32]は取得できます。特に定期刊行物のＩＳＳＮは、定期性さえ確保されれば、ウェブ雑誌でもメールマガジンでも簡単に取得できます。

法條　研究雑誌にはＩＳＳＮの無いものも多いようですが、この有無によるメリット、デメリットはありますか。

菅原　ＩＳＳＮは図書館や書店などでその雑誌を管理するための固有の番号になります。複数の書誌・論文データベースを横断検索する際のメタ情報にもなります。海外では電子ジャーナルが非常に発達しており、中国や台湾を見ても有償無償を問わずインターネットを通じて多くの人文学系の論文を読むことができるようになっています。インターネットで発信されていない論文情報は埋没してしまい、学術的に顧みられなくなってしまう恐れがあります。我が国では、CiNii Articles によって複数の論文データベースを横断検索できるようになりましたが、ここでもＩＳＳＮがメタ情報の一つとして利用されています。我が国の電子ジャーナル発展のためにも、学会や研究会は刊行雑誌にＩＳＳＮを取得して欲しいものです。

法條　なるほど。

菅原　さて、研究者としては、自分の研究を他者に使って欲しいにもかかわらず、学術成果の公表に関する法的問題について、このように苦労しなければならないのは本末転倒に思えます。著作権を含む知的財産権というものが、経済

(31) 国際標準逐次刊行物番号 (International Standard Serial Number)。

(32) 国際標準図書番号 (International Standard Book Number)。

活動を円滑に進める点ばかり強調されているので、学術情報を円滑に広げようとするとかみ合わなくなるのでしょうか。学術的価値の高い出版物であれば著作権はあまり気にする必要はない、などという弁護士もいるようですが、これまでの議論を踏まえると、それはそれで少々危険な意見であるように思えます。

法條　私は逆に、学術的な問題であるからこそ著作権の問題と密接に絡むわけで、商業的な問題だったら著作権はほとんど問題にならないと思います。

菅原　なるほど、商業的なものであれば、即座に契約の問題になるからですね。

法條　そうです。だから著作権は文化の問題と大きくかかわっているのです。しかし、学術的という括りで整理するのはいかにも大雑把で、教育目的だから何でも許されるというのと同じような議論です。[33] 規範となっている前提・ルールにある程度依拠し、想定しながら円滑に使う工夫をしていくことが大切でしょう。著作権法の対象が、必ずしも学術に特化していないことも事実なので、我々の慣習も含めて全体として整合性をはかって、余計なリスクを回避する思考を身に付けるべきでしょう。同時に我々アカデミシャンは、法が及ばない部分に関しても、高い倫理観を期待されていることを忘れてはなりません。

菅原　いま、著作権法の規定は、必ずしも学術に特化していないということでしたが、私はその最たるものとして次の例が思い浮かびます。

著作権法上、雑誌は刊行後、一定期間を経なければ複写できません。[34] 確かに

(33) Ⅲ・4（p136〜）参照。

(34) 三一条一項　国立国会図書館及び図書、記録その他の資料を公衆の利用に供することを目的とする図書館その他の施設で政令で定めるもの……においては、次に掲げる場合には、その営利を目的としない事業として、図書館等の図書、記録その他の資料……を用いて著作物を複製することができる。
一号　図書館等の利用者の求めに応じ、その調査研究の用に供するために、公表された著作物の一部分（発行後相当期間を経過した定期刊行物に掲載された個々の著作物にあっては、その全部。第三項において同じ。）の複製物を一人につき一部提供する場合。

法條　商業誌の場合は複写が売上げに影響するからなのでしょうが、学術雑誌、なかでも限定配布のような非売品のものは、刊行する側も複写して広めて欲しいわけです。ところが図書館では、どのような雑誌でも一定期間複写させてくれません。基本的に年に複数回出る雑誌ならば次号の刊行までなのですが、年刊のものではだいたい三ヶ月が目安です。そもそも三ヶ月という基準が何に基づいているのか、まったくわかりませんが……。

菅原　法律に基づかないで勝手なルールや、**ガイドライン**(35)になってしまった審議会の方針などを妄信する傾向もあるのかもしれませんね。

法條　学術誌の場合、商業性があるか否かによって対応を変えるべきなのでしょうが、著作権法にはそういった視点はありません。図書館にはもっと本質的なところを見極めて、運用上の取り扱いを考えて欲しいです。

著作者や出版社の側が学術を遂行する観点から、そういう運用の硬直性に対して再考を求めたり、あるいは法そのものへの意見を表明したりというメッセージを発してもよいかもしれません。

菅原　特に研究者は、助成金などによって直接的・間接的に国から資金を得ているのですから、国民に対してアカウンタビリティーというか、説明義務が生じます。二〇一二年にノーベル賞を受賞した山中伸弥氏がたいへん熱心に外に対して情報を発信しているのは、多額の予算をもらっていることに対し、きちんと説明義務を果たそうとしているのだろうなと感じています。

山中氏の研究チームは大変素晴らしいですね。公的な研究助成による成果を

(35) Ⅱ・1（p22）参照。

国民に還元するよう努力していますから。

法條　昨今は、説明義務というものが強く問われるようになっています。実は、**コンプライアンス**というのも、我々研究者がどのような社会的要請を受けていて、それに対してどう誠実に答えるかという問題なのだと思います。そこには当然「法令遵守」も入れば、研究に対する姿勢も入ってきます。場合によっては、我々自身の研究成果を広く国民に説明することを含めて、コンプライアンスなのだと思うのです。

菅原　ありがとうございました。

特許・実用新案・意匠・商標

知的財産権には、著作権以外にも特許権・実用新案権・意匠権・商標権などがあり、それぞれ特許法・実用新案法・意匠法・商標法によって保護されています。

特許法と実用新案法は、発明と考案に関わる保護法で、とても似ています。ただ、特許法が発明という形で思想やアイデア一般を保護するのに対し、実用新案法は、やや対象が限定されていて「物品の形状、構造又は組合せ」といった物に付随するアイデアを保護しています。また、意匠法は工業デザインを保護しています。一品製作のような美術工芸品は、著作物として著作権法で保護されるかもしれませんが、市販されているオフィス家具のデザインは、意匠法で保護されます。ただ、職人が作るようなさまざまな造形を、著作権と意匠権のどちらで保護するのが適当なのか難しい場合もあります。

これらはいずれも、人間の創作に対する保護法で、特許庁に出願登録されることで権利が発生し、一定の保護期間を経たのちに消滅します。これら創作の権利は時間とともに価値が減耗していくことに対応しています。

他方、商標は、事業者が生産・販売する商品（モノ）や提供するサービスを、文字や図形、記号、立体的形状などで識別するものです。法律で定められた分類ごとに特許庁に出願する必要があります。こちらは、モノやサービスに付され、識別性を獲得しそれが高まっていくことによって価値が加わるものです。したがって、登録を更新することで権利を維持し続けていくことが可能です。

III

研究・教育で失敗しないために

1．所蔵資料へのアクセスと活用

菅原　**所有権**と**著作権**の違いについてはⅡ・1[1]で検討しましたが、ここでもう少し掘り下げて考えてみたいと思います。

人文学研究では図書館、博物館、文書館などが所蔵している資料を利用して研究を進めることが多々あります。これらの所蔵資料は、仮に著作権が切れたものであっても、各機関に所有権があります。ただ、私たちは著作権切れのものは自由に利用できるということばかりが念頭にあり、所有権についてあまり深く考えてきませんでした。不要なトラブルを避けて研究を円滑に進めるためにも、この点を中心に少し考えてみたいと思います。

法條　では、所有権と著作権の違いについての復習からはじめましょう。所有権と著作権の関係を簡単にまとめると下の表のようになります。所有権は民法に基づく権利で、物を使う、そして、それを使って何らかの利益を得る、収益を上げる、そして、それを捨てるという、物を物理的に支配する権限を指します[2]。したがって所有権の対象となるのは、一定の空間に物理的に存在する物（**有体物**）に限られます。一方、著作権は著作権法に基づく思想や感情の創作的表現である著作物を**利用**[3]する権利であって、保護の対象は無形の表現という姿形のないもの（**無体物**）になります。

菅原　本などの場合は、紙の束としての有体物という側面と、内容に含まれる知的・

所有権と著作権

	所有権	著作権
法令	民法	著作権法
権利の目的	有体物	無体物
権利内容	物を使用、収益及び処分する権利	著作物を利用する権利

（1）p31参照。

（2）民法二〇六条　所有者は、法令の制限内において、自由にその所有物の使用、収益及び処分をする権利を有する。

（3）Ⅱ・1（p33）参照。

精神的活動の成果である無体物という側面の両方があり、所有権は所有者が、著作権は著作者がそれぞれ権利をもっているので、話が複雑になるのでしたね。

菅原　そうなのですか。

法條　そうですね。法律学を専門にする人ですら、以前は所有権と著作権の区別が曖昧でしたから、一般の人が混同するのはある意味仕方のないことです。

「顔真卿自書建中告身帖」事件

法條　日本で著作権と所有権の関係を意識させたのは、**「顔真卿《がんしんけい》自書建中告身帖」[4]事件**という裁判でした。

この事件は、美術の著作物の原作品を所有する者（博物館）が、作品の複製物の出版・販売について、原作品の所有権を根拠に差し止めたり、廃棄を求めたりすることが可能かどうか争われたものです。ただ、少し当事者の関係が複雑なのです。出版のもととなった写真原版は、博物館の前に作品を所有していた人物（前所有者）から複製・頒布の許諾を得て撮影されたもので、出版社は原版所有者からこれを譲り受けて出版したのです（次ページ図参照）。

菅原　つまり、出版社は現所有者である博物館の原作品には、一切アクセスしていないということですね。確かに関係が複雑ですが、相続や転売で所有権が移っていけば、こういった問題が発生してもおかしくないですね。現所有者にしてみれば、自分のあずかり知らぬところで複製が出版されていたわけですか

（4）顔真卿（七〇九～七八五）は唐代の官僚で書家として有名な人物。建中は唐の年号（七八〇～七八三）、告身とは辞令書、帖とは折り本仕立てになった書物のこと。つまり「顔真卿自書建中告身帖」とは「顔真卿がみずから書いた唐・建中年間の辞令書を折り本仕立てにしたもの」という意味になる。実際、この作品は建中元年に顔真卿が太子少師に任命された際の辞令であり、素性の確かな唐代辞令書の一例として歴史研究上も重要な資料である。書道の世界では顔真卿の作品として珍重されてきたが、唐の制度において辞令書を本人みずから書くことはありえず、歴史学の側からは「自書」については否定されている。

法條

ら驚くでしょうし、出版社にしてみれば、原作品には触れてもいないのに裁判を起こされて迷惑この上ないという感じだったでしょうね。

この裁判は最高裁まで争われたのですが、最終的には博物館側が敗訴しました(5)。判決は先ほど表でみたように、所有権と著作権を明確に峻別しています。この判決のポイントは、第三者が、原作品の排他的支配権能を犯すことなく、作品の著作物としての側面を利用したものであれば、所有権侵害とはならないとする点です。

(5)「顔真卿自書建中告身帖」事件、最高裁判所昭和五九年一月二〇日第二小法廷判決、昭和五八年(オ)一七一号、書籍所有権侵害禁止事件。

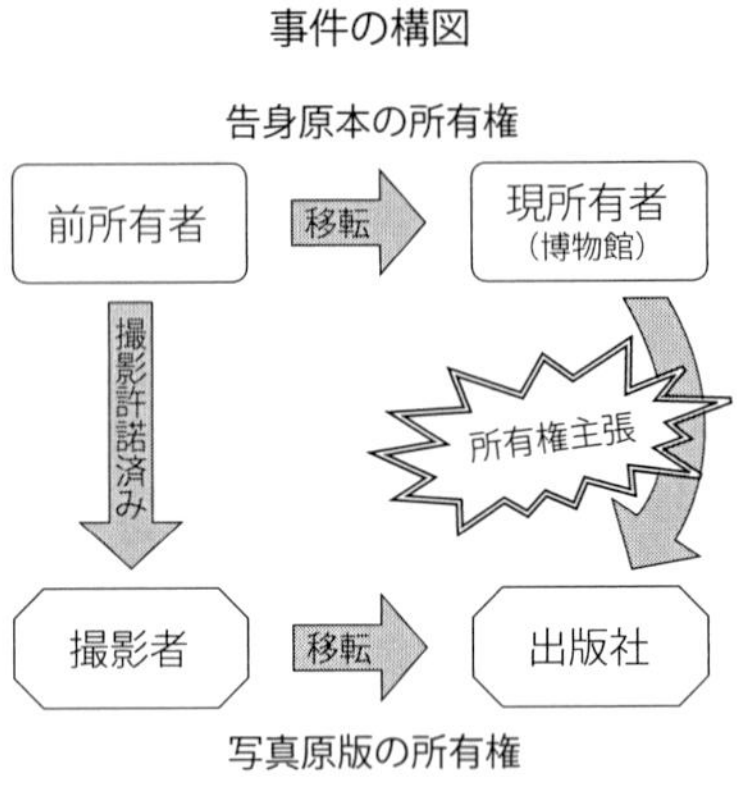

「顔真卿自書建中告身拓本」(部分)
(国立国会図書館所蔵)

原本を基に石に刻んであった文字の拓本。写真は告身の文末に近い部分に当たる。二行目と五行目に「建中」の年号が、八行目に「顔真卿」の名前が見られる。

堂々とした力強い楷書で顔真卿の筆致に類似するため自筆との俗説が広まった。

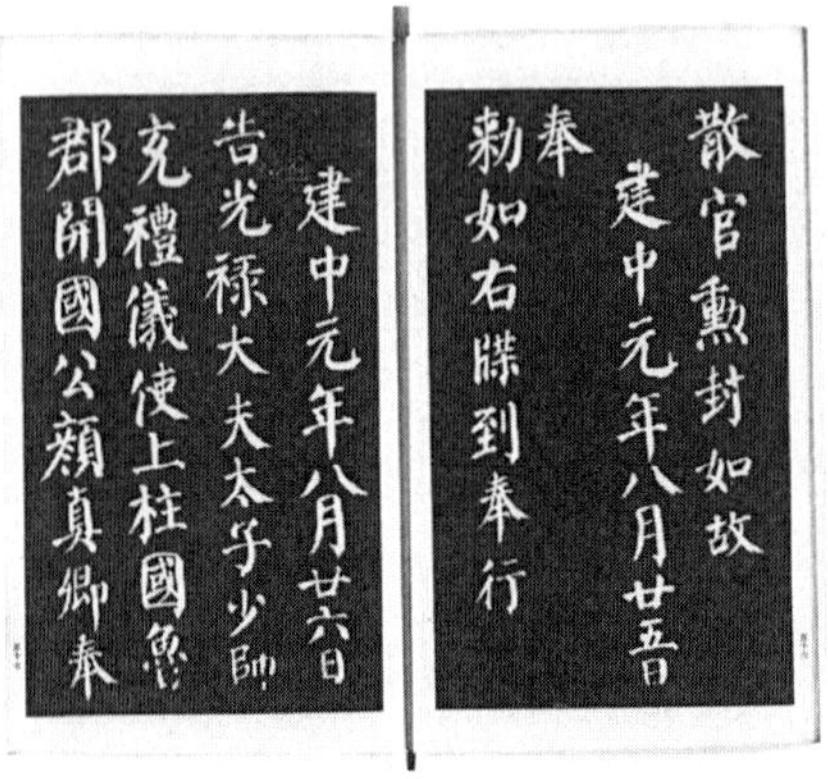

菅原　「第三者が、原作品の排他的支配権能を犯すことなく」というのは具体的にはどういうことでしょうか。

法條　もう少し具体的には、**「かえでの木」事件**(6)があります。この事件は大木の所有者が、その写真を出版した出版社と撮影カメラマンを所有権侵害で訴えたものです。判決を簡単にいえば、所有権はあくまで所有物の範囲にとどまり、その複製にまでは支配権が及ばないということで、大木の所有者側が敗訴しました。つまり、原作品が壊されるなど、所有物への直接的、物理的な侵害がない以上、第三者による所有物の複製やその出版は、所有者の所有権を侵害するものではないと結論づけられたのです。

菅原　顔真卿告身帖事件判決のポイント後半、「著作物としての側面を利用」というのは、複製は著作権法で規定された権利ですから、民法に基づく所有権では複製権をコントロールできないということでしょうか。仮に出版社が許諾を求めるとするならば、それは顔真卿であって博物館ではない、ところが顔真卿の著作権はすでに切れているから、所有権を楯に複製権を主張することはできない、という理解でしょうか。

法條　基本的にはその理解でよいと思います。

アクセス制限の根拠

菅原　しかし、図書館・博物館・文書館などは、著作権の切れたものでも撮影を許可制にしていますよね。

(6)「かえでの木」事件、東京地方裁判所平成一四年七月三日民事二九部判決、棄却(確定)、平成一四年(ワ)一一五七号、出版差止等請求事件。

法條　それは所有権に基づいて物へのアクセスを制限しているということです。

菅原　顔真卿告身帖事件の場合は、原作品とは別にすでに写真原版（複製）があって、出版社はその複製を基に出版しているので、原作品の所有権は複製物にまで及ばない以上、出版の差し止めはできないということは理解できました。もし、これが原作品から直接撮影して出版ということになれば、博物館は作品の所有権に基づいて撮影や出版の可否をコントロールできるということですか。

法條　先ほどの「かえでの木」事件では、カメラマンが撮影したときに、木の所有者が、鑑賞や撮影のために土地に立ち入ることを禁止していなかった点が考慮されています。つまりこの判決では、土地の所有権侵害がなかったことを理由の一つに挙げているわけです。ここから考えると、この判決は、博物館や美術館の収蔵品へのアクセス制限や料金徴収の法的根拠が、実は土地や建物の管理権ひいては所有権にあることを示唆しているのです。

菅原　ということは、博物館や美術館の収蔵品へのアクセスを制限する法的根拠は、収蔵品の所有権ではなく土地や建物の所有権にあるのですね。

法條　はい、土地の所有権に由来するという理解もできるわけです。

菅原　いまは博物館の事例でしたが、図書館や文書館などが、確実に著作権が切れているであろう貴重書でも、複製や掲載に許諾を求めてくるのは、法的に見れば土地の所有権に由来すると考えられるわけですね。

法條　図書館は、著作権保護期間内にあるものの複写に際しては、著作権法三一条にのっとり「文献複写申込書」を提出させています。[7] したがって、著作権が切れて公有に帰した資料ならば、こういったものは本来不要のはずです。しかし実際には、著作権の切れた貴重書などについても「閲覧許可願」・「撮影申込書」・「複製申込書」・「掲載許可願」など、さまざまな形で許諾を求めてきます。これらは著作権法に根拠を求めることはできませんから、やはり土地の所有権に基づいて、アクセスを制限しているといえるのでしょうね。

菅原　なるほど、よくわかりました。

(7) コラム「図書館と著作権」(p 72) 参照。

2. 校訂・翻刻と著作権

菅原　古典文献の校訂本の出版を考えています。そこでⅡ・2でも少し話題になりましたが[1]、校訂と著作権の問題について、もう少し掘り下げて教えてください。

法條　校訂と校正は違うのでしたよね。私も何となくは理解しているつもりですが、まずは校訂についてもう少し詳しく教えてもらえますか。

菅原　はい。人文学研究のなかでも文献を中心にして進める研究では、より良いテキストを用いることが研究の出発点です。そのためにはさまざまな基礎作業が必要となり、こういった作業全般を「文献批判《テキストクリティーク》」と呼んでいます。古典文献は、多くの人の手によって繰り返し複製された結果、現在に伝わったものが大半です。文献の伝承過程では、まるで伝言ゲームのように、複製のたびに誤字が増え、さらには途中で改竄や書き加えなど意図的な操作も紛れ込みます。古典研究においては、オリジナルに近ければ近いほど「正しい」テキストであると評価されます。このため現存するさまざまなテキストを比較・検討して、オリジナルのテキストを復元する作業が欠かせません。校訂とはこういったオリジナル復元にかかる一連の作業のことで、「校」とは「較」と同じで比較を、「訂」は訂正を意味します。

法條　古典というと、それこそ岩波文庫などを思い浮かべるのですが……。

（1）p55参照。

菅原　一般になじみが深いのは文庫本などで出版されたものでしょうね。でもこれらはもともと、写本や版本《はんぽん》・活字本などの形で伝わったものを、研究者が翻刻《ほんこく》・校訂して文庫本用のテキストを作り上げたものです。

法條　いまの話のなかの「版本」・「翻刻」という言葉はどういう意味でしょうか。

菅原　西洋ではグーテンベルグの時代から活字印刷が主流になりましたが、東アジアではアルファベットより文字数が多いことや、文字の形が複雑であることなどから、活字印刷は宋代に発明されたにもかかわらず、あまり広まりませんでした。このため文字を鏡像に彫り込んだ板（版木《はんぎ》）を使って印刷したの

版木

金属活字

（東京大学経済学部資料室所蔵）

木活字

です。版木を使って印刷した本のことを版本（板本）と呼んでいます。北宋から清まで書籍の大半は版本として刊行されており、精密に作られた評価の高いテキストも多くあります。しかし一方で人間が彫るものですから、彫りまちがいや原本からの転写ミスがあったり、さらには途中で版木を紛失してページが抜けたり版木が摩耗して読めなくなるなど、さまざまな問題もはらんでいます。

それから翻刻ですが、古典文献を書き起こして、印刷したり出版したりすることをいいます。

法條　なるほど、私たちの普段目にする古典は人文学者の校訂の成果なのですね。

菅原　はい。校訂のためには対象の文献に対する深い学問的知識が必要で、それまでの研究成果や識見を総動員しなければなりません。つまり校訂にあたる研究者は、自分の学術・研究の知識を注ぎ込むばかりでなく、膨大な時間を作業に費やすこととなります。このため、校訂者の側からすれば、校訂には著作者と同等の権利が保障されていると考えて当然だと思いますし、現在出版されている古典には、校訂者は著者に準ずる位置を占めるかのように表示されています。

岩波文庫版『風姿花伝』の例

法條　校訂者の権利については少し前に青空文庫[2]で問題になったことがあります。

菅原　青空文庫は著作権の切れた文学作品などをボランティアの手により電子テキ

（2）http://www.aozora.gr.jp/

（3）富田倫生「校訂者の権利に関する報告」（http://www.aozora.gr.jp/houkokusyo/koteisha/koteisha.html）参照。

スト化し、公開している有名なサイトですよね。

法條　そうです。青空文庫では室町時代に活躍した世阿弥（一三六三？〜一四四三？）の『風姿花伝』の公開を計画して、テキスト入力する際に、岩波文庫版を底本にしようと考えたそうです。[3] 世阿弥の著作権は当然切れています。しかし、岩波文庫版には校訂者として野上豊一郎・西尾実両氏の氏名が明示してあったので、[4] 青空文庫の代表者は関係者及び出版社に問い合わせました。すると岩波書店からは、古典作品の校訂・校注者に対して、報酬及び保護期間の面で著作権保護に準ずるものと考えて対応している、との回答がきたそうです。

菅原　報酬というのはつまり**印税**[5]のことで、これを著作権保護期間中、支払い続けているということでしょうか。

法條　はい。岩波書店は、古典作品の校訂・校注者に対して、翻訳者に相当する独立した「著作権」を認め、印税を支払っており、校訂・校注者が他界した後も、死後五十年を経過するまでは、増刷に際し遺族に印税を支払っているのだそうです。

菅原　ということは、少なくとも岩波書店では校訂者は著作者という認識なのですね。法的にはどうなのでしょうか。

法條　実は校訂について、日本ではこれまでほとんど法的に議論はなされていないのです。ですから正直なところ、校訂を何らかの形で法的に保護すべきかどうかという部分すら、何も確立したものがないというのが実情です。

菅原　しかし、実際の出版においては著作者に準じて印税が払われているのですよ

（4）野上氏は一九五〇年に、西尾氏は一九七九年に他界している。

（5）コラム「印税」（p59）参照。

『風姿花伝』金春家旧蔵本（寶山寺所蔵）
室町時代の古写本で、岩波文庫版でも校訂に利用されている貴重な写本。

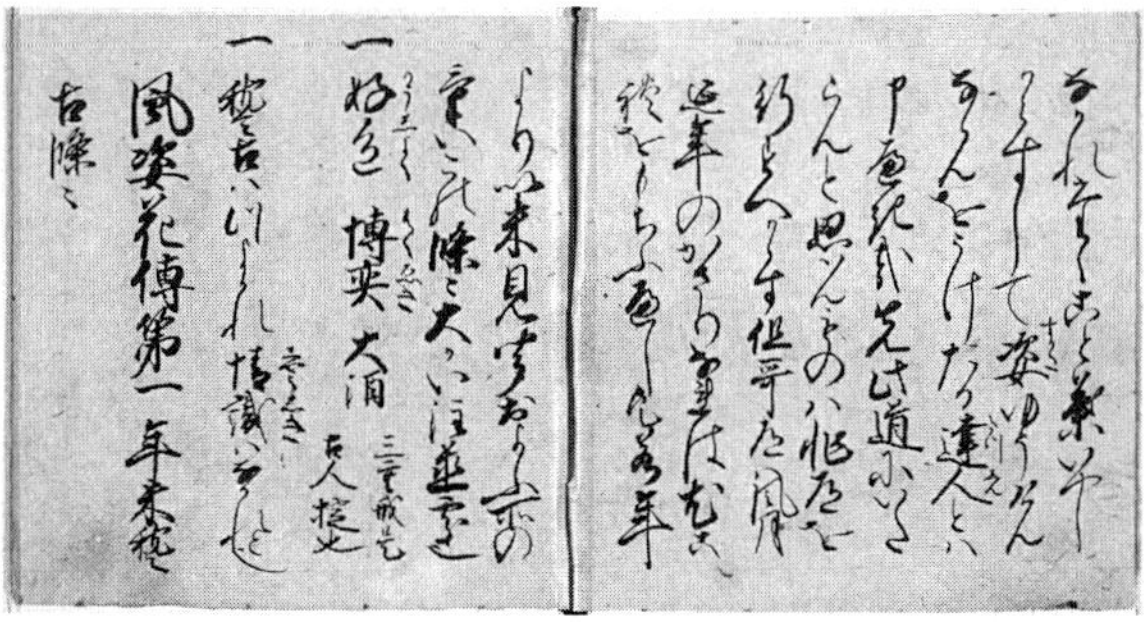

ね。だとすれば慣習的に校訂者は著作者とみなされるということになるのでしょうか。

法條　校訂者に対して支払われる経済的利益（印税など）の存在と、学術研究の成果としての「校訂」に著作権が発生することとは、別物ととらえるべきでしょう。

イギリスにおける楽譜校訂の判例

法條　「ソーキンス対ハイペリオン・レコード」事件という、イギリスで校訂の権利が争われた事件があります。著作権の切れた作曲家（ラランド）のCD発売にあたり、使用された楽譜の校訂者（ソーキンス）が校訂者の権利を主張して、レコード会社（ハイペリオン・レコード）と争ったものです。

菅原　楽譜の校訂ですか。ちょっと想像がつきません。

法條　ラランドの作品は彼の手による楽譜がほとんど残っていません。このため後世に印刷された楽譜を集めて検討・校訂しなければならないのだそうです。また演奏しやすいようにレイアウトしたり、パート別の楽譜を別途作成したりとかなりの労力もかかっているようです。

菅原　なるほど、確かにそうであれば、人文学研究における校訂とほぼ同じですね。この裁判の結果はどうなったのですか。

法條　裁判の争点は、校訂した楽譜に著作物としての創作性が認められるかどうかという部分でした。最終的に裁判所はソーキンスの校訂における創作性を認め、控訴審でもそれが支持されました。控訴審では校訂譜の作成に要した努力、つまり技量と相応の時間を費やした点を認め、著作権法上の意味におけるオリジナルな作品の要件を満たしていると判断されました。
この裁判で重要なのは、校訂者に著作者と同様の権利を認めるかどうかは、創作性の有無に尽きるとされたことです。出版社と校訂者との間でなされる金銭の授受は、出版契約に基づいた権利義務関係に由来するもので、校訂に著作権法上の保護があることの証明にはなりません。したがって、出版社が慣習的に印税を支払っているからといって、校訂者に著作者に準じた権利があると考えることはできないのです。

菅原　やはりどんなものでも創作性の有無こそが、著作物か否かの分かれ目になっているのですね。我が国では校訂について、創作性の有無に着目した実例や判例はないのでしょうか。

丸善における著作権処理と「英訳平家物語」事件

法條　最近の実例としては、丸善による著作権処理があります。[6] 丸善は、国立国会図書館の明治期刊行物、約一一万点のマイクロフィルム化・デジタル化とともに、その著作権処理も請け負いました。その際には「校訂」に創作性があるものとみなして処理しています。ただし現実の編集行程に踏み込んで、創作に相当する校訂の行為があったか否かを評価することは、実際には困難なので、「校正」というべき編集過程の作業も校訂とみなされてしまっている

(6) 詳細は、小島浩之「法理論と実務の狭間 ——『東洋学情報化と著作権問題（二）』から」（『漢字文献情報処理研究』五号、二〇〇四年）参照。

菅原　場合があります。

近代デジタルライブラリー(7)公開時の作業ですね。そもそも明治期の書籍に記される「○○著」・「△△訳」といった役割表現は統一的ではなく、どの役割が創作性に寄与したかを判断するのは簡単ではないと思います。しかし、判断できなければ、デジタル化やその後の利用は宙に浮いてしまいますから、難しいからといってそのままにしておくことは学術の振興にとっては明らかにマイナスです。ある程度のところで線を引いて決めてしまう必要があるのは確かです。この意味で国立国会図書館や丸善が、創作性をともなう役割の範囲を広めにとって、漏れを少なくしたのは、賢明な選択だったように感じます。

法條　我が国には何か判例はありますか。

昭和五〇年から五五年にかけて争われた**「英訳平家物語」事件**(8)という裁判があり、これが我が国の判決のなかで「校訂」に言及するおそらく唯一のものだと思います。ただし、ここでいう「校訂」は翻訳作業の一部を構成するものとして登場しており、菅原さんが説明してくれたような人文学研究における校訂とは少し異なると思います。

菅原　どのような事件でしょうか。

法條　この事件は、『平家物語』の英語への翻訳に際して、翻訳・校訂・再校・完訳といった一連の作業に関わったものの「『平家物語』の原典を読み、理解

明治刊行物（東京大学経済学図書館所蔵）**の著者表示**
標題紙（右）には「原著」「校閲」「訳述」の表示があり、奥付（左）には標題紙とは別の組織、人名による「翻訳」の表示がある。

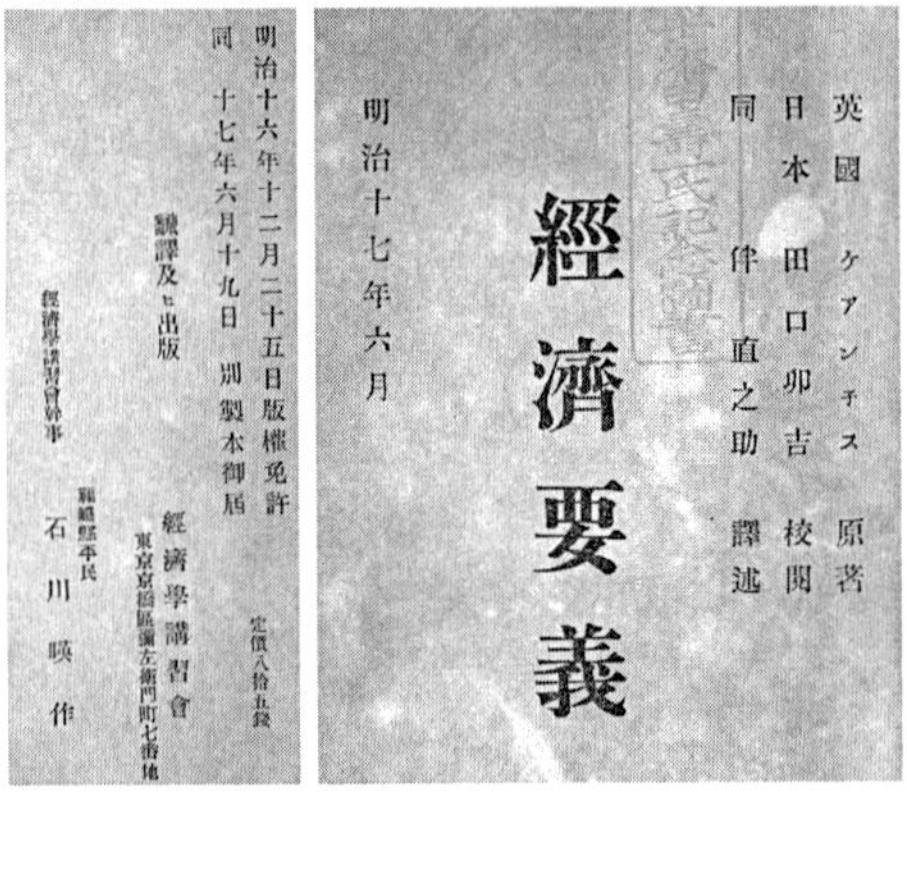

（7）http://kindai.ndl.go.jp/

（8）「英訳平家物語」事件、大阪高等裁判所昭和五五年六月二六日判決、昭和五二年（ネ）第一八三七号、損害賠償事件請求控訴事件、京都地方裁判所昭和五二年九月五日判決、昭和五〇年（ワ）第五七七号、損害賠償等請求事件。

する能力」のない関与者に対し、**共同の著作権**[9]を認めることができるかどうかについて争われたものです。

菅原　「『平家物語』の原典を読み、理解する能力のない関与者」とは具体的にどういう役割を果たした人のことですか。

法條　簡単にいえば英文をチェック（校閲）する役割を担った人です。彼らは英語の専門家ではあっても、『平家物語』という古典についてはまったくの素人で、専門的知識は持ち合わせていなかったのです。ですから、ここでいう「校訂」とは英語文章の校正に近いのです。

一審判決は、関与者（「校訂」者）の原典読解能力の欠如から、「校訂」者の共有著作権を認めませんでした。しかし、この判決で注意すべきは、創作性への寄与を排除する根拠となっているのが、あくまで原典読解能力の欠如なのであって、「校訂」それ自体の創作性の有無や要否ではない点です。その意味では、第一審で「校訂」に創作性のあることが完全に否定されたわけではありません。一方、控訴審では、逆に関与者に共同著作者としての地位を認めています。関与者がなした創意工夫が、全体の創造的精神活動にも作用していたことを認め、共同著作者としての地位を肯定したのです。つまり、翻訳が**二次的著作物**[10]としての性格を有することを前提として、関与者の翻訳作業に果たした役割に創作性を見出し、肯定的に理解したということなのです。

菅原　翻訳に関わることとはいえ、校訂が著作者に準ずる権利を得た判決といえるということでしょうか。

（9）六五条一項　共同著作物の著作権その他共有に係る著作権（以下この条において「共有著作権」という。）……。

（10）Ⅱ・2（p71）参照。

法條　確かにこの判決は、古典作品の翻訳（英訳）全体への関与者（「校訂」者）の作業の影響を実質的に判断している点で注目されます。校訂の寄与が形式的には一部であっても全体を覆うものであれば、創作性を認める余地があるといっていることになります。しかし校訂であれば形式的に即、創作性を認めるとしているわけではないので、校訂が著作権で保護される権利の一つだといえるまでには至っていないのです。

菅原　海外には校訂に権利を認めている国があるのでしょうか

法條　ドイツ著作権法は、「著作権の保護を受けない著作物又は原文を含む版は、それが学術的な分析の成果を表し、かつ、その著作物又は原文の既に知られていた版と本質的に異なるとき」は、著作権法による保護の対象になると規定しており、[11] その権利は「その版の著者」、つまり校訂者により享受されるとしてその旨が定められています。[12] なお、校訂者の権利の存続期間は、隣接権としてその版の公表後二十五年となっています。ただし、これは創作性とは別の次元で保護を図る考え方であって、校訂という行為や活動それ自体を保護の対象とし、これらを行う校訂者に権利を付与する隣接権的構成となっているのが大きな特徴です。

菅原　なぜ、ドイツは校訂を隣接権として認めているのでしょうか。

法條　想像ですが、ドイツ語は正書法が何度も変わっていますから、そういった時代によるスペリングの変化が背景にあるのかもしれません。

菅原　校訂の成果を著作権法で保護する場合、あくまで創作性という観点から著作

(11) ドイツ著作権法七〇条一項。

(12) ドイツ著作権法七〇条二項。

物として理解するあり方と、著作物の構成要件とは切り離し、**著作隣接権**[13]として保護するあり方の二とおりが考えられるわけですね。創作性の有無ということが基準となるのであれば、個別具体的な話になりますが、隣接権で認めるということになれば、それこそ校訂の定義・範囲をしっかり確定する必要が出てきますよね。

しかし丸善の例のように、最終的な刊行物からはどういった「校訂」がなされたのか判断し難いケースもあるわけです。これらの創作性を客観的に見いだすことは難しいですし、隣接権の枠組で範囲を規定することはほぼ無理ではないかとすら思えます。

法條　別のところでも議論しましたが[14]、校訂が研究の基礎となるテキストを復元するための学術的行為なのだとすれば、出来上がったテキストは研究者に広く利用されなければ意味をなさないわけですよね。だとすれば、現状のように慣習的に印税で報いる形に留めておいて、法的な隣接権を認めて処理しない方がよいように思えますが。

菅原　自分が校訂する側でもあり、ほかの研究者の校訂本を利用する側でもあるので判断が難しいですね。

(13) Ⅱ・2（p62）およびⅡ・3（p89）参照。

(14) Ⅱ・2（p55）参照。

3. 学術調査と法律問題 ―― 質問紙調査とヒアリング

菅原　人文学には、社会学研究などで用いられる質問紙調査やヒアリング、また文化人類学などで行われるフィールドワークなどの、研究対象である人と直接向き合う調査・研究方法があります。
特に質問紙調査やヒアリングは、昨今、大学で重視されているＦＤ（ファカルティ・ディベロップメント）の一環として行われることもあり、広く大学・学校の教職員にとって身近な存在になってきています。ここでは、それらを実施する際の法的問題について考えてみたいと思います。

質問紙調査

法條　最初に確認しておきたいのですが、質問紙調査というのはどういう調査ですか。アンケート調査とどのように違うのでしょうか。

菅原　単にアンケートというと、面談調査・電話調査から、質問の書かれた紙（質問票）を送付して回答してもらうものまで、さまざまなデータ収集方法を含みます。学術的な調査の場合は収集方法により区分して、紙によるものを質問紙調査、口頭によるものをヒアリング調査と使い分けることが一般的かと思います。
また、社会調査を行う研究者の間では、日本語の「アンケート」は和製外来語であって、本来のフランス語の「enquête」が持つ「探求」という意味や、少数の専門家に意見を求めるという調査用語としての意味が失われている、という批判もあります。

法條　なるほど、そうなのですか。

菅原　質問紙調査については、

①　調査対象者に配布する質問票

②　調査対象者からの回答

③　とりまとめた調査結果

これらがそれぞれ著作物として認めうるかを考えていくということでよろしいでしょうか。

法條　そうですね。この問題を考えていく場合に、注意しておくべき点がいくつかあります。まず①については、質問票それ自体を著作物として認めうるか、つまり、質問票の作成者は著作者たりうるかという点ですね。②については、調査対象者からの回答、特に自由記述などの部分が著作物と認められるのか、つまり、回答者側が著作者たりうるかが問題となるでしょう。また③についてですが、結果のとりまとめとは、①及び②を総合して一定の事実を示すものであるわけですが、これを著作物として理解できるかという点です。

質問票の創作性

菅原　まず①、質問票の創作性について考えてみたいと思います。質問票の作成は非常に難しく、設計を誤ると必要とする回答を得られません。世論調査のなかには、特定の回答に誘導するように質問を配置するものもあるようですが、客観性を重視する研究調査では、回答にバイアスがかからないように気を配る必要もあります。また、答えやすい質問かどうかで回答の回収率も変わってきます。このように質問票の設計にはある種のテクニックが必要なので、有料で調査を代行する機関もあり、そうした代行機関の多くは、質問票の構成に関して著作権を主張しています。このため、質問票が似たような構成をとっているだけで問題になった、という話を耳にしたこともあります。

法條　おそらく調査代行機関には、調査などについてさまざまなノウハウがあるのでしょうね。質問票の作成は、ある程度学術的な背景を前提としており、その内容や構成は、誰がやっても同じということにはならないと思います。質問文の内容に関しては、裏づけや理由があるでしょうから、テキストに対する注釈と同じで、それぞれの質問がどういう意図でなされているのかという説明をみていけば、まったく同じになることは、およそ考えられないのではないでしょうか。

菅原　考え方としては、たとえば質問が五十個あったとき、個々の質問が著作物だということではなく、配列を含めた全体として、著作物かどうかが議論されるべきだということですね。

法條　そうなると思います。調査は、一つのストーリー、あるいは一貫性のもとで、ある客観的事実を認識することを企図して行われることを考えると、割合の問題はあるかもしれませんが、ある一部分がそっくりだというだけでは著作権侵害とはいいにくいと思います。質問の順番や配列もきちんと考えられているはずですし、仮にいくつかの質問が似ていたとしても、全体のなかでの位置づけが異なっていることも少なくないはずです。

菅原　おっしゃるように、質問票の組み立ては非常に重要だと思います。自分が必要とするデータは、他人が作ったものを模倣しただけで獲得できるとは思えません。

法條　同感です。したがって、その調査がきちんとした学術的・方法論的裏づけのもとで行われているのだとすれば、質問票それ自体をめぐる著作権法上の問題は、実際にはそれほど出てこないのではないでしょうか。

菅原　ここまでの話をまとめると、学術的・方法論的に裏づけられた質問票は、配列を含め全体として著作物であると認められ、調査を主催する研究者の著作物、あるいは研究グループの共同著作物になる[1]、ということでよろしいでしょうか。

法條　そのような理解でいいと思います。

菅原　ということは、質問票をそのまま無断で借用するのは、やはり法的に問題があることになりますね。

（1）Q&A9～11（p168～）参照。

法條　そうですが、そのような調査は、そもそも学術的にも問題があるといえるのではないでしょうか。

個票の創作性と個人情報

菅原　次に②、調査によって得られた個々の回答用紙（個票）に記載された回答が、著作物かどうかという点についてみていきましょう。常識的に考えて、選択式の回答であればそこに創作性は認められないと思いますが、自由記述の部分についてはどう考えればよいでしょうか。

法條　そうですね。自由記述部分は著作物と見てよさそうですね。ただ公表を前提にしていないという点は、注意をしておく必要があります。

菅原　一定の事実を記載したにすぎない回答であれば、創作性があるとはいえないのではないでしょうか。たとえば、大学の授業評価アンケートなどの「○○先生の授業の内容は偏っていると思う」というような回答は、確かに一定の判断とともに個人の考えに基づく意見が述べられており、創作性が認められるかもしれません。しかし、地方自治体に質問票を送って「△△町では人口の六割が女性である」といった回答が得られたとしても、それは単なる事実にすぎません。

法條　回答のなかに、意見とみなせる部分が出てくる可能性もありますから一概にはいいきれませんね。

菅原　ケース・バイ・ケースだということですか。

法條　そうなるでしょう。しかし、これが著作物として認められるか否かによって取り扱いに差が出てくるでしょうか。回答の内容を公表するかどうかにも関わるような気がしますけれども。

菅原　質問紙調査の自由記述部分の結果を公表する場合、匿名など回答者が特定できないようにして意見を列挙する形式が多いと思います。これも公表といえますか。

法條　一応、公表といえるでしょうね。

菅原　仮に、この回答が回答者の著作物であるとしても、最終的に公表されることを了解して書いていることになりませんか。

法條　確かに。いちいち個票をたどって回答者に公表の承諾を求めるのは、現実的にあり得ません。ですから、通常は予め質問票のなかに、「回答に関しては、回答者が特定できないようなかたちで、公表させていただくことがあります」といった内容の注意書きを入れておくのではないでしょうか。

菅原　そうですね。回答者が特定できないようにするために、回答者の氏名は明らかにしませんし、回答の趣旨を変えない範囲で表現を統一してしまうことも多いようです。また調査結果は、回答者にフィードバックすべきものですから、結果の公表は質問紙調査にとって必須だと思います。こうした点については、質問票にあらかじめ明記しておくのが普通です。

法條　そういうふうに質問票にあらかじめ断り書きしておくことが望ましいですし、少なくとも公表を前提としていることを両者が理解した上で、質問紙調査を行うことが大切だと思います。

菅原　これまで議論してきたのは、自分自身が主催した質問紙調査の個票の処理についてですが、これが他者の主催した質問紙調査の個票だとしたらどうなるでしょうか。大学の研究室や資料室に、過去の質問紙調査や統計調査などの個票が保存されていることがありますし、古書店から売りに出されるケースもあります。とりわけ過去の統計調査の個票は、一次資料としての価値もある、貴重な歴史的資料だということができます。これらを扱う場合、どのような法的な問題に注意したらよいでしょうか。

法條　普通、個票をそのまま公表することはないですよね。おそらくそういった資料を手がかりに研究者が、たとえば経済史の観点からそれらをデータ化・計量化して分析を行い、成果を公表する、その際にそうした調査の個票の存在が公になる、ということになるのでしょうか。

菅原　そうした個票は、すでにとりまとめられて結果が公表されているわけですが、データのテキスト・クリティーク(2)といったらよいのでしょうか、過去の調査結果を再検証する際の重要な証拠となります。さらに、再検証の根拠として使うためには、その個票を第三者が検証可能である必要も出てきます。このように、個票は全体が公表・共有されていないと意味がないので、過去の個票が資料としてマイクロフィルム化されていることもあります。

法條　なるほど。するとこの問題については、著作権法上の扱いに加え、個票の**個人情報**の問題にも適切に配慮する必要がありそうです。過去の個票というこ

(2)Ⅲ・2(p110)参照。

とになると、厳密には個人情報に当たらないかもしれませんが、調査の主催者や個票を所持・管理している者は、これらに対する誠実な取り扱いが求められるでしょう。古書店で出回っているというのは、その意味でいかがなものでしょうか。

菅原　それらは、さすがに近年のものではありません。

法條　現在では、調査が終わった後も個票を保管しておくのが一般的なのでしょうか。

菅原　どうでしょうか。ただ調査終了後、もう使用しないのであれば廃棄してもかまわないとは思いますが。

法條　確かに、目的が一応達成できたわけですから、廃棄するのもわかります。ただ、先ほどもあった検証可能性という点などを踏まえれば、一次資料を捨ててしまってよいのかは疑問ですね。将来、その調査結果を検証する手だてがなくなってしまいますから。

菅原　捨てることで、かえって調査結果の捏造を疑われるかもしれません。

法條　そうですね、そうした点をしっかり考えておく必要があるでしょう。

菅原　少なくとも研究助成など、国の資金を使って実施した調査や研究は、後で資料の信憑性を検証する必要が出てくることを考えれば、どこかに保存するようなしくみが必要だと思います。

法條　国立国会図書館（NDL）などに収蔵するという方法は考えられませんか。

菅原　個票は無理でしょう。

法條　これらをＮＤＬで管理するのがよいかどうかわかりませんが、そうした資料を公的機関に保存しておく、そして公文書と同じように、たとえば五十年経過したら公開する、その際には、個人名が特定できないようにする、などという仕組みがあってもよいでしょう。

菅原　世界的にみても、数値のテキスト・クリティークまで考慮して統計調査を行っている人は、ごく少数なのではないでしょうか。日本の場合、分野によってはたまたま個票が残っていたおかげで検証できていますが、これは歴史研究者や経済史研究者が今後取り組んでいかなくてはならない重要な課題ではないかと思います。かといって、質問票に五十年後、再検証するときに使うことを認めてください、などと但し書きするのはおかしいでしょう。むしろ、相手に不信感を抱かれかねません。法條さんのおっしゃるように、「国立統計データ保存センター」のような機関ができれば、「我々の研究室では、○○を研究する目的にのみ使用し、その後の原票の保管については、国立統計データ保存センターに寄託します」というすっきりしたかたちになるでしょう。人文学の調査は必然的に個人情報の取り扱い(3)をともなうことになりますから、調査・研究上の必要性・利便性だけでなく、その保護に配慮していかなくてはなりません。両者の折り合いをいかにつけるか、非常に悩ましいです。

（3）コラム「人文学の研究・調査とコンプライアンス」（p135）参照。

調査結果の創作性

菅原　さて、調査を実施したら今度は③、調査結果を統計処理するなどして、とりまとめることになります。これが報告書として公表されれば、著作物になると思いますが、調査結果をとりまとめた統計データ自体は著作物として認められるでしょうか。

法條　もしも、統計データを表や図として表現するのであれば、**図形の著作物**といえます。学術的な図や表は著作物として扱われることになるでしょう。著作権法で著作物として例示されているものに、「地図又は学術的な性質を有する図面、図表、模型その他の図形の著作物」があります。(4) それらは元のデータを一定の方法論や指標に基づいて再構築した結果だと考えられます。元のデータについては、確かに客観的な事実の認識であるという意見はあると思いますが、誰もが同じ事実をデータ化しても同じ表現になるかといえば必ずしもそうではないでしょう。

菅原　単に一覧表にしてデータを並べただけでも、著作物として認められるのでしょうか。

法條　質問票でどういう聞き方をしたのか、その結果が全部現れてくるわけですよね。そういう意味では、一連の創作の成果ということになるのではないでしょうか。

菅原　なるほど。とりまとめた調査データが著作物であるということは、もし、数

（4）一〇条一項六号。

人の研究者からなる研究チームで実施した調査であれば、その研究チームの共同著作物になるわけですね。

法條　そうですね。ところで、データが著作物かどうかについては、これまで意外に議論されてきませんでした。以前、計量経済学を専攻する研究者に経済データは著作物といえるのか聞かれたことがあります。そのとき、こうした議論がほとんどなされていないことがわかりました。

菅原　おそらく、データが著作物に該当するのかどうかについて公開で議論してしまうと、自分にとっても使いにくくなってしまうというジレンマがあるのでしょう。

法條　一方でデータは使われてこそ意味を持ちますよね。自分のものとして秘匿しておきたい気持ちはあるけれども、使ってもらわないと周知されないというのは、学術情報の特徴といえるでしょう。

ヒアリング調査と著作物

菅原　次にヒアリング調査について考えてみたいと思います。最近、オーラルヒストリー(5)という方法が盛んになっており、関連する学会もできています。特に近現代史の分野で非常に重視されています。

法條　そうですね、生《なま》の証言を一次資料として残そうという動きは確かにありますね。

菅原　いまではNDLも、談話録音速記録などとして過去に録音したヒアリングを

(5) 口述の歴史や語りを歴史記録として残すこと、さらには口述資料に基づく歴史学をも指す。

文字に起こして公開しています。つまり、口述内容をテキストデータに置き換えたものが歴史資料になっているわけです。ヒアリング結果は口述ということで、著作物に含まれるという理解でよろしいでしょうか。

法條　法律上、**口述**というのは、言語の著作物を公に読んで聞かせることです。ヒアリングが口述に該当するといえますかね。

菅原　著作権法にいう口述とは、読み上げるということなのですか。

法條　おそらくそういうニュアンスだと思いますよ。

菅原　そうすると、ヒアリングは口述ではないですね。何になるのでしょうか。

法條　言語の著作物ですね。「小説、脚本、論文、講演、その他の言語の著作物」[(6)]のうちの講演でしょうか。著作権法上の口述は、やはり事前に著作物があってそれを読み上げるというものですね。

菅原　なるほどわかりました。ヒアリングというのはいろいろなパターンがあると思いますが、一人のインフォーマント（情報提供者）が延々と話し続けることはほとんどなく、必ず質問者、つまりインフォーマントから回答を引き出す役割の人が必要になります。この場合、著作権者はインフォーマントと質問者の両方でしょうか。

法條　質問がなされなければ、ヒアリングの結果は得られないわけですから、先ほどの質問紙調査と似ている部分がありますね。きっとそこには、質問の巧みさという要素もあると思います。完全に型どおりに質問するのではなく、事前に入念な準備をして、相手方から話を引き出すための工夫をした上でのや

(6)　一〇条一項一号。

りとりになるのでしょうから、それ自体が一種の対話を形成しているといえるでしょう。このように理解すれば質問者とインフォーマントの**共同著作物**[7]になると思います。しかし、もっぱら一問一答式で答えてもらうようなものであると、質問者を著作者といえるかどうか難しいかもしれません。

菅原　インタビューについては、質問紙調査の質問票に準ずるものと考えてよろしいでしょうか。

法條　そうですね。ただ、質問だけでは著作物を構成しえないことがあるかもしれません。場合によっては、ヒアリングの回答だけで一つの著作物を構成するようにも思えます。

菅原　座談会を文字に起こしたものはどうなりますか。

法條　座談会は一人抜けただけで、その人の発言部分がなくなってしまいますから、作品とはなりません。このため、座談会の記録は、典型的な共同著作物の例として知られています。

菅原　自分のいいたいことばかりいったとしても、ある種のインタラクティビティ（双方向性）といえばいいのでしょうか、会話がキャッチボールのように繰り広げられているような状況においては、共同著作物だといえるのでしょうね。

法條　そうですね。一人抜けてその発言がなくなってしまうのは、作品として致命的でしょうから。

菅原　そうすると、ヒアリング調査記録の場合は、質問者・インフォーマントなど関わった人による創作物であると考えて、公表にあたって必要な許諾を得る

（7）Q&A9〜11（p168〜）参照。

ことになるのでしょうか。

法條　基本的には、聞かれた相手、インフォーマントが主体となります。

菅原　ところで、たとえば企業史や産業技術史の研究者などは、企業の元技術者にヒアリングすることがあり、場合によっては**特許**(8)、技術的なノウハウなどの企業秘密にあたるようなことに触れてしまう可能性もあります。年数が経っていたりすると、インフォーマントがついうっかり口に出してしまう可能性もあるでしょう。これは知的財産権にかかわってくると思いますが、いかがでしょうか。

法條　これは難しいですね。特許というのは公開されているもので、調べればわかることですから、それについては話して頂いて構いません。問題は技術的なノウハウです。企業秘密の場合は、いまでも企業は秘匿している可能性がありますからね。これは扱いに気を付けなければいけません。

菅原　仮にインフォーマントがすっかり忘れていて、企業秘密を口に出してしまったとしたら、それと知らずにヒアリング記録を公表した研究者が、企業から訴えられる可能性はありませんか。

法條　ありますね。普通、企業は退職者と守秘義務契約をしているはずです。だから、企業秘密を漏らした技術者は企業から訴えられるでしょう。そして、それを公表することで企業に損害を与えたら、記録を公表した者も企業から訴えられるかもしれません。

菅原　技術者にヒアリングする場合について聞きましたが、我々のようにアジアを

(8) コラム「特許・実用新案・意匠・商標」(p102)参照。

研究していると、現地の農村で調査を行い、地元の人にヒアリングする機会があるのですが、その場合も基本的に注意点は同じ、ということでよろしいですか。

法條　そうですね。企業などのようにクリティカルな問題はなさそうですけれども。

菅原　現地の写真や映像を撮影した場合、その扱いはどうなりますか。そのまま公開して問題ないでしょうか。

法條　肖像権[9]に関わるわけでもないでしょうから、問題にしようがないと思います。でもやはりマナーとして、被写体との信頼関係を築いた上で撮影するべきだと思います。

菅原　それは、しばしば「学問の暴力」といわれます。要するに、学者が民衆を調査対象としながら、その手の届かないところで発表する様子が、あたかも搾取しているかのようだということです。祇園祭のような強い力を持つ祭になると、むしろ行政や研究者が頭を下げて調査させてもらうことになるのですが、農村の場合は、本人たちがよく理解していない間に撮られた写真が、いつの間にか発表されている可能性があるわけです。そのため、一部のフィールドワークを行う研究者の姿勢が問題視されているのです。

法條　確かに、法令遵守だけでは不十分ですよね。やはり研究者として、社会から何を期待されており、研究者としてどう法規範や倫理規範を守りつつ、そうした期待に応えていくのか、まさしく「アカデミズムにおける**コンプライアンス**」の問題だと思います。

(9) Ⅱ・2(p58)参照。

人文学の研究・調査とコンプライアンス

人文学の研究者は、ともすると自分の研究が法律問題に抵触することなどないと思いがちです。そんな人文学の研究者が、研究と法令遵守との関わりを考えさせられる数少ない機会の一つが、科学研究費の申請ではないでしょうか。科研費の申請フォームには「人権の保護及び法令等の遵守への対応」という欄があり、研究遂行の過程で発生しうる法律問題への対策の記入を求められます。この欄は、生命倫理上の問題など、理系分野が主に念頭に置かれているようですが、人文学も無関係ではありません。

もしも、研究成果をデータベースやアーカイブとしてインターネットで公開する計画を立てているのなら、文献や資料の著作権が切れていたとしても、Ⅱ・2で見たように、所有者に公開の許諾を得る必要があるかもしれません。

とりわけ注意しなくてはならないのは、質問紙調査やヒアリングです。同欄には「個人情報を伴うアンケート調査・インタビュー調査」と例示されているので、個人情報を質問しない調査であれば該当しないのではないか、と考えがちです。しかし、大半の質問紙調査では、インフォーマントの年齢・学歴といった個人情報をある程度聞かなくては、データの分類や分析ができないはずです。また作家にヒアリングするとき、主に作品を構想した背景や創作の意図などを聞く予定であったとしても、話が弾むと、ほかの作家や編集者の悪口や剣呑な裏話が飛び出すこともありえます。また、現地調査で地域の古老や伝統芸能の伝承者などにヒアリングするような場合には、インフォーマントの出身・家族構成・学歴などの個人情報を確認するのがセオリーです。

こうしてみると、個人情報保護への配慮を必要としない質問紙調査・ヒアリング調査はごく一部に限られますし、逆に個人情報をともなわないような調査・研究は計画か方法に何らかの問題を抱えており、学術的な評価が落ちるといえるかもしれません。

多くの大学が外部研究資金の獲得を重視するようになっていることも、法令遵守や研究成果の社会還元、すなわち本書で提唱する「アカデミズムにおけるコンプライアンス」の重要性を高める一つの要因になっているといえるでしょう。

4. 教育機関における授業と著作権

菅原　教育目的であれば著作物の広範な利用が認められているようですが、何をどこまでしてよいのかという点について、著作権者（権利者）と利用者（教員）双方の認識が異なっており、教育現場で著作物を十全に活用できていないという声もよく聞きます。
また近年は情報技術の進歩によって、学校は「決まった時間に、決まった場所で、特定の学生・生徒に授業を提供する」ものという前提が崩れつつあります。そこで、教育と著作権の問題についてあらためて考えてみたいと思います。

教科書のデジタル化と著作権

菅原　まず、初等・中等教育のいわゆる検定教科書ですが、その著作権の処理について教えてください。

法條　検定教科書の場合、たとえば存命の作家の小説など、著作権の切れていない作品を国語の教科書に掲載する場合は[1]、国からの掲載通知とともに、著作権使用料が支払われることになっています[2]。

菅原　それらの検定教科書の内容を踏まえた参考書を作ったり、デジタル化する場合はどうなりますか。

(1) 三三条一項　公表された著作物は、学校教育の目的上必要と認められる限度において、教科用図書……に掲載することができる。

(2) 三三条二項　前項の規定により著作物を教科用図書に掲載する者は、その旨を著作者に通知するとともに、同項の規定の趣旨、著作物の種類及び用途、通常の使用料の額その他の事情を考慮して文化庁長官が毎年定める額の補償金を著作権者に支払わなければならない

法條　それは通常の著作物と同様で、利用に応じた許諾を得る必要があるでしょう。

菅原　大学の授業で使用する教科書は一般書籍になりますが、それと特に違いは無いのですね。

法條　そうですね。教科書を作成する際の著作権処理の方法は異なっていても、授業で利用する場合は、どちらも同等に著作物として取り扱わねばなりません。

菅原　では、それらの教科書をデジタル化・複製して利用する場合は、著作権者の許諾を得なければならないということでしょうか。

法條　基本的にはそうなりますね。ただし、教育目的ということであれば、教員・学生ともに、必要な範囲内での複製は認められていますから[3]、授業において利用するための複製なら著作権者に許諾を得る必要はありません。

ところで、本書ではこれまでの議論のなかで、デジタル化を複製の一種として扱ってきました。しかし実は、デジタル化は複製に該当するのか否かという議論もあるのです。

菅原　どういうことでしょうか。

法條　**複製**とは、「有形物としての再製」[4]であって、ここでの事例でいえば、教科書電子化といった情報の再製を「有形物」と見ることが可能かどうかは議論があるのです。おそらく、書籍のデジタル化は、最終的に何らかの媒体（物）に固定されることを前提に、複製として扱っているのでしょう。

菅原　コンピュータ教室で授業を行うときに、学生全員に使わせるために、教科書をデジタル化する、というのは認められると考えてよいでしょうか。

（3）三五条一項　学校その他の教育機関（営利を目的として設置されているものを除く。）において教育を担任する者及び授業を受ける者は、その授業の過程における使用に供することを目的とする場合には、必要と認められる限度において、公表された著作物を複製することができる。ただし、当該著作物の種類及び用途並びにその複製の部数及び態様に照らし著作権者の利益を不当に害することとなる場合は、この限りでない。

（4）Ⅱ・3（p80）参照。

法條　そうですね。もちろん際限なく認められるわけではなく、授業に必要な範囲内でということになると思います。授業で使わせる教材はどういった形態を想定しているのでしょうか。

菅原　単に紙の教科書をスキャニングして作ったＰＤＦファイルをサーバにアップロードしておき、学生に自由にアクセスさせるという形態もありますし、語学教育ならば、音声や動画を埋め込んだり、教科書の挿絵をアニメーション化したり、クリックすることでコメントを表示させたりと、いろいろな形態が考えられます。

法條　著作権法上の「**複製**」には、そういう「改変」は念頭にないと思います。たとえば、ページからページへリンクを貼って、階層構造にしたデジタル教科書は、階層構造にした時点で、一定の創作が入ったと認められますから、単なる複製ではなく改変ということになるでしょうね。

菅原　それは**二次的著作物**(5)のような議論になるのでしょうか。

法條　そうですね。前に講義を筆記したノートの著作権について考えましたが(6)、それと同じことですね。

菅原　単に教科書をスキャニングしただけのものも、教科書を加工してデジタル化したものも、同じ複製だと思っていましたが、そうではなかったのですね。ところで、こういった教科書のデジタル化による利用について確認したいのですが、学生の全員が教科書を買って持っているのならば、授業での利便性をはかるため、デジタル化してネットを通じて提供することは問題ないとい

(5) Ⅱ・2（p71）参照。
(6) Ⅱ・1（p19）参照。

法條　うことですね。

菅原　著作権法では、著者の利益を不当に害する場合、教育目的の著作物の利用とは認められません。学生に教科書を購入させていれば、この点で著者の不利益にはなりませんし、教育の手段として目的にかなう範囲で行うことであれば問題ないと思います。

法條　教科書を学生に購入させることもなく、まるまるコピーして配布するような行為は法的にまずいということですね。

菅原　そうですね。

法條　ただ、教員が自分の著作を教科書として指定している場合は、コピーを配布したとしても損をするのは自分ですから、問題は生じないのではないでしょうか。

菅原　自分で書いた教科書をコピーしたとしても、出版社の利益は減りますよね。自分で書いたものだから、自分が損してもいいから、自由にしてよい、という認識はあまり感心できませんね。他人の著作物ならなおさらです。

法條　自分の書いた教科書に、イラストレーターの描いた挿絵が含まれているような場合、どういった点に注意してデジタル化すればよいでしょうか。

菅原　通常イラストは、本に載せることを前提に著作権を譲渡していると考えられます。ただ、イラストレーターが、デジタルデータとして配布されることまで了解しているかどうかは微妙です。ですから厳密にいえば、イラストレーターがどういう条件で許諾したのかが重要になってきます。逆にいえば、デジタル化を想定した契約を結んでおくことで、こういった問題を回避できることになります。

菅原　少なくとも大学などの教科書として作られている本の場合は、今後そういう契約が必要になってくるのでしょうね。過去の教科書には、イラストの作者がわからないものや、契約内容が不明のものが多くあります。だからといって、著作権処理が不要なわけではありませんよね。各種のデジタルライブラリーでも、挿絵など本文以外の著作権処理に手間取り、公開できないケースがあるようです。

法條　本のごく一部の問題により、本がデジタル公開できず、知の共有ができていないというのは残念な気がしますね。

マルチメディアコンテンツの授業での利用

菅原　語学の教科書などには、音声ＣＤや動画ＤＶＤといった付録つきのものが多くあります。これらマルチメディアコンテンツをウェブサイトにアップロードして学生に自宅学習させる、また、音声を加工してeラーニング教材に組み込んで使う、といったことが頻繁に行われています。このほか、ＣＤやＤＶＤのコンテンツを授業で使う場合に、機械の起動・設定や「頭出し」の手間を省くため、タブレット端末やパソコンに必要な部分をコピーして使いやすくすることがあります。こういった行為に問題はありますか。

法條　書籍などの印刷物には**隣接権**(7)がないのに対して、音源や動画は隣接権の対象

(7) Ⅱ・2（p62）参照。

となりえます。一般にCDやDVDからの複製は、音や動画を固定した人たちの権利が問題になる可能性があります。これらを著作隣接権といいますが、これについても、教育目的での複製にこの権利は及びません。ですので、教育目的であって著作隣接権者の利益を不当に害することなく、かつコピープロテクトなどで保護されたもの[8]を除けば、付録のCDやDVDも複製できます。

(8) Ⅱ・2（p70）参照。

法條　DVDプレーヤーのない教室は多いので、タブレット端末にあらかじめ動画を複製しておこうと思ったのですが、教育目的であってもプロテクトを解除することは許されないのでしょうか。

菅原　おそらく許されないと思います。教育目的で許されているのは利用方法に関してで、上映、口述あるいは複製などに限定されています。例外規定はできる限り厳格に理解すべきです。

法條　音源を自分で作ったらどうでしょう。たとえば、CDなどの付属しない外国語教科書を使っている教員が、自分で教科書を読み上げて録音するような場合です。これは教科書の複製にあたるのでしょうか。

菅原　複製とは、「印刷、写真、複写、録音、録画その他の方法により有形的に再製すること」だと規定されています。[9]ここから判断する限り、文字を読み上げたものを録音・録画するのは複製といえます。

(9) 二条一項一五号。

法條　小説を朗読したものがCDやテープで販売されていますが、これらも同じことでしょうか。

法條　**朗読**は、言語の著作物の**口述**として規定されています。[10]著作物の別の利用形態ということですね。文字を声に出して読むのは口述にあたり、それを録音・録画するのが複製になります。**口述権**は著者が専有しますから、[11]誰かが作った教科書を口述して録音、利用する場合、教育目的でなければ、著者の許諾を得なければなりません。

菅原　よくわかりました。我々教員は、教育目的で著作物を利用する場合、「著者の権利を不当に害さない」という点に注意して、正当な利用なのかどうかを判断しなければならないのですね。

法條　付け加えれば、教育目的の利用であれば著作権法上許されるといっても、出典を明記することはマナーとして必要かもしれません。また美術品を紹介するような教材であれば、所有者に触れたほうがよい場合もあるでしょう。

菅原　教科書によっては、そういったマナーに気を配っていないものもあります。過去には、大学教員が作る教科書に、他人のイラストを無許可で使ったようなものもありました。このように基となる教科書が「欠礼」状態であった場合、こちらには判断がつきませんから、気にせず利用するということでよいでしょうか。

法條　以前はネットワークで拡散するようなことがなかったので、著作者も出版社も慣習ということで、問題視されることなく素通りしてきた部分があったのでしょうね。ただ、ネットワークで広く利用されるとなると、もう少し厳密

(10) 二条一項一八号　口述　朗読その他の方法により著作物を口頭で伝達すること（実演に該当するものを除く。）をいう。

(11) 二四条　著作者は、その言語の著作物を公に口述する権利を専有する。

に対応したほうがよいと思います。

自作教材と著作権

菅原　最近は、教材を自作し、さらにはそれをウェブで広く公開する教員も増えています。ここで問題になるのが、市販教材や他人が公開した教材と、自作した教材の内容が重複する場合です。たとえば、初級中国語の授業で学ぶ語彙は六〇〇語程度なので、どんなに努力しても、作ることのできる例文や会話文の数は限られています。このため、どうしても教材の内容が似かよってしまうのです。この点で、盗作などと疑われるようなことはありませんか。

法條　仮に争いになった場合、著作物全体のなかで、どの程度の割合で似ているかという点が問題となるのではないでしょうか。たとえば教材の大部分が、ほかの教材の内容と一致するような場合であれば、「無断で流用したのではないか」ということになるでしょう。ただそのときに、例文は同じでも、配列などに独自の工夫があるならば、それは創作性があり独自の著作物として認められると思います。著作権法の基本的な考え方として、別個に同じ発想が、たまたま同じタイミングで表現された場合、盗作・模倣でないならば、どちらも権利として成立します。ですから、同じような例文が続いたからといって、すぐに著作権法上、問題にはならないでしょう。

菅原　**ダイアログ**(12)の場合は、少し微妙ではないでしょうか。最初の挨拶「ニイハオ」などは、まねるなといわれても困りますが、会話と

(12) 言葉が実際に用いられる場面を題材にした、寸劇形式の対話文のこと。外国語の入門教科書は、大半がダイアログと文法解説・練習問題で構成されている。

いうのは、周囲の状況も含めてまとまったシナリオのようになっているはずです。それが偶然、すべて同じになることは考えにくいと思いますので。

法條　ダイアログというのは、ある程度のストーリー性や状況が念頭に置かれますから、それがそっくりそのままでは模倣だといわれても仕方ないでしょう。ところで、こういうダイアログというのは、何か元ネタがあるのでしょうか。それとも、一から自分で作るのでしょうか。

菅原　自作する人が多いですね。普通は自分の授業のために教材を作るので、自分が教えたいことを過不足なく盛り込みたい、そして学生が興味を持てるような面白い内容にしたい、と欲張りなことを考えますね。

法條　テレビの語学講座などを見ていると、実にさまざまな工夫をこらしていますね。物語性を重視したり、短い常用フレーズを基軸にしたり、いろいろなパターンがあります。そういうものを見ていると、元ネタの有無にかかわらず、それぞれの教員が独自の発想で教材を作る余地は、まだたくさんあるように思えます。

菅原　元ネタといえば、他人の撮影した写真やネット上の画像・音声などのリソースを、自作の教材に組み込むことには何か問題がありますか。

法條　写真の問題は、デジタル化以前からもありますね。たとえば遺跡の記録写真を考えてみましょう。遺跡そのものは著作権とは無関係ですよね。でも、構図や撮影方法などに、**写真の著作物**として撮影者に著作権が認められる可能性も無いわけではありません。絵画などの図録の写真は、主として作品を紹介することを目的として原作品を忠実に再現したものですから、撮影者の著作権が認められる可能性は低いです。[13]いずれにせよ、教育目的であれば複製も認められると考えられますが、繰り返し述べてきたように、何でもすべて自由にしてよいというのには抵抗があります。講義も言語の著作物なのだとすれば、その過程で参照される資料は引用といえます。したがって、教育目的であっても、それが**引用**の公正な慣行[14]にのっとって行われているかどうかという点も考え合わせる必要があるでしょう。今後は単純な権利の話ではなく、学術資料・教育コンテンツをお互いに利用し合うという側面を加味しつつ考えることになっていくでしょう。

新しい形態の「授業」と著作権

法條　これまで議論してきたデジタル教材は、ウェブで広く公開するものではなく、限定された環境下で受講者だけが使うものですよね。

菅原　そうですね。ただ最近は、授業の映像を資料といっしょに公開するオープン・コースウェア[15]や、世界中からオンラインで受講できるMOOCs[16]のような取り組みもあって、一人の教師と数十人の学生、同じ方向を向いた机と椅子、四角い教室と黒板といった、従来の学校観・授業観が変化しているように思われます。そうなると、受講生ではない不特定多数が利用することもありうるので、教育目的であるといい切れなくなってきそうですね。

法條　放送による遠隔教育は著作権法に定めがあります。公表された著作物は学校

(13) Ⅲ・5（p150）参照。

(14) Q&A5（p162）参照。

(15) OCWともいう。大学などで正規に提供された講義と関連情報のインターネット上での無償公開活動。米・MITで始まり、日本でも二十大学が参加している。

(16) 大規模公開オンライン講義（Massive Open Online Courses）のこと。ウェブ上で、無料で受講することができる。

教育で目的上必要と認められる限度において、学校向けの放送番組で利用できることになっています。ただし、その場合は通知義務があり、相当な額の補償金を著作権者に支払わなければなりません。(17)

菅原　一般的な教育目的での複製権の制限とは異なるかたちになっているのですね。

法條　そうなのです。

菅原　大学によっては、社会人対象の公開講座に力を入れているところもありますが、これをネットで公開する場合も同じように考えていいのでしょうか。

法條　大学で行われているからという理由で、すべてを教育目的とするのは無理があると思います。大学の授業とは、やはり単位や学位というかたちで縛りのあるものを指すことになるでしょう。そうすると、反転授業(18)の自宅学習用講義ビデオに含まれる著作物は教育目的で複製可、公開講座はそうではないということになります。MOOCsは教員と学生・学生同士のコミュニケーションをともなう一種の授業ですが、「学生」の範囲がとても広く、かつ単位や学位と直接には結びついていないので、教育目的といえるか微妙なところですね。

菅原　演習など学生のプレゼンテーションが中心の授業で、学生のパワーポイント内に著作物が含まれていることがありますが、問題はありませんか。

法條　以前、教育目的による著作物の利用は、教師だけに認められていたのですが、平成一五年の法改正で、授業のなかであれば学生にも利用が認められるようになっています。単に法制度の理解だけでなく、自分が学んでいく過程で、

(17) 三四条一項　公表された著作物は、学校教育の目的上必要と認められる限度において、学校教育に関する法令の定める教育課程の基準に準拠した学校向けの放送番組又は有線放送番組において放送し、若しくは有線放送し、又は当該放送を受信して同時に専ら当該放送に係る放送対象地域……において受信されることを目的として自動公衆送信……を行い、及び当該放送番組用又は有線放送番組用の教材に掲載することができる。
二項　前項の規定により著作物を利用する者は、その旨を著作者に通知するとともに、相当な額の補償金を著作権者に支払わなければならない。

(18) 従来は対面授業で行われてきた講義を自宅でのビデオ視聴に置き換え、教室では学生への個別対応や、学生同士の学び合いといった活動を行うような授業形態のこと。

他人の知的成果を利用しなければ先に進めないということを理解させ、論文と同様に出典をきちんと示すなどのマナーを、教師が説明し徹底する必要があるでしょうね。

5. 文字と著作権

菅原　いま、私の研究室で学術雑誌を出そうと考えています。電子ジャーナルや電子出版が勢いを増しているとはいえ、人文学研究ではまだまだ紙媒体が重要視されています。ですから、やはり研究室の紀要という形で何らかの成果を出していく必要があると考えたのですが、原稿のとりまとめに追われて大変な思いをしていますよ。

法條　それはお疲れさまです。紙媒体で発表したほうが重みが増すというのは、法学の分野でもかわりません。

菅原　今度の雑誌では、カバーデザインを私のゼミの女子留学生にお願いしました。法條先生のアドバイスに従って、カバーデザインの著作権譲渡については、彼女と文書で取り交わしました。留学生はそこまでしなくても、という感じでしたが……。

法條　契約というと仰々しく思われるかもしれませんが、先々のことを考えると、菅原さんの対応が正しいでしょう。これまでお話ししてきたかいがありました。

菅原　ところで、彼女は書道に興味があるようで、雑誌のタイトル題字も有名な書家の書を使って作ってくれました。

法條　その留学生が、有名な書に似せて筆をふるってくれたということですか。

菅原　いえいえ、そうではありません。集字といって、彼女が大好きな蘇軾《そしょく》[1]の書から該当する文字を切り貼りしてタイトルに仕上げてくれました。

法條　切り貼りした文字というと、昔の犯行声明を思い出すのですが、あのようなイメージですか。

菅原　原理的には同じですが、蘇軾の同じ書体の作品から文字を上手く見つけ出してきてつなげてあるので、一見すると切り貼りしたようには見えませんよ。ただ、後から聞いた話によれば、原作品はある美術館の所蔵品で、最近出版されたその美術館の『館蔵名品図録』掲載の写真から文字を抜き出したようです。これは著作権的に大丈夫なのか少し不安です。確か以前に聞いたと思いますが、書は**美術の著作物**ということになりますよね。[2]

法條　そのとおりです。実際に、**「商業書道デザイン書体」事件**の判決でも、書は、字体・筆遣い・筆勢・墨の濃淡やにじみなどが、書を書いた人の創作性の表現であると認められています。これは、プロの書家によるものでなくとも、「書」と評価できるような創作的な表現であればよいと判断されています。[3] 蘇軾は歴史的な書家ですから当然、彼の書は美術の著作物に該当します。ただし、蘇軾の著作権は切れていますよね。

菅原　はい。蘇軾は北宋時代の人ですから。そうすると、次に問題になるは図録の編集著作権でしょうか。

法條　いえいえ、この場合に考えなければいけないのは、編集著作権ではなく、図録の写真の著作権です。

(1) 蘇軾（一〇三七～一一〇一）中国・北宋時代の政治家・文人。詩人・書家としても有名で、日本では蘇東坡（東坡は号）としてよく知られている。

(2) Ⅱ・2（p60）参照。

(3)「商業書道デザイン書体」事件、大阪地方裁判所平成一一年九月二一日判決、平成一〇（ワ）一一〇二二号、著作権法に基づく差止め等請求事件。

集字の例
初唐の三大書家である褚遂良(596～658)の書から作成した。

菅原　写真の著作権ですか。

法條　はい。ただし、おそらく今回のようなケースでは、著作物とは認められないと思います。**「版画の写真」事件**の判決でも「原作品がどのようなものかを紹介するための写真において、撮影対象が平面的な作品である場合には、正面から撮影する以外に撮影位置を選択する余地がない上、……技術的な配慮も、原画をできるだけ忠実に再現するためにされるものであって、独自に何かを付け加えるというものではないから、そのような写真は、思想又は感情を創作的に表現したものということはできない」[4]とされています。

菅原　図録の写真は、基本的に作品紹介であって、現物を忠実に再現することが求められているので、創作性は認められず著作物ではない、ということですね。

法條　そういうことです。

菅原　古文書などを撮影した写真が著作物であると、歴史や文学の研究にとって支障となることも予想されます。その意味でこの判決はありがたいです。図録や写真版は学術にとっての基礎的情報源として、周知され利用されることに意味があるのですから。

法條　ただし、繰り返しになりますが、図録の写真は著作権がないから自由にしてよいということではありません。よく見かけると思いますが、出典や所蔵者名などの出所を明示しておくのがマナーだと思います。

菅原　もし、基としたのが『五體字類』（図）や『書法字典』といった、漢字ごとにさまざまな書体を集成した字典であっても大丈夫でしょうか。

（4）「版画の写真」事件、東京地方裁判所平成一〇年一一月三〇日判決、昭和六三（ワ）一三七二号。

法條　その場合は、**編集著作物**となります。集字の場合は問題ありませんが、字典をそのまま複製して利用するならば、著作権者の許諾を得るべきです。

菅原　今回のケースが法的に問題となることはなさそうで安心しました。ところで、美術作品ではない「書」、というより「文字」と表現したほうがよいのかもしれませんが、書体や字体・フォントといった文字の構造や形は著作物として保護されているのでしょうか。

法條　書が美術の著作物と位置づけられるのに、作者が書家である必要はありません。ただし文字の構造や形はまた別の話です。フォントが著作物に該当するかどうかについては、**「ゴナ・新ゴ」事件**があります。この裁判は、株式会社写研と株式会社モリサワの間で、印刷用フォントの創作性をめぐり、最高裁まで争われた事件です。書体フォントが字形だけで鑑賞に値するものではない、という理由から上告棄却され、いずれの主張も認められませんでした。判決では、フォントが著作物と認められるためには、従来の印刷用書体に比べて顕著な特徴を有するといった独創性や、フォントそのものが美術鑑賞の対象となりうる美的特性を備えている必要があるとされています。(5)

菅原　そうすると、ケースによっては書体やフォントも

(5)「ゴナ・新ゴ」事件、最高裁判所第一小法廷平成一二年九月七日判決棄却、平成一〇(受)三三二号、著作権侵害差止等請求本訴、同反訴事件。

『五體字類』

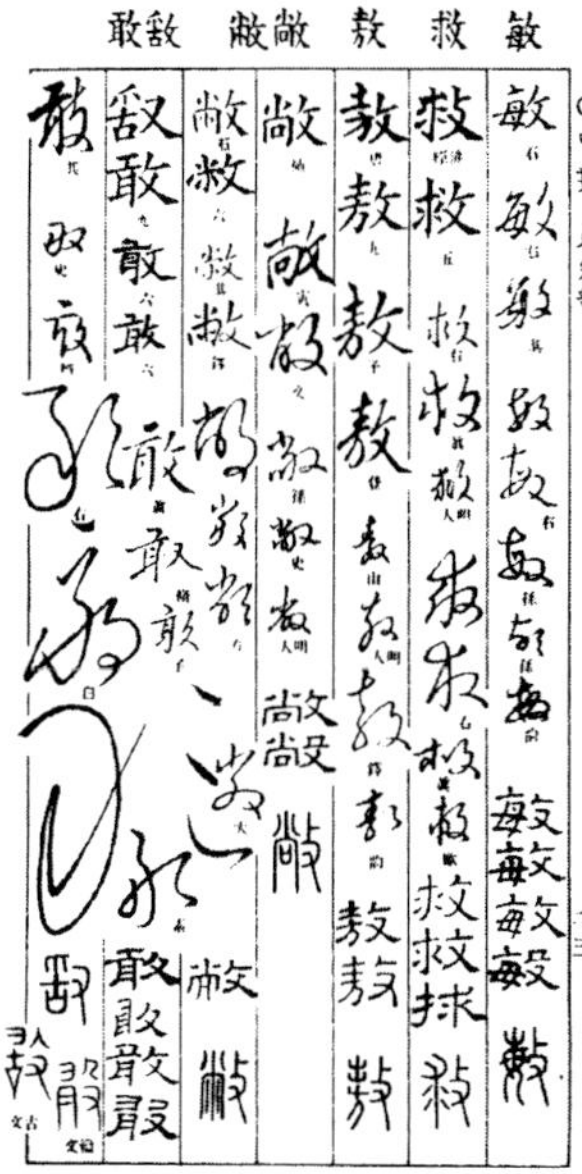

法條　著作物となりうるのでしょうか。

菅原　先ほどの「商業書道デザイン書体」事件の判決では、文字を素材とした造形表現物が、美術の著作物として認められるには、見る人の審美感を満足させる程度の美的創作性を持ったものであり、かつ、それに保護を与えても、人間社会の情報伝達手段としての文字の本質を害しないものに限るとされています。これは、文字が情報伝達手段であり、また、言語の著作物を創作する手段でもある万人の共有財産だからです。したがって、書体やフォントに創作的な装飾が多少加えられたからといって、特定の人に独占的・排他的な著作権を認めることは、著作権法一条に掲げられた「文化的所産の公正な利用に留意しつつ、著作者等の権利の保護を図り、もつて文化の発展に寄与する」という目的に反することになります。そこでいわゆるタイプフェイスを著作権法で保護することについて、我が国では慎重な態度がとられています。

法條　タイプフェイスというのは、コンピュータに関わるものだと思っていましたが、考えてみれば結局は書体のことなのですね。書体には、洋の東西を問わず、長い歴史があります。時代性・地域性が反映されるため、書体は古くから書道史の主要な研究対象となっているだけでなく、書誌学・古文書学でも様式論や真贋鑑定などの題材として使われてきました。

菅原　楷書体・明朝体・ゴシック体などがタイプフェイスですよね。

法條　はい。ちなみに明朝体は印刷のために楷書体を単純化・平均化したもので、その起源は、木版印刷文化が花開いた中国・北宋時代の印刷書体にさかのぼります。明代の印刷文化は宋への憧憬が強く、その字体を真似たのでこれが宋朝体と呼ばれるようになり、清代になって明朝体として完成しました。このように東アジアの前近代を見ても、タイプフェイスは長い時間をかけて、印刷技術の進展とともに変化してきていています。書体に時代性や地域性が見いだせるのはこのためであって、本という知的生産物を形作る重要な要素であるといえるでしょう。

書体には伝達手段としての実用性、印刷技術に深く関わる技術性、書物の見た目というデザイン性などさまざまな側面があるので、てっきり何らかの保護がなされているかと思っていました。しかし一方で、タイプフェイスは古くから情報伝達のインフラであったので、「商業書道デザイン書体」事件の判決にあるように、保護を与えて使いづらくなるのは困りますからね。

法條　海外では、イギリスやフランスなどがタイプフェイスを著作権法で保護していますし、アメリカ・韓国・EUは意匠法[6]で保護しています。日本においても特許庁が意匠法による保護の可否を検討していますが、まだ結論は出ていないようです。タイプフェイスについては、その保護を図るための**ウィーン条約**[7]というものがありますが、賛成国が少なく発効しないままです。我が国も批准していません。

ただし、コンピュータフォントは、**プログラムの著作物**として保護される場合もありますから、プログラムとしてインストールするような形で配布されているフォントは注意が必要です[8]。

(6) コラム「特許・実用新案・意匠・商標」(p102) 参照。

(7) タイプフェイスの保護及びその国際寄託に関するウィーン協定(Vienna Agreement for the Protection of Type Faces and Their International Deposit)。

(8) 「モリサワタイプフェイス不正競争仮処分申請」事件、大阪地方裁判所平成一六年五月一三日判決、平成一五(ワ)二五五二号、著作権侵害に基づく差止等請求事件。

©マーク

書籍の奥付やウェブサイトの多くに、著作権を主張する©マーク（マルシーマーク）があるのを見かけます（ウェブサイトなどの場合はフォントの問題もあり(C)とも書かれます）。これはどのような意味をもつのでしょうか。

我が国の著作権法は無方式主義をとっているので、著作権は著作物が創作された時点で発生します（p29参照）。特許（p102参照）のような、発明者による登録手続きを必要としません。一方で著作権に「方式主義」つまり、登録をすることで初めて権利が付与されるしくみを導入している国もあります。

一般に無方式主義は大陸法系の、方式主義は英米法系の系譜に属するとされています（大陸法系、英米法系についてはp167を参照）。こういった権利の発生方式の違いは、著作権を国際的に保護する際に大きな障害となります。そこで、両方式の調整を図るため一九五二年に作られたのが「万国著作権条約」です。この条約は一九五五年に発効し、日本は一九五六年に批准しています。

この条約で定められた著作権表示の方式が©マークで、これを掲げることにより、同条約の加盟国間においては無方式主義の国で創作された著作物も方式主義の国で保護されるようになりました。©マークは、著作権者の氏名および最初の発行の年とともに表示する必要があります（三条一項）。ですから、著作権者名だけで年の無いような場合は©マークの条件を満たしているとはいえません。また、©マークとともによく見かける「All Rights Reserved」という記述は、規定上は必要ありません。

現在は「方式主義」の国が少なくなり、©マークの実質的意味は薄れてきましたが、著作権への注意喚起を促すという点では、あながち無意味なものではないでしょう。本書の奥付にも©マークが表示してありますから確認してみてください。

Ⅳ

Q
&
A

研究会で発表したアイデアが、論文を書く前に、その発表を聞いていたA氏の論文に使われてしまいました。最初に発表した私に著作権があるはずなので、A氏の行為は著作権侵害ではないでしょうか。

著作権法では著作物を「思想又は感情を創作的に表現したもの」（二条一項一号）としています。つまり、著作権法で保護されるのは表現であって、そのなかに込められた**アイデア**・発見・着想などは保護の対象ではありません。

研究発表における表現とは、あなたが話した言葉や、発表の際に用いたスライド・レジュメ・配布資料などに書かれたあなたの文章・図・表などです。A氏が、あなたの話した言葉や、配布資料などに書かれた文をそのまま使って論文を書いたのであれば、著作権侵害となる可能性もあります。しかし、あなたのアイデアを使ってはいるものの、論文がすべてA氏の言葉で書かれているのであれば、著作権侵害にはならないでしょう。

同様に、学術的な発見も著作権法による保護の対象ではありません。歴史学や考古学など、新出資料の発見者や、遺跡を発掘した人に論文執筆の優先権があるとする分野もあるようです。しかしこれも法的な根拠があるわけではなく、その分野でのローカルルールにすぎません。たとえその発見が、多くのコストを費やしたものであってもです。

著作権法は、客観的な叙述が尊重される学術論文よりも、むしろ文学作品のようなものを念頭に置いて作られた法律であるとしばしばいわれます。たとえば複数の詩人がまったく同じ事実を見たとしても、詩人ごとに感じ方は異なりますから、詩の表現も違ったものとなるでしょう。著作権法が主に保護の対象としているのは、このような主観的な感情や、それに基づく表現です。名和小太郎氏はこれを「抒情詩モデル」といっています（『著作権2・0　ウェブ時代の文化発展を目指して』（NTT出版、二〇一〇年））。これに対して学術論文の場合、文献の記述や調査の結果などに基づいて客観的に叙述しようとしますので、詩人の作品と比べればおのずと創作の余地は限られてきます。もっとも、客観的な叙述といっても、実際には研究者の個性が表出しますので、論文に著作権は認められるわけですが、新聞の死亡記事のように誰が書いても同じような文章に著作権は認められません（一〇条二項）。

もちろん、法的な根拠がないからといって、アイデアを横取りしたりローカルルールを破ったりしてもよい、というわけではありません。たとえ論文化されていなかったとしても、先にアイデアを述べた人を無視することは研究のマナーに反することになるでしょう。また、資料などの第一発見者に対し相応の敬意を払うのは、研究者としてのモラルです。ですから、マナーやモラルに反する論文を書いたA氏は、法的責任を問われないにせよ、研究者としての評価を下げることになるでしょう。

Q2

answer

新たに発見した資料に基づいて、以前に発表した論文を一部書きかえて別の雑誌に発表しましたが、知人から二重投稿で著作権法違反ではないかと指摘されました。著者が自分であるのに著作権法違反になるのでしょうか。

著作権法では著作物を「思想又は感情を創作的に表現したものであつて、文芸、学術、美術又は音楽の範囲に属するものをいう」(二条一項一号)と定義しています。ここから判断する限り、「未発表」ということは著作物を構成する上での必要条件ではなく、創作性(オリジナリティ)と未発表ということの間に相関関係はありません。ですから著作権法上は、最初に書いた論文(第一論文)と、第一論文にその後の成果を加えた第二論文のいずれも、創作性が認められれば著作物と考えることができます。

もちろん二つの論文が区別できないくらい似ていれば、研究者としての道義的・社会的責任を問われ、指弾されることになるでしょう。しかし、これは著作権法に基づく法的責任ではなく、学術コミュニティーにおける倫理的・道義的責任の問題としてとらえられるべきものです。このように、質問の内容は著作権をはじめとする知的財産の枠組では決着をつけ難い問題だといえます。

仮に法的な問題が議論されるとすれば、第一論文の著作権が発行元の学会に譲渡されている場合や、出版契約として出版社との間に二重投稿に関する何らかの合意が形成されており、第二論文を投稿する行為そのものが契約条項に抵触するというような場合でしょうか。前者は著作権法における複製権侵害の問題、後者は民法における債務不履行の問題となる可能性があります。なお、この場合の契約とは両者合意の上で契約書を交わす出版契約のような形態を想定しています。雑誌の投稿規程に抵触するというだけでは、債務不履行責任を問うことは難しいと思われます。

二重投稿とは「研究者がすでに発表されたものと本質的に重複する論文を投稿する」行為（名和小太郎『学術情報と知的所有権』（東京大学出版会、二〇〇二年）一二七頁）ですが、その判断基準は専門分野によっても異なるので、ケース・バイ・ケースで考えるしかないでしょう。ただ全般的な傾向として理系、なかでも生命に関わる医学分野では厳しく扱われているようです（同前参照）。たとえば、言語が異なっても内容が同じものや、以前の論文や発表を引用の明示をしないまま使用しているものなどは二重投稿と判断されるようです。一方で、ただ「似ている」というだけでは、完全に同一でない限り、二重投稿の判定は困難をきわめる可能性があります。これについては定量的な基準を設けようという動きもあります。学会によっては、四分の一書きかわっていれば二重投稿としない、というような基準を示しているところもあります。

一ついえることは、二重投稿とみられてしまうような行為をしない、具体的には、前著を書きかえて発展させて二次投稿するような場合は、その旨、コメントを付すようにし、誤解を招かないようにするということでしょうか。これこそが序説で述べた「アカデミズムにおけるコンプライアンス」につながるのです。

研究で使う文献や、授業で提示・配布する資料を学生にコピーさせています。最近、「自炊」代行業者に著作権法違反の判決が出たというニュースを見ましたが、学生にコピーさせている私も著作権法違反に問われるのでしょうか。

著作権法三〇条から五〇条までは権利制限条項の集積として、著作権者の許諾なしに第三者が著作物を複製などできるケースを列挙しています。今回の判決（東京地方裁判所平成二五年九月三〇日判決、平成二四年（ワ）第三三五二五号、著作権侵害差止等請求事件）は、この権利制限条項の冒頭、三〇条の「**私的複製**」に関わる判決です。

ところで「**自炊**」とは、図書や雑誌などの著作物を所有者が自分でスキャニングしてデジタル化する行為を指す俗語です。著作権法では、「個人的に又は家庭内その他これに準ずる限られた範囲内」で、「その使用する者が複製する」ことを認めています。したがって、使用者が自分でスキャニングすること自体は何ら問題ありません。この裁判では、業者がこれを請け負うこと、つまり「自炊」を代行することについて、条文中の「その使用する者が複製する」という部分に抵触するかどうかが争われたものです。

この裁判で注目されたのは、複写という行為の主体は誰かという部分に尽きます。被告（代行業者）側は、依頼者が複写行為の主体であって業者はその手足となって私的複製の代行をしたにすぎないという、いわゆる「**手足理論**」を展開しました。しかし裁判所の判断は、一連の複製作業のなかで電子ファイルの管理が業者側にあることを重視して、この「手足理論」を一蹴しています。一般的に「手足理論」は、両者の間に行為の管理・支配関係が成り立つことが前提とされており、依頼者と代行業者の間は委任関係にすぎず、そこまでの関係はないと判断されたのです。

さて、著作権法には、研究を理由に著作権者の許諾なしに著作物を複製できるという規定はありません。したがって、研究のための複製は、「図書館等における複製」（三一条）、もしくは「私的複製」にのっとって行われているという理解になるでしょう。「図書館等における複製」とは、調査・研究目的の場合は図書館などで複写サービスを受けられるものです（コラム「図書館と著作権」参照）。ここでは複写の主体は図書館であって、図書館が利用者に複製物を提供するということになっています。サービスを受ける利用者は、調査・研究する本人に限るとは書かれていませんから、学生や秘書を使っても問題にはなりません。「私的複製」の場合は、学生や秘書があなたの管理・指示の下で行うならば、「手足理論」が成り立つので著作権法違反とはなりません。

一方、教育における複製については三五条で、教育を担任する者及び授業を受ける者がその授業の過程における使用に供することを目的とする場合に、著作権者の許諾が無くとも複製することが認められています（Ⅲ－4参照）。ですので、あなたが授業の担当者であり、その授業のために使用することが前提であれば、学生や秘書に質問者の管理・指示の下で複写をさせても問題ないと考えられます。

Q4

研究のために、村上春樹の小説をすべて電子テキスト化しました。将来的には、文体分析のために、この電子テキストを単語ごとに分解し品詞情報を付加（形態素解析）して、コーパス（文や言葉のデータベース）を作成するとともに、それらをウェブに公開しようと考えています。このような学術的な活動は著作権侵害にはならないと思うのですが、いかがでしょうか。

answer

村上春樹の小説のような著作権保護期間内の作品を、電子テキスト化したりそれを加工してコーパスを作成したりすることは、著作権法上の「複製」や「翻案」に該当する可能性があると、従来指摘されていました。それが平成二一年の著作権法改正で、著作権保護期間内にある著作物であっても、「**情報解析**」のためであれば、著作権者から許諾を得なくても複製や加工ができると明記されました（四七条の七）。この質問にある形態素解析や、語彙の検索、統計的な分析などは、この「情報解析」に含まれます。そのために電子テキスト化や加工を「必要と認められる限度において」することは、著作権者の権利を侵害したことにはなりません。ただし、小説の閲覧など「情報解析」以外の目的で使用するための複製は、通常の著作物と同様の扱いとなります（四九条）。

また、「情報解析を行う者の用に供するために作成されたデータベースの著作物については、この限りでない」と但し書きがついているように、すでに市販されているデジタルデータ（たとえば新聞記事のデータベースなど）を、許諾を得ることなく複製することは、たとえコーパスを作成する目的であっても複製権の侵害にあたります。もっとも、自分でデジタルデータを作成して、結果的に販売されているデータベースと同じようなものができたとしても、それは複製権の侵害にはならないとされています（情報大航海プロジェクト『平成二一年著作権法改正のポイント』二〇一〇年、六-二　http://dan-law.jp/commentary/H21Copyright-Commentary.pdf）。

ちなみに、「学術的な活動であれば著作権侵害にならない」ということはありませんので注意してください。確かに、学術目的に限って自由な利用を認めるライセンス（Q7参照）もありますが、それは著作権者の好意によるものにすぎません。学術的な活動であれば何でも利用してよいわけではないのです（非営利目的であっても同様です）。

また、ウェブ公開についてですが、「○○という文献に××というキーワードは△△件ある」というような「情報解析」の結果であれば、単なる事実ですので、ウェブ公開や論文利用は差しつかえありません。しかし、著作権法四七条の七で認められているのは「記録媒体への記録」と「翻案」だけであり、公衆送信は含まれていません。したがって、著作権者の許諾がなければ、電子テキストやコーパスそのものをウェブ公開することはできません。

Q5

answer

ある研究者のホームページに面白い話が載っていたので著書に引用したいのですが、そのホームページには「引用・転載や無断リンクを禁止します」と書いてあります。どのように手続きすれば引用できるでしょうか。

引用と**転載**は、いずれも、公表された著作物を別の著作物中で利用する行為です。

このうち引用については著作権法三二条一項に、公表された著作物は、公正な慣行に合致し、報道・批評・研究その他の引用の目的上正当な範囲内であれば引用できると規定されています。問題となるのは「公正な慣行」や「正当な範囲」ですが、これは各研究分野によって若干異なることを念頭においておく必要があります。

公正な引用について一般的な理解は、①引用部分と被引用部分が明瞭に区別されていること（明瞭区別性）、②論旨全体のなかで引用部分が従であること（附従性）の二点です。このほか引用量の多寡を問題視する主張もありますが、公正な引用か否かの本質は、あくまで全体の論旨における主従関係に着目されるべきです。そうでなければ、グラフや地図、あるいは絵画作品のように、著作物全体を引用せざるをえないものは、即違法になるので、研究そのものが成り立たなくなってしまうでしょう。

ですから一般には、あくまでも論旨を展開する上で必要最小限の使い方であれば、引用だといえます。たとえば、ピカソの評伝であれば彼の作品を掲載せざるをえません。しかし評伝だからといって、ピカソの作品全部を著作権者に無断ですべて載せて引用だといえるかといえば、それは難しいでしょう。一方で映画や音楽業界のように、引用について業界慣行がルール化されている分野もあります。最初にも述べたように「公正な慣行」や「正当な範囲」は一律には論じられないことをまずは理解してください。

質問のケースの場合、「公正な慣行」に基づいた「正当な範囲」内でのものであれば、著作権者の許諾を得る必要はありませんので、引用まで禁止するホームページの表示は行き過ぎといえるでしょう。

次に転載ですが、国や地方公共団体などの公的機関の刊行物、具体的には統計書や白書・報告書のたぐいは、禁止する旨が明示されていなければ転載することができます（三二条二項）。それ以外は、報道などの特殊な場合を除いて、無断転載は著作権法違反となります。ですから、転載禁止という表示の有無にかかわらず、著作権者の許諾の無いままに著作物を転載してはいけません。

この質問のように、引用と転載が混同されてしまっている事例がまま見られます。「無断引用を禁ず」などと書かれている場合もありますが、そもそも公正な引用であれば著作権者の許諾は必要ないのですから、「無断引用」という言葉は矛盾した表現ということになります。

リンクについては、著作権法上の規定も判例も我が国にはありません。一般には、フレーム内に取り込んでしまい、自分のサイトのコンテンツのように扱うようなものでなければ、基本的にリンクはフリーであるとされています。質問のケースのように書いてあっても、明示的にリンクされていれば、許諾を得る必要はないでしょう。

Q6

answer

私の勤務する図書館で、蔵書をデジタル化して公開しようと考えているのですが、そのなかに著作権者不明の著作物があり、誰に許諾をとればよいのかわかりません。どうしたらよいでしょうか。

所在不明などで、相当な努力を払っても著作権者と連絡がつけられない場合には、**文化庁長官による裁定制度**を利用する方法があります。これは、文化庁長官による裁定を受ければ、使用料に代わる補償金を供託した上で著作物を利用することができるというものです（六七条一項）。裁定の対象となるのは、「公表された著作物又は相当期間にわたり公衆に提供され、若しくは提示されている事実が明らかである」（同）ものです。たとえば著作者不明の未公表書箇などの場合は、歴史資料としてデジタルアーカイブする際に裁定を受けようとしても、対象外となる可能性があります。

この裁定制度で最大のネックは「相当な努力」という部分にあり、従来はこれがどの程度のことを指しているのか明確ではありませんでした。このため裁定制度の利用実績は、昭和四七年から平成一〇年の二十五年間にたった二十件しかありません（http://www.bunka.go.jp/1tyosaku/c-l/results.html）。平成一一年以降、昭和前期刊行図書のデジタル復刻版の販売、近代デジタルライブラリーでの明治期刊行図書のインターネット公開など、国立国会図書館によるデジタル化事業により、裁定制度が利活用されるようになりました。その際、「相当な努力」の内容について、著作権処理を請け負った丸善と文化庁の間で議論が交わされ、具体策が検討されました（小島浩之「法理論と実務の狭間―『東洋学情報化と著作権問題Ⅱ』から」（『漢字文献情報処理研究』五号、二〇〇四年））。

この議論の過程で、文化庁のなかで「相当の努力」に関して一定のルールが構築されたと考えられます。平成二一年の著作権法改正において、文化庁長官の裁定に関連する法令が大幅に改訂され、その手続きが簡素化・具体化されました。たとえば、「相当な努力を払ってもその著作権者と連絡することができない場合」の具体例が政令（著作権法施行令七条の七）に規定され、裁定申請中でも担保金の供託により利用が可能になるなどしました。申請マニュアル（文化庁長官官房著作権課『裁定の手引き ― 権利者が不明な著作物等の利用について』二〇一三年 http://www.bunka.go.jp/1tyosaku/c-l/pdf/tebiki_ver2.pdf）も整備され、以前に比べて裁定制度は随分と利用しやすくなっています。しかし、それでも日刊新聞各紙などへの公告掲載をしなくてはならないなど、個人で利用するにはかなりハードルが高いといえそうです。あなたのケースでは、図書館として組織的に取り組むことができるので、以前に比べ格段にスムーズに進むものと思われます。

なお、この制度は、文化庁長官が著作権者に代わって申請者の利用に許諾を与えるというものです。したがって、申請者は「利用権」を付与されたわけではありませんから、申請者が第三者に利用を許諾したり、その「利用権」を譲渡することはできません。

Q7

いつも大学図書館のパソコンで利用していた古典文献データベースを、自宅でも利用したいと思っていたところ、友人が「もう使わないから」とＤＶＤ－ＲＯＭを譲ってくれました。このデータベースは、「購入したユーザーが、一台のコンピュータにインストールして使うことができる」というライセンス契約になっていますが、友人はパソコンから完全にアンインストールしているとのことです。インストールしても問題ないでしょうか。

answer

結論からいえば、**ライセンス契約**が「購入したユーザー」となっているのであれば、インストールすることはできません。ライセンス契約は、データベースのメーカーと友人とのあいだで結ばれたものであり、ＤＶＤ－ＲＯＭを譲ってもらったからといって、ソフトウェアを自由に使用する権限まで移転したわけではないからです。

古典作品は著作権が切れているのだから、それを収録している古典文献データベースにも著作権はないのではないか、と考える人もいるかもしれません。しかし、コンピュータのプログラムやデータベースなどには別途著作権があるので（一〇条一項九号、一二条の二）、著作権者の許諾なしにバックアップしたり、インストールのためにＤＶＤ－ＲＯＭを貸したり、複製して配布したりすることはできません。

ライセンスとは契約の一種であり、民法に基づいています。ライセンス契約が制限する範囲は、著作権法が認める利用の範囲よりも広く、たとえば「学術利用に限る」・「検索結果をコピー＆ペーストして再利用してはいけない」などといった使用制限、トラブルがあったときのサポート、バージョンアップの際の優待などに及ぶことがあります。

契約というと書面に署名・捺印するような方法を思い浮かべるかもしれませんが、インストール作業中に表示される「同意しますか」というダイアログで、「はい」などのボタンをクリックするような操作でも、契約を結んだことになります。

Q8

answer

アメリカからの留学生が、大量の学術書をスキャニングした画像データの入ったDVD－ROMを貸してくれました。著作権について尋ねたら、フェアユースだから大丈夫だといっています。私のパソコンにコピーしても問題ないのでしょうか。

「**フェアユース**（fair use）」とは、「批評（criticism）・論評（comment）・ニュース報道（news reporting）・教育（teaching）・学問（scholarship）・研究（research）」などを目的とする場合には著作権が制限される（著作権者の許諾を得なくても利用できる）とする法理で、もともとは著作権侵害の抗弁事由（被告が原告の請求を排斥するために持ち出す事実）の一つであったものが、のちに判例法理となり、現在では米国・著作権法で条文化されています（アメリカ著作権法一〇七条）。

我が国では、著作権者の許諾を得なくても利用できるケースにつき、法律中でその利用態様を一つひとつ具体的に列挙する（三〇～五〇条）、いわゆる**限定列挙主義**を採っています。たとえば、たまたまスナップ写真の背景に著作物が写ってしまった（いわゆる「**写り込み**」）としても著作権の許諾を得る必要はないと定められていますし（三〇条の二）、学校の授業で使うのであれば、教師や学生・生徒・児童が著作物をコピーしてもかまわないとされています（三五条）。

このように、一見すると常識と思われるようなことまで、具体的な状況を周到に想定した上で、事細かに記すのが限定列挙主義の特徴です。

一方、フェアユースの場合は、**一般条項主義**に基づいており、冒頭に述べたように目的と簡単な判断基準が法律上示されているだけで、一定の行為が著作権を侵害するのか否かは必ずしも明記されていません。むしろ、問題が発生したらその都度、事後的に考えて判断していくことになります。多くの場合、裁判所で訴訟が提起され、そこでの判断が積み重なって判例という形でルールが形成されていきます。

さて、質問のケースですが、そのＤＶＤが作られたのがどこであれ、日本国内でパソコンにコピー（複製）するのであれば、日本の著作権法の問題となります。したがって、フェアユースという考え方が出てくることはありえず、我が国の著作権法の規定に沿って個別に判断されることとなります。このケースにおいては複製権を侵害することになると思われます。

もちろん、アメリカにおいても、学術・研究目的ならばフェアユースが認められているとはいえ、すべてが許容されるわけではありません。配布の範囲を含め実質的な判断が行われると考えられます。フェアユースであるから当然何でも「大丈夫」、とはならない点に注意しなければなりません。

なお、日本は明治時代に近代化を進めるなかで、フランス・ドイツといったヨーロッパの国々から法制度を学んできました。これら西ヨーロッパ諸国の法系統は「**大陸法**」（Continental law approach）といわれ、著作権法に見られるような限定列挙主義は大陸法系の特徴の一つです。これに対してアメリカ・イギリスなどの法系統を「**英米法**」（Anglo-American law approach）といい、判例法が法体系の中心となります。フェアユースは判例の蓄積によりできあがった法判断の枠組み（判例法理）ですから、英米法系の特徴による産物の一つといえるでしょう。

answer

数年前、大学の同僚教員五名の編著ということで教科書を出版しました。最近になり、内容が古くなってきたので改訂版を作ろうということになりましたが、編著者の一人が反対しています。彼は、教科書のほぼ全体にわたって何らかの手を入れており、その担当部分だけを除外することはできません。改訂版を作ることはできないのでしょうか。

書籍や辞書、教材などを複数人で執筆・編集するというのはよくあることです。これらの著作物の出版に際しては、共著・共編・共編著・分担執筆など、さまざまな形の著者の表示方法があります。このような複数の著者によって創作された著作物の著作権を考える場合には、それが**結合著作物**なのか、**共同著作物**なのかについて、整理しておく必要があります。

結合著作物とは、文字どおり複数の著作物を結合して一つの著作物にしたものです。たとえば、研究チームのメンバーそれぞれが執筆した論考をとりまとめた論文集や、章や節、ないしは項目ごとに執筆者が明示してあるようなタイプの書籍が該当します。仮に書籍としての編者が、研究チーム・編集組織の代表者やその団体であっても、担当者の執筆が明確に区分されていれば、結合著作物ということができます。

一方の共同著作物とは、「二人以上の者が共同して創作した著作物であつて、その各人の寄与を分離して個別的に利用することができないもの」(二条一項一二号)とされています。すなわち、結合著作物とは異なり、担当者ごとの執筆・責任区分が明確ではない著作物です。本の冒頭や奥付に執筆者一覧はあっても、その分担が明らかでないものは共同著作物にあたります。

結合著作物の場合は、反対する著者がいたとしても、その人の担当部分を除いて改訂版などを作ることは可能です。しかし、共同著作物の場合は、共著者全員の賛成がなければ改訂版などを作ることはできません(六四・六五条)。どうしても「改訂版」を出版しなければならないとしたら、反対する著者を除いた残りの著者だけで新しく作りなおして、出版するしか方法がありません。あなたのケースは、共同著作物に該当しますから、少々面倒ですね。

このようなケースを回避するためにも、最初に本を作る時点で、将来の改訂などについてあらかじめ共著者どうしで話し合って合意をとっておくことが大切です。また、後日の著作権処理を簡便にするために、出版の際に編著者一人に著作権を帰属させ、金銭的な配分は出版契約で行う、という方法もあります。もちろん、この方法であっても、著者どうしの事前の合意が必要となることはいうまでもありません。

Q10

answer

ある漢和辞典をデジタル化して公開したいのですが、初版は著者の死後五十年以上が経過しており、改訂版だと一部の著作者に権利が残っている状況です。この場合、初版であれば自由に利用して問題ないでしょうか。


Q２で、最初に書いた論文（第一論文）と、第一論文にその後の成果を加えた論文（第二論文）のいずれも、別個の論文として創作性が認められる以上、著作物と認めて差しつかえないことを述べました。もちろん、その際、創作性の評価にはその論文の学術的価値も加味されるでしょう。辞書や事典の改訂も、考え方としてはこれと同じで、基本的には版が異なれば別の著作物と認められます。質問のケースでは初版であれば、著者の死後五十年を経過しているので、デジタル化して公開することは問題ないと考えられます。

辞書や事典の場合、執筆者が一人ということはあまりありません。複数人で執筆を分担して代表者が編者としてとりまとめるのが一般です。Ｑ９でみたように、各執筆者の分担区分が明確でない場合は、全体で一つの**共同著作物**となり、著作権保護期間は、執筆者のなかで最後に死亡した人の死亡時（正確には死亡した次の年の一月一日）を起算点として計算されます。一方で、項目ごとに執筆者名が明示してあるような場合は、各項目が一つの著作物として取り扱われます（結合著作物）。この場合、著作権の保護期間は項目ごとに異なることになります。

大手の出版社の場合は、出版社か編者に著作権を譲渡してもらっている場合も多いと思いますが、詳細は確認してみなければわかりません。このため辞書や事典については誰が著作権者なのか、特に慎重に見極める必要があります。

版を重ねている辞書や事典では、最新版の編者になっている人物がすでに死亡していることもあります。たとえば岩波書店の『広辞苑』は、平成二〇年発行の第六版でも編者は昭和四十二年に死去している新村出氏です。死者が著作権者になることはできませんので、第六版の著作権者が別にいるのは明らかなのですが、出版物には明記されていません。

また、近現代の出版物において版が異なるとは、一般的には内容に相違があること指します。内容に手を加えず、もしくは最低限の誤植の修正程度で再度印刷する場合は、刷りが異なるものという理解になります（同版異刷）。しかし、我が国ではこの両者の区別が曖昧で、実際は第一版第二刷とすべきものを第二版と表示したり、逆に本来は第二版であるべきものを第一版第二刷と表示したりすることがあります。このため、奥付に記載された版や刷の表示は、必ずしも別個の著作物である根拠にはなりえません。

辞書や事典には、版を重ねて長期間出版され続けているものが多く、出版上の表記や記述も複雑化しますから、特にデジタル化や公開を考えている場合は、奥付だけに頼らず、慎重に確認する必要があるでしょう。

answer

私の恩師が二十年前に出した概説書に改訂を加え、巻末に解説を付けて再出版することになりました。改訂者である私に著作権は認められるのでしょうか。

まず、巻末の解説はそれだけで一つの著作物ということになり、もちろんその著作権はあなたにあります。本論の部分は、もともとあなたの恩師の著作物ですが、あなたの加えた改訂に創作性が認められれば、改訂版の本論部分は、あなたと恩師との**共同著作物**（Q9参照）となるでしょう。もしくは、あなたの改訂が全体に対する創作的寄与があると認められれば、改訂版はあなたを著作権者とする**二次的著作物**（Ⅱ・2参照）となる可能性もあります。

ただし、Q10でお話したように、日本における版の表示は曖昧であって、改訂版と表示されていても、実際は誤植の訂正という校正レベルに留まるものであることも少なくありません。改訂が校正のレベルに留まるものであれば、我が国の著作権法においてそこに創作性を認めるのは困難です。つまり、出版上の表記が改訂となっていることを理由に、改訂版として原著とは別の著作物だと判断できるわけではありません。

また仮に改訂者に対して、出版社から執筆料に相当するものが支払われていたとしても、それが著作権者と認められる根拠にはなりません。Ⅲ・2で校訂者について述べたことと似ていますが、改訂者に対して支払われる経済的利益（**印税**など）の存在と、改訂者が著作権者となることとは、別の問題です。

著作権法関連書籍ガイド

初学者や入門者に向けて、分量的に取り組みやすいものを中心にあげておきます。

知的財産法全般

(1) 小泉直樹『知的財産法入門』(岩波新書、二〇一〇年) ―― 全般にわたる簡易な入門書です。

(2) 紋谷暢男『知的財産権法概論』(有斐閣、第三版、二〇一二年) ―― 知的財産法全体を一つの体系として記述しているのが特徴です。細部にまで配慮されており、精読の価値がありますが、初学者にはややハードルが高いかもしれません。

(3) 名和小太郎『学術情報と知的所有権:オーサーシップの市場化と電子化』(東京大学出版会、二〇〇二年) ―― 本書の問題関心に最も近い一冊で、興味深い論点がちりばめられています。

著作権法

(1) 中山信宏『マルチメディアと著作権』(岩波書店、一九九六年) ―― 刊行当時、著作権法に関する新しい問題について積極的に論じた一冊です。古くなってしまった感はありますが、いまでも考え方については参考になります。

(2) 宮田昇『学術論文のための著作権Q&A』新訂二版(東海大学出版社、二〇〇八年) ―― 本書とはアプローチは違いますが、わたしどもの関心に近い一冊です。あわせてお読みいただくとよいでしょう。

(3) 半田正夫・紋谷暢男編著『著作権のノウハウ』(有斐閣、第六版、二〇〇二年) ―― やや古くなってしまいましたが、著作権法に関連する論点を幅広く取り扱っています。

(4) 島並良・上野達弘・横山久芳著『著作権法入門』(有斐閣、二〇〇九年) ―― バランスのいい手頃なテキストです。

(5) 加戸守行『著作権法逐条講義』(著作権情報センター、六訂新版、二〇一三年) ―― 著作権法の立案担当者による解説本です。改正のたびに版を重ね、現行法にも対応しています。

(6) その他、やや専門的な内容のテキストとして、中山信弘『著作権法』(有斐閣、二〇〇七年)、斉藤博『著作権法』(有斐閣、第三版、二〇〇七年)があります。

V

付録

において、体裁の変更を行うことができる。

➡ II・3 p.92

（公衆送信権の許諾）

第四条　乙は、電子化された当該著作物を、最も適切なサーバーからインターネット上に公開することができる。 ➡ II・3 p.95

（公開の撤回） ➡ II・3 p.93

第五条　甲は、当該著作物の公開後、公開を撤回すべき事由等が生じたとき、書面（電子メールを含む。以下同じ。）をもって、その旨を乙に申し入れるものとする。

（公開の撤回申し出に対する回答）

第六条　乙は、上記書面を受け取ったときには、速やかに公開を停止するものとする。

（本覚書の変更等）

第七条　本覚書の内容に疑義や変更の必要が生じたときは、甲および乙の双方が解決に向け、誠実に協議を行うものとする。

➡ II・3 p.93

平成____年____月____日

甲____　㊞

乙____　㊞

本書では、著作物の電子化に関する権利処理について、菅原先生と法條先生との間で、熱心なやり取りが展開されています。ここでは、本書で展開された議論を踏まえて、仮に「著作物の電子化の許諾に関する覚書」なるものを作るとすればどんなものになるか、ひな型を考えてみました。読者のみなさんが、それぞれの必要に応じてこれをアレンジしてみてほしいと思います。

著作物の電子化の許諾に関する覚書（ひな型）

（許諾の対象と内容）

第一条　下記著作物の著作権者＿＿＿＿＿＿＿＿＿＿（以下、「甲」という。）は、＿＿＿＿＿＿＿＿＿＿（以下、「乙」という。）との間で、当該著作物（抄録・英文要約・キーワード等を含む）の電子化およびインターネットによる公開について、覚書を締結する。

著作物の表題：「＿＿＿＿＿＿＿＿＿＿＿＿＿＿＿＿＿＿＿＿」

原載（掲載誌・書籍）：『＿＿＿＿＿＿＿＿＿＿＿＿＿＿＿＿＿＿』

発行者：（＿＿＿＿＿＿＿＿＿＿＿＿＿＿＿＿＿＿＿＿＿＿）

発行年月日：平成＿＿年＿＿月＿＿日

（電子化の形式）

第二条　乙は、当該著作物を、最も適切と考える形式で電子化することができる。

➡ II・3 p.95

（電子化に伴う体裁の変更）

第三条　乙は、当該著作物の電子化に当たり、内容の改変を伴わない限り

著作権法

（昭和四十五年五月六日法律第四十八号）
最終改正：平成二五年一二月一三日法律第一〇三号

第一章　総則

第一節　通則

（目的）

第一条　この法律は、著作物並びに実演、レコード、放送及び有線放送に関し著作者の権利及びこれに隣接する権利を定め、これらの文化的所産の公正な利用に留意しつつ、著作者等の権利の保護を図り、もつて文化の発展に寄与することを目的とする。

（定義）

第二条　この法律において、次の各号に掲げる用語の意義は、当該各号に定めるところによる。

一　著作物　思想又は感情を創作的に表現したものであつて、文芸、学術、美術又は音楽の範囲に属するものをいう。

二　著作者　著作物を創作する者をいう。

三　実演　著作物を、演劇的に演じ、舞い、演奏し、歌い、口演し、朗詠し、又はその他の方法により演ずること（これらに類する行為で、著作物を演じないが芸能的な性質を有するものを含む。）をいう。

四　実演家　俳優、舞踊家、演奏家、歌手その他実演を行う者及び実演を指揮し、又は演出する者をいう。

五　レコード　蓄音機用音盤、録音テープその他の物に音を固定したもの（音を専ら影像とともに再生することを目的とするものを除く。）をいう。

六　レコード製作者　レコードに固定されている音を最初に固定した者をいう。

七　商業用レコード　市販の目的をもつて製作されるレコードの複製物をいう。

七の二　公衆送信　公衆によつて直接受信されることを目的として無線通信又は有線電気通信の送信（電気通信設備で、その一の部分の設置の場所が他の部分の設置の場所と同一の構内（その構内が二以上の者の占有に属している場合には、同一の者の占有に属する区域内）にあるものによる送信（プログラムの著作物の送信を除く。）を除く。）を行うことをいう。

八　放送　公衆送信のうち、公衆によつて同一の内容の送信が同時に受信されることを目的として行う無線通信の送信をいう。

九　放送事業者　放送を業として行う者をいう。

九の二　有線放送　公衆送信のうち、公衆によつて同一の内容の送信が同時に受信されることを目的として行う有線電気通信の送信をいう。

九の三　有線放送事業者　有線放送を業として行う者をいう。

九の四　自動公衆送信　公衆送信のうち、公衆からの求めに応じ自動的に行うもの（放送又は有線放送に該当するものを除く。）をいう。

九の五　送信可能化　次のいずれかに掲げる行為により自動公衆送信し得るようにすることをいう。

イ　公衆の用に供されている電気通信回線に接続している自動公衆送信装置（公衆の用に供する電気通信回線に接続することにより、その記録媒体のうち自動公衆送信の用に供する部分（以下この号及び第四十七条の五第一項第一号において「公衆送信用記録媒体」という。）に記録され、又は当該装置に入力される情報を自動公衆送信する機能を有する装置をいう。以下同じ。）の公衆送信用記録媒体に情報を記録し、情報が記録された記録媒体を当該自動公衆送信装置の公衆送信用記録媒体として加え、若しくは情報が記録された記録媒体を当該自動公衆送信装置の公衆送信用記録媒体に変換し、又は当該自動公衆送信装置に情報を入力すること。

ロ　その公衆送信用記録媒体に情報が記録され、又は当該自動公衆送信装置に情報が入力されている自動公衆送信装置について、公衆の用に供されている電気通信回線への接続（配線、自動公衆送信装置の始動、送受信用プログラムの起動その他の一連の行為により行われる場合には、当該一連の行為のうち最後のものをいう。）を行うこと。

十　映画製作者　映画の著作物の製作に発意と責任を有する者をいう。

十の二　プログラム　電子計算機を機能させて一の結果を得ることができるようにこれに対する指令を組み合わせたものとして表現したものをいう。

十の三　データベース　論文、数値、図形その他の情報の集合物であつて、それらの情報を電子計算機を用いて検索することができるように体系的に構成したものをいう。
十一　二次的著作物　著作物を翻訳し、編曲し、若しくは変形し、又は脚色し、映画化し、その他翻案することにより創作した著作物をいう。
十二　共同著作物　二人以上の者が共同して創作した著作物であつて、その各人の寄与を分離して個別的に利用することができないものをいう。
十三　録音　音を物に固定し、又はその固定物を増製することをいう。
十四　録画　影像を連続して物に固定し、又はその固定物を増製することをいう。
十五　複製　印刷、写真、複写、録音、録画その他の方法により有形的に再製することをいい、次に掲げるものについては、それぞれ次に掲げる行為を含むものとする。
イ　脚本その他これに類する演劇用の著作物　当該著作物の上演、放送又は有線放送を録音し、又は録画すること。
ロ　建築の著作物　建築に関する図面に従つて建築物を完成すること。
十六　上演　演奏（歌唱を含む。以下同じ。）以外の方法により著作物を演ずることをいう。
十七　上映　著作物（公衆送信されるものを除く。）を映写幕その他の物に映写することをいい、これに伴つて映画の著作物において固定されている音を再生することを含むものとする。
十八　口述　朗読その他の方法により著作物を口頭で伝達すること（実演に該当するものを除く。）をいう。
十九　頒布　有償であるか又は無償であるかを問わず、複製物を公衆に譲渡し、又は貸与することをいい、映画の著作物又は映画の著作物において複製されている著作物にあつては、これらの著作物を公衆に提示することを目的として当該映画の著作物の複製物を譲渡し、又は貸与することを含むものとする。
二十　技術的保護手段　電子的方法、磁気的方法その他の人の知覚によつて認識することができない方法（次号において「電磁的方法」という。）により、第十七条第一項に規定する著作者人格権若しくは著作権又は第八十九条第一項に規定する実演家人格権若しくは同条第六項に規定する著作隣接権（以下この号、第三十条第一項第二号及び第百二十条の二第一号において「著作権等」という。）を侵害する行為の防止又は抑止（著作権等を侵害する行為の結果に著しい障害を生じさせることによる当該行為の抑止をいう。第三十条第一項第二号において同じ。）をする手段（著作権等を有する者の意思に基づくことなく用いられているものを除く。）であつて、著作物、実演、レコード、放送又は有線放送（次号において「著作物等」という。）の利用（著作者又は実演家の同意を得ないで行つたとしたならば著作者人格権又は実演家人格権の侵害となるべき行為を含む。）に際し、これに用いられる機器が特定の反応をする信号を著作物、実演、レコード若しくは放送若しくは有線放送に係る音若しくは影像とともに記録媒体に記録し、若しくは送信する方式又は当該機器が特定の変換を必要とするよう著作物、実演、レコード若しくは放送若しくは有線放送に係る音若しくは影像を変換して記録媒体に記録し、若しくは送信する方式によるものをいう。
二十一　権利管理情報　第十七条第一項に規定する著作者人格権若しくは著作権又は第八十九条第一項から第四項までの権利（以下この号において「著作権等」という。）に関する情報であつて、イからハまでのいずれかに該当するもののうち、電磁的方法により著作物、実演、レコード又は放送若しくは有線放送に係る音若しくは影像とともに記録媒体に記録され、又は送信されるもの（著作物等の利用状況の把握、著作物等の利用の許諾に係る事務処理その他の著作権等の管理（電子計算機によるものに限る。）に用いられていないものを除く。）をいう。
イ　著作物等、著作権等を有する者その他政令で定める事項を特定する情報
ロ　著作物等の利用を許諾する場合の利用方法及び条件に関する情報
ハ　他の情報と照合することによりイ又はロに掲げる事項を特定することができることとなる情報
二十二　国内　この法律の施行地をいう。
二十三　国外　この法律の施行地外の地域をいう。
2　この法律にいう「美術の著作物」には、美術工芸品を含むものとする。
3　この法律にいう「映画の著作物」には、映画の効果に類似する視覚的又は視聴覚的効果を生じさせる方法で

表現され、かつ、物に固定されている著作物を含むものとする。

4 この法律にいう「写真の著作物」には、写真の製作方法に類似する方法を用いて表現される著作物を含むものとする。

5 この法律にいう「公衆」には、特定かつ多数の者を含むものとする。

6 この法律にいう「法人」には、法人格を有しない社団又は財団で代表者又は管理人の定めがあるものを含むものとする。

7 この法律において、「上演」、「演奏」又は「口述」には、著作物の上演、演奏又は口述で録音され、又は録画されたものを再生すること（公衆送信又は上映に該当するものを除く。）及び著作物の上演、演奏又は口述を電気通信設備を用いて伝達すること（公衆送信に該当するものを除く。）を含むものとする。

8 この法律にいう「貸与」には、いずれの名義又は方法をもつてするかを問わず、これと同様の使用の権原を取得させる行為を含むものとする。

9 この法律において、第一項第七号の二、第八号、第九号の二、第九号の四、第九号の五若しくは第十三号から第十九号まで又は前二項に掲げる用語については、それぞれこれらを動詞の語幹として用いる場合を含むものとする。

（著作物の発行）

第三条　著作物は、その性質に応じ公衆の要求を満たすことができる相当程度の部数の複製物が、第二十一条に規定する権利を有する者又はその許諾（第六十三条第一項の規定による利用の許諾をいう。第四条の二及び第六十三条を除き、以下この章及び次章において同じ。）を得た者若しくは第七十九条の出版権の設定を受けた者によつて作成され、頒布された場合（第二十六条、第二十六条の二第一項又は第二十六条の三に規定する権利を有する者の権利を害しない場合に限る。）において、発行されたものとする。

2 二次的著作物である翻訳物の前項に規定する部数の複製物が第二十八条の規定により第二十一条に規定する権利と同一の権利を有する者又はその許諾を得た者によつて作成され、頒布された場合（第二十八条の規定により第二十六条、第二十六条の二第一項又は第二十六条の三に規定する権利と同一の権利を有する者の権利を害しない場合に限る。）には、その原著作物は、発行されたものとみなす。

3 著作物がこの法律による保護を受けるとしたならば前二項の権利を有すべき者又はその者からその著作物の利用の承諾を得た者は、それぞれ前二項の権利を有する者又はその許諾を得た者とみなして、前二項の規定を適用する。

（著作物の公表）

第四条　著作物は、発行され、又は第二十二条から第二十五条までに規定する権利を有する者若しくはその許諾を得た者によつて上演、演奏、上映、公衆送信、口述若しくは展示の方法で公衆に提示された場合（建築の著作物にあつては、第二十一条に規定する権利を有する者又はその許諾を得た者によつて建設された場合を含む。）において、公表されたものとする。

2 著作物は、第二十三条第一項に規定する権利を有する者又はその許諾を得た者によつて送信可能化された場合には、公表されたものとみなす。

3 二次的著作物である翻訳物が、第二十八条の規定により第二十二条から第二十四条までに規定する権利と同一の権利を有する者若しくはその許諾を得た者によつて上演、演奏、上映、公衆送信若しくは口述の方法で公衆に提示され、又は第二十八条の規定により第二十三条第一項に規定する権利と同一の権利を有する者若しくはその許諾を得た者によつて送信可能化された場合には、その原著作物は、公表されたものとみなす。

4 美術の著作物又は写真の著作物は、第四十五条第一項に規定する者によつて同項の展示が行われた場合には、公表されたものとみなす。

5 著作物がこの法律による保護を受けるとしたならば第一項から第三項までの権利を有すべき者又はその者からその著作物の利用の承諾を得た者は、それぞれ第一項から第三項までの権利を有する者又はその許諾を得た者とみなして、これらの規定を適用する。

（レコードの発行）

第四条の二　レコードは、その性質に応じ公衆の要求を満たすことができる相当程度の部数の複製物が、第九十六条に規定する権利を有する者又はその許諾（第百三条において準用する第六十三条第一項の規定による利用の許諾をいう。第四章第二節及び第三節において同じ。）を得た者によつて作成され、頒布された場合（第九十七条の二第一項又は第九十七条の三第一項に規定する権利を有する者の権利を害しない場合に限る。）において、発行されたものとする。

（条約の効力）

第五条　著作者の権利及びこれに隣接する権利に関し条約に別段の定めがあるときは、その規定による。

第二節　適用範囲

（保護を受ける著作物）

第六条　著作物は、次の各号のいずれかに該当するものに限り、この法律による保護を受ける。

一　日本国民（わが国の法令に基づいて設立された法人及び国内に主たる事務所を有する法人を含む。以下同じ。）の著作物

二　最初に国内において発行された著作物（最初に国外において発行されたが、その発行の日から三十日以内に国内において発行されたものを含む。）

三　前二号に掲げるもののほか、条約によりわが国が保護の義務を負う著作物

（保護を受ける実演）

第七条　実演は、次の各号のいずれかに該当するものに限り、この法律による保護を受ける。

一　国内において行なわれる実演

二　次条第一号又は第二号に掲げるレコードに固定された実演

三　第九条第一号又は第二号に掲げる放送において送信される実演（実演家の承諾を得て送信前に録音され、又は録画されているものを除く。）

四　第九条の二各号に掲げる有線放送において送信される実演（実演家の承諾を得て送信前に録音され、又は録画されているものを除く。）

五　前各号に掲げるもののほか、次のいずれかに掲げる実演

イ　実演家、レコード製作者及び放送機関の保護に関する国際条約（以下「実演家等保護条約」という。）の締約国において行われる実演

ロ　次条第三号に掲げるレコードに固定された実演

ハ　第九条第三号に掲げる放送において送信される実演（実演家の承諾を得て送信前に録音され、又は録画されているものを除く。）

六　前各号に掲げるもののほか、次のいずれかに掲げる実演

イ　実演及びレコードに関する世界知的所有権機関条約（以下「実演・レコード条約」という。）の締約国において行われる実演

ロ　次条第四号に掲げるレコードに固定された実演

七　前各号に掲げるもののほか、次のいずれかに掲げる実演

イ　世界貿易機関の加盟国において行われる実演

ロ　次条第五号に掲げるレコードに固定された実演

ハ　第九条第四号に掲げる放送において送信される実演（実演家の承諾を得て送信前に録音され、又は録画されているものを除く。）

（保護を受けるレコード）

第八条　レコードは、次の各号のいずれかに該当するものに限り、この法律による保護を受ける。

一　日本国民をレコード製作者とするレコード

二　レコードでこれに固定されている音が最初に国内において固定されたもの

三　前二号に掲げるもののほか、次のいずれかに掲げるレコード

イ　実演家等保護条約の締約国の国民（当該締約国の法令に基づいて設立された法人及び当該締約国に主たる事務所を有する法人を含む。以下同じ。）をレコード製作者とするレコード

ロ　レコードでこれに固定されている音が最初に実演家等保護条約の締約国において固定されたもの

四　前三号に掲げるもののほか、次のいずれかに掲げるレコード

イ　実演・レコード条約の締約国の国民（当該締約国の法令に基づいて設立された法人及び当該締約国に主たる事務所を有する法人を含む。以下同じ。）をレコード製作者とするレコード

ロ　レコードでこれに固定されている音が最初に実演・レコード条約の締約国において固定されたもの

五　前各号に掲げるもののほか、次のいずれかに掲げるレコード

イ　世界貿易機関の加盟国の国民（当該加盟国の法令に基づいて設立された法人及び当該加盟国に主たる事務所を有する法人を含む。以下同じ。）をレコード製作者とするレコード

ロ　レコードでこれに固定されている音が最初に世界貿易機関の加盟国において固定されたもの

六　前各号に掲げるもののほか、許諾を得ないレコードの複製からのレ

コード製作者の保護に関する条約（第百二十一条の二第二号において「レコード保護条約」という。）により我が国が保護の義務を負うレコード

（保護を受ける放送）

第九条　放送は、次の各号のいずれかに該当するものに限り、この法律による保護を受ける。

一　日本国民である放送事業者の放送

二　国内にある放送設備から行なわれる放送

三　前二号に掲げるもののほか、次のいずれかに掲げる放送

イ　実演家等保護条約の締約国の国民である放送事業者の放送

ロ　実演家等保護条約の締約国にある放送設備から行われる放送

四　前三号に掲げるもののほか、次のいずれかに掲げる放送

イ　世界貿易機関の加盟国の国民である放送事業者の放送

ロ　世界貿易機関の加盟国にある放送設備から行われる放送

（保護を受ける有線放送）

第九条の二　有線放送は、次の各号のいずれかに該当するものに限り、この法律による保護を受ける。

一　日本国民である有線放送事業者の有線放送（放送を受信して行うものを除く。次号において同じ。）

二　国内にある有線放送設備から行われる有線放送

第二章　著作者の権利

第一節　著作物

（著作物の例示）

第十条　この法律にいう著作物を例示すると、おおむね次のとおりである。

一　小説、脚本、論文、講演その他の言語の著作物

二　音楽の著作物

三　舞踊又は無言劇の著作物

四　絵画、版画、彫刻その他の美術の著作物

五　建築の著作物

六　地図又は学術的な性質を有する図面、図表、模型その他の図形の著作物

七　映画の著作物

八　写真の著作物

九　プログラムの著作物

2　事実の伝達にすぎない雑報及び時事の報道は、前項第一号に掲げる著作物に該当しない。

3　第一項第九号に掲げる著作物に対するこの法律による保護は、その著作物を作成するために用いるプログラム言語、規約及び解法に及ばない。この場合において、これらの用語の意義は、次の各号に定めるところによる。

一　プログラム言語　プログラムを表現する手段としての文字その他の記号及びその体系をいう。

二　規約　特定のプログラムにおける前号のプログラム言語の用法についての特別の約束をいう。

三　解法　プログラムにおける電子計算機に対する指令の組合せの方法をいう。

（二次的著作物）

第十一条　二次的著作物に対するこの法律による保護は、その原著作物の著作者の権利に影響を及ぼさない。

（編集著作物）

第十二条　編集物（データベースに該当するものを除く。以下同じ。）でその素材の選択又は配列によつて創作性を有するものは、著作物として保護する。

2　前項の規定は、同項の編集物の部分を構成する著作物の著作者の権利に影響を及ぼさない。

（データベースの著作物）

第十二条の二　データベースでその情報の選択又は体系的な構成によつて創作性を有するものは、著作物として保護する。

2　前項の規定は、同項のデータベースの部分を構成する著作物の著作者の権利に影響を及ぼさない。

（権利の目的とならない著作物）

第十三条　次の各号のいずれかに該当する著作物は、この章の規定による権利の目的となることができない。

一　憲法その他の法令

二　国若しくは地方公共団体の機関、独立行政法人（独立行政法人通則法（平成十一年法律第百三号）第二条第一項に規定する独立行政法人をいう。以下同じ。）又は地方独立行政法人（地方独立行政法人法（平成十五年法律第百十八号）第二条第一項に規定する地方独立行政法人をいう。以下同じ。）が発する告示、訓令、通達その他これらに類するもの

三　裁判所の判決、決定、命令及び審判並びに行政庁の裁決及び決定で裁判に準ずる手続により行われるもの

四　前三号に掲げるものの翻訳物及び編集物で、国若しくは地方公共団体の機関、独立行政法人又は地方独立行政法人が作成するもの

第三節　著作者

（著作者の推定）

第十四条　著作物の原作品に、又は著作

物の公衆への提供若しくは提示の際に、その氏名若しくは名称（以下「実名」という。）又はその雅号、筆名、略称その他実名に代えて用いられるもの（以下「変名」という。）として周知のものが著作者名として通常の方法により表示されている者は、その著作物の著作者と推定する。

（職務上作成する著作物の著作者）

第十五条　法人その他使用者（以下この条において「法人等」という。）の発意に基づきその法人等の業務に従事する者が職務上作成する著作物（プログラムの著作物を除く。）で、その法人等が自己の著作の名義の下に公表するものの著作者は、その作成の時における契約、勤務規則その他に別段の定めがない限り、その法人等とする。

2　法人等の発意に基づきその法人等の業務に従事する者が職務上作成するプログラムの著作物の著作者は、その作成の時における契約、勤務規則その他に別段の定めがない限り、その法人等とする。

（映画の著作物の著作者）

第十六条　映画の著作物の著作者は、その映画の著作物において翻案され、又は複製された小説、脚本、音楽その他の著作物の著作者を除き、制作、監督、演出、撮影、美術等を担当してその映画の著作物の全体的形成に創作的に寄与した者とする。ただし、前条の規定の適用がある場合は、この限りでない。

第三節　権利の内容

第一款　総則

（著作者の権利）

第十七条　著作者は、次条第一項、第十九条第一項及び第二十条第一項に規定する権利（以下「著作者人格権」という。）並びに第二十一条から第二十八条までに規定する権利（以下「著作権」という。）を享有する。

2　著作者人格権及び著作権の享有には、いかなる方式の履行をも要しない。

第二款　著作者人格権

（公表権）

第十八条　著作者は、その著作物でまだ公表されていないもの（その同意を得ないで公表された著作物を含む。以下この条において同じ。）を公衆に提供し、又は提示する権利を有する。当該著作物を原著作物とする二次的著作物についても、同様とする。

2　著作者は、次の各号に掲げる場合には、当該各号に掲げる行為について同意したものと推定する。

一　その著作物でまだ公表されていないものの著作権を譲渡した場合　当該著作物をその著作権の行使により公衆に提供し、又は提示すること。

二　その美術の著作物又は写真の著作物でまだ公表されていないものの原作品を譲渡した場合　これらの著作物をその原作品による展示の方法で公衆に提示すること。

三　第二十九条の規定によりその映画の著作物の著作権が映画製作者に帰属した場合　当該著作物をその著作権の行使により公衆に提供し、又は提示すること。

3　著作者は、次の各号に掲げる場合には、当該各号に掲げる行為について同意したものとみなす。

一　その著作物でまだ公表されていないものを行政機関（第二条第六項に規定する歴史公文書等をいう。以下同じ。）が行政機関の長から公文書管理法第八条第一項の規定により国立公文書館等（公文書管理法第二条第三項に規定する国立公文書館等をいう。以下同じ。）に移管された場合（公文書管理法第十六条第一項の規定による利用をさせる旨の決定の時までに当該著作物の著作者が別段の意思表示をした場合を除く。）にあつては、公文書管理法第十六条第一項の規定により国立公文書館等の長（公文書管理法第十五条第一項に規定する国立公文書館等の長をいう。以下同じ。）が当該著作物を公衆に提供し、又は提示することを含む。）。

二　その著作物でまだ公表されていないものを独立行政法人等（独立行政法人等の保有する情報の公開に関する法律（平成十三年法律第百四十号。以下「独立行政法人等情報公開法」という。）第二条第一項に規定する独立行政法人等をいう。以下同じ。）に提供した場合（独立行政法人等情報公開法第九条第一項の規定による開示する旨の決定の時までに別段の意思表示をした場合を除く。）　独立行政法人等情報公開法の規定により当該独立行政法人等が当該著作物を公衆に提供し、又は提示すること（当該著作物に係る歴史公文書等が当該独立行政法人等から公文書管理法第十一条第四項の規定により国立公文書館等に移管された場合（公文書管理法第十六条第一項の規定による利用をさせる旨の決定の時までに当該著作物の著作者が別段の意思表示をした場合を除く。）にあつては、公文書管理法第十六条第一項の規定により国立公文書館等の長が当該著作物を公衆に提供し、又は提示することを含む。）。

三　その著作物でまだ公表されていないものを地方公共団体又は地方独立行政法人に提供した場合（開示する旨の決定の時までに別段の意思表示をした場合を除く。）　情報公開条例（地方公共団体又は地方独立行政法人の保有する情報の公開を請求する住民等の権利について定める当該地方公共団体の条例をいう。以下同じ。）の規定により当該地方公共団体の機関又は地方独立行政法人が当該著作物を公衆に提供し、又は提示すること（当該著作物に係る歴史公文書等が当該地方公共団体又は地方独立行政法人から公文書管理条例（地方公共団体又は地方独立行政法人の保有する歴史公文書等の適切な保存及び利用について定める当該地方公共団体の条例をいう。以下同じ。）に基づき地方公文書館等（歴史公文書等の適切な保存及び利用を図る施設として公文書管理条例が定める施設をいう。以下同じ。）に移管された場合（公文書管理条例の規定（公文書管理法第十六条第一項の規定に相当する規定に限る。以下この条において同じ。）による利用をさせる旨の決定の時までに当該著作物の著作者が別段の意思表示をした場合を除く。）にあつては、公文書管理条例の規定により地方公文書館等の長（地方公文書館等が地方公共団体の施設である場合にあつてはその属する地方公共団体の長をいい、地方公文書館等が地方独立行政法人の施設である場合にあつてはその施設を設置した地方独立行政法人をいう。以下同じ。）が当該著作物を公衆に提供し、又は提示することを含む。）。

四　その著作物でまだ公表されていないものを国立公文書館等に提供した場合（公文書管理法第十六条第一項の規定による利用をさせる旨の決定の時までに別段の意思表示をした場合を除く。）　同項の規定により国立公文書館等の長が当該著作物を公衆に提供し、又は提示すること。

五　その著作物でまだ公表されていないものを地方公文書館等に提供した場合（公文書管理条例の規定による利用をさせる旨の決定の時までに別段の意思表示をした場合を除く。）　公文書管理条例の規定により地方公文書館等の長が当該著作物を公衆に提供し、又は提示すること。

4　第一項の規定は、次の各号のいずれかに該当するときは、適用しない。

一　行政機関情報公開法第五条の規定により行政機関の長が同条第一号ロ若しくはハ若しくは同条第二号ただし書に規定する情報が記録されている著作物でまだ公表されていないものを公衆に提供し、若しくは提示するとき、又は行政機関情報公開法第七条の規定により行政機関の長が著作物でまだ公表されていないものを公衆に提供し、若しくは提示するとき。

二　独立行政法人等情報公開法第五条の規定により独立行政法人等が同条第一号ロ若しくはハ若しくは同条第二号ただし書に規定する情報が記録されている著作物でまだ公表されていないものを公衆に提供し、若しくは提示するとき、又は独立行政法人等情報公開法第七条の規定により独立行政法人等が著作物でまだ公表されていないものを公衆に提供し、若しくは提示するとき。

三　情報公開条例（行政機関情報公開法第十三条第二項及び第三項の規定に相当する規定を設けているものに限る。第五号において同じ。）の規定により地方公共団体の機関又は地方独立行政法人が著作物でまだ公表されていないもの（行政機関情報公開法第五条第一号ロ又は同条第二号ただし書に規定する情報に相当する情報が記録されているものに限る。）を公衆に提供し、又は提示するとき。

四　情報公開条例の規定により地方公共団体の機関又は地方独立行政法人が著作物でまだ公表されていないもの（行政機関情報公開法第五条第一号ハに規定する情報に相当する情報が記録されているものに限る。）を公衆に提供し、又は提示するとき。

五　情報公開条例の規定で行政機関情報公開法第七条の規定に相当するものにより地方公共団体の機関又は地方独立行政法人が著作物でまだ公表されていないものを公衆に提供し、又は提示するとき。

六　公文書管理法第十六条第一項の規定により国立公文書館等の長が行政機関情報公開法第五条第一号ロ若しくはハ若しくは同条第二号ただし書に規定する情報又は独立行政法人等情報公開法第五条第一号ロ若しくは

ハ若しくは同条第二号ただし書に規定する情報が記録されている著作物でまだ公表されていないものを公衆に提供し、又は提示するとき。

七　公文書管理条例（公文書管理法第十八条第二項及び第四項の規定に相当する規定を設けているものに限る。）の規定により地方公文書館等の長が著作物でまだ公表されていないもの（行政機関情報公開法第五条第一号ロ又は同条第二号ただし書に規定する情報に相当する情報が記録されているものに限る。）を公衆に提供し、又は提示するとき。

八　公文書管理条例の規定により地方公文書館等の長が著作物でまだ公表されていないもの（行政機関情報公開法第五条第一号ハに規定する情報に相当する情報が記録されているものに限る。）を公衆に提供し、又は提示するとき。

（氏名表示権）

第十九条　著作者は、その著作物の原作品に、又はその著作物の公衆への提供若しくは提示に際し、その実名若しくは変名を著作者名として表示し、又は著作者名を表示しないこととする権利を有する。その著作物を原著作物とする二次的著作物の公衆への提供又は提示に際しての原著作物の著作者名の表示についても、同様とする。

2　著作物を利用する者は、その著作者の別段の意思表示がない限り、その著作物につきすでに著作者が表示しているところに従つて著作者名を表示することができる。

3　著作者名の表示は、著作物の利用の目的及び態様に照らし著作者が創作者であることを主張する利益を害するおそれがないと認められるときは、公正な慣行に反しない限り、省略することができる。

4　第一項の規定は、次の各号のいずれかに該当するときは、適用しない。

一　行政機関情報公開法、独立行政法人等情報公開法又は情報公開条例の規定により行政機関の長、独立行政法人等又は地方公共団体の機関若しくは地方独立行政法人が著作物を公衆に提供し、又は提示する場合において、当該著作物につき既にその著作者が表示しているところに従つて著作者名を表示するとき。

二　行政機関情報公開法第六条第二項の規定、独立行政法人等情報公開法第六条第二項の規定又は情報公開条例の規定で行政機関情報公開法第六条第二項の規定に相当するものにより行政機関の長、独立行政法人等又は地方公共団体の機関若しくは地方独立行政法人が著作物を公衆に提供し、又は提示する場合において、当該著作物の著作者名の表示を省略することとなるとき。

三　公文書管理法第十六条第一項の規定又は公文書管理条例の規定（同項の規定に相当する規定に限る。）により国立公文書館等の長又は地方公文書館等の長が著作物を公衆に提供し、又は提示する場合において、当該著作物につき既にその著作者が表示しているところに従つて著作者名を表示するとき。

（同一性保持権）

第二十条　著作者は、その著作物及びその題号の同一性を保持する権利を有し、その意に反してこれらの変更、切除その他の改変を受けないものとする。

2　前項の規定は、次の各号のいずれかに該当する改変については、適用しない。

一　第三十三条第一項（同条第四項において準用する場合を含む。）、第三十三条の二第一項又は第三十四条第一項の規定により著作物を利用する場合における用字又は用語の変更その他の改変で、学校教育の目的上やむを得ないと認められるもの

二　建築物の増築、改築、修繕又は模様替えによる改変

三　特定の電子計算機においては利用し得ないプログラムの著作物を当該電子計算機において利用し得るようにするため、又はプログラムの著作物を電子計算機においてより効果的に利用し得るようにするために必要な改変

四　前三号に掲げるもののほか、著作物の性質並びにその利用の目的及び態様に照らしやむを得ないと認められる改変

第三款　著作権に含まれる権利の種類

（複製権）

第二十一条　著作者は、その著作物を複製する権利を専有する。

（上演権及び演奏権）

第二十二条　著作者は、その著作物を、公衆に直接見せ又は聞かせることを目的として（以下「公に」という。）上演し、又は演奏する権利を専有する。

（上映権）

第二十二条の二　著作者は、その著作物

を公に上映する権利を専有する。

（公衆送信権等）

第二十三条　著作者は、その著作物について、公衆送信（自動公衆送信の場合にあつては、送信可能化を含む。）を行う権利を専有する。

2　著作者は、公衆送信されるその著作物を受信装置を用いて公に伝達する権利を専有する。

（口述権）

第二十四条　著作者は、その言語の著作物を公に口述する権利を専有する。

（展示権）

第二十五条　著作者は、その美術の著作物又はまだ発行されていない写真の著作物をこれらの原作品により公に展示する権利を専有する。

（頒布権）

第二十六条　著作者は、その映画の著作物をその複製物により頒布する権利を専有する。

2　著作者は、映画の著作物において複製されているその著作物を当該映画の著作物の複製物により頒布する権利を専有する。

（譲渡権）

第二十六条の二　著作者は、その著作物（映画の著作物を除く。以下この条において同じ。）をその原作品又は複製物（映画の著作物において複製されている著作物にあつては、当該映画の著作物の複製物を除く。以下この条において同じ。）の譲渡により公衆に提供する権利を専有する。

2　前項の規定は、著作物の原作品又は複製物で次の各号のいずれかに該当するものの譲渡による場合には、適用しない。

一　前項に規定する権利を有する者又はその許諾を得た者により公衆に譲渡された著作物の原作品又は複製物

二　第六十七条第一項若しくは第六十九条の規定による裁定又は万国著作権条約の実施に伴う著作権法の特例に関する法律（昭和三十一年法律第八十六号）第五条第一項の規定による許可を受けて公衆に譲渡された著作物の複製物

三　第六十七条の二第一項の規定の適用を受けて公衆に譲渡された著作物の複製物

四　前項に規定する権利を有する者又はその承諾を得た者により特定かつ少数の者に譲渡された著作物の原作品又は複製物

五　国外において、前項に規定する権利に相当する権利を害することなく、又は同項に規定する権利に相当する権利を有する者若しくはその承諾を得た者により譲渡された著作物の原作品又は複製物

（貸与権）

第二十六条の三　著作者は、その著作物（映画の著作物を除く。）をその複製物（映画の著作物において複製されている著作物にあつては、当該映画の著作物の複製物を除く。）の貸与により公衆に提供する権利を専有する。

（翻訳権、翻案権等）

第二十七条　著作者は、その著作物を翻訳し、編曲し、若しくは変形し、又は脚色し、映画化し、その他翻案する権利を専有する。

（二次的著作物の利用に関する原著作者の権利）

第二十八条　二次的著作物の原著作物の著作者は、当該二次的著作物の利用に関し、この款に規定する権利で当該二次的著作物の著作者が有するものと同一の種類の権利を専有する。

第四款　映画の著作物の著作権の帰属

第二十九条　映画の著作物（第十五条第一項、次項又は第三項の規定の適用を受けるものを除く。）の著作権は、その著作者が映画製作者に対し当該映画の著作物の製作に参加することを約束しているときは、当該映画製作者に帰属する。

2　専ら放送事業者が放送のための技術的手段として製作する映画の著作物（第十五条第一項の規定の適用を受けるものを除く。）の著作権のうち次に掲げる権利は、映画製作者としての当該放送事業者に帰属する。

一　その著作物を放送する権利及び放送されるその著作物について、有線放送し、自動公衆送信（送信可能化のうち、公衆の用に供されている電気通信回線に接続している自動公衆送信装置に情報を入力することによるものを含む。）を行い、又は受信装置を用いて公に伝達する権利

二　その著作物を複製し、又はその複製物により放送事業者に頒布する権利

3　専ら有線放送事業者が有線放送のための技術的手段として製作する映画の著作物（第十五条第一項の規定の適用を受けるものを除く。）の著作権のうち次に掲げる権利は、映画製作者としての当該有線放送事業者に帰属する。

一　その著作物を有線放送する権利及び有線放送されるその著作物を受信

装置を用いて公に伝達する権利
二　その著作物を複製し、又はその複製物により有線放送事業者に頒布する権利

第五款　著作権の制限

（私的使用のための複製）

第三十条　著作権の目的となつている著作物（以下この款において単に「著作物」という。）は、個人的に又は家庭内その他これに準ずる限られた範囲内において使用すること（以下「私的使用」という。）を目的とするときは、次に掲げる場合を除き、その使用する者が複製することができる。

一　公衆の使用に供することを目的として設置されている自動複製機器（複製の機能を有し、これに関する装置の全部又は主要な部分が自動化されている機器をいう。）を用いて複製する場合

二　技術的保護手段の回避（第二条第一項第二十号に規定する信号の除去若しくは改変（記録又は送信の方式の変換に伴う技術的な制約による除去又は改変を除く。）を行うこと又は同号に規定する特定の変換を必要とするよう変換された著作物、実演、レコード若しくは放送若しくは有線放送に係る音若しくは影像の復元（著作権等を有する者の意思に基づいて行われるものを除く。）を行うことにより、当該技術的保護手段によつて防止される行為を可能とし、又は当該技術的保護手段によつて抑止される行為の結果に障害を生じないようにすることをいう。第百二十条の二第一号及び第二号において同じ。）により可能となり、又はその結果に障害が生じないようになつた複製を、その事実を知りながら行う場合

三　著作権を侵害する自動公衆送信（国外で行われる自動公衆送信であつて、国内で行われたとしたならば著作権の侵害となるべきものを含む。）を受信して行うデジタル方式の録音又は録画を、その事実を知りながら行う場合

2　私的使用を目的として、デジタル方式の録音又は録画の機能を有する機器（放送の業務のための特別の性能その他の私的使用に通常供されない特別の性能を有するもの及び録音機能付きの電話機その他の本来の機能に附属する機能として録音又は録画の機能を有するものを除く。）であつて政令で定めるものにより、当該機器によるデジタル方式の録音又は録画の用に供される記録媒体であつて政令で定めるものに録音又は録画を行う者は、相当な額の補償金を著作権者に支払わなければならない。

（付随対象著作物の利用）

第三十条の二　写真の撮影、録音又は録画（以下この項において「写真の撮影等」という。）の方法によつて著作物を創作するに当たつて、当該著作物（以下この条において「写真等著作物」という。）に係る写真の撮影等の対象とする事物又は音から分離することが困難であるため付随して対象となる事物又は音に係る他の著作物（当該写真等著作物における軽微な構成部分となるものに限る。以下この条において「付随対象著作物」という。）は、当該創作に伴つて複製又は翻案することができる。ただし、当該付随対象著作物の種類及び用途並びに当該複製又は翻案の態様に照らし著作権者の利益を不当に害することとなる場合は、この限りでない。

2　前項の規定により複製又は翻案された付随対象著作物は、同項に規定する写真等著作物の利用に伴つて利用することができる。ただし、当該付随対象著作物の種類及び用途並びに当該利用の態様に照らし著作権者の利益を不当に害することとなる場合は、この限りでない。

（検討の過程における利用）

第三十条の三　著作権者の許諾を得て、又は第六十七条第一項、第六十八条第一項若しくは第六十九条の規定による裁定を受けて著作物を利用しようとする者は、これらの利用についての検討の過程（当該許諾を得、又は当該裁定を受ける過程を含む。）における利用に供することを目的とする場合には、その必要と認められる限度において、当該著作物を利用することができる。ただし、当該著作物の種類及び用途並びに当該利用の態様に照らし著作権者の利益を不当に害することとなる場合は、この限りでない。

（技術の開発又は実用化のための試験の用に供するための利用）

第三十条の四　公表された著作物は、著作物の録音、録画その他の利用に係る技術の開発又は実用化のための試験の用に供する場合には、その必要と認められる限度において、利用することができる。

（図書館等における複製等）

第三十一条　国立国会図書館及び図書、記録その他の資料を公衆の利用に供することを目的とする図書館その他の施設で政令で定めるもの（以下この項及び第三項において「図書館等」という。）においては、次に掲げる場合には、その営利を目的としない事業として、図書館等の図書、記録その他の資料（以下この条において「図書館資料」という。）を用いて著作物を複製することができる。

一　図書館等の利用者の求めに応じ、その調査研究の用に供するために、公表された著作物の一部分（発行後相当期間を経過した定期刊行物に掲載された個々の著作物にあつては、その全部。第三項において同じ。）の複製物を一人につき一部提供する場合

二　図書館資料の保存のため必要がある場合

三　他の図書館等の求めに応じ、絶版その他これに準ずる理由により一般に入手することが困難な図書館資料（以下この条において「絶版等資料」という。）の複製物を提供する場合

2　前項各号に掲げる場合のほか、国立国会図書館においては、図書館資料の原本を公衆の利用に供することによるその滅失、損傷若しくは汚損を避けるために当該原本に代えて公衆の利用に供するため、又は絶版等資料に係る著作物を次項の規定により自動公衆送信（送信可能化を含む。同項において同じ。）に用いるため、電磁的記録（電子的方式、磁気的方式その他人の知覚によつては認識することができない方式で作られる記録であつて、電子計算機による情報処理の用に供されるものをいう。第三十三条の二第四項において同じ。）を作成する場合には、必要と認められる限度において、当該図書館資料に係る著作物を記録媒体に記録することができる。

3　国立国会図書館は、絶版等資料に係る著作物について、図書館等において公衆に提示することを目的とする場合には、前項の規定により記録媒体に記録された当該著作物の複製物を用いて自動公衆送信を行うことができる。この場合において、当該図書館等においては、その営利を目的としない事業として、当該図書館等の利用者の求めに応じ、その調査研究の用に供するために、自動公衆送信される当該著作物の一部分の複製物を作成し、当該複製物を一人につき一部提供することができる。

（引用）

第三十二条　公表された著作物は、引用して利用することができる。この場合において、その引用は、公正な慣行に合致するものであり、かつ、報道、批評、研究その他の引用の目的上正当な範囲内で行なわれるものでなければならない。

2　国若しくは地方公共団体の機関、独立行政法人又は地方独立行政法人が一般に周知させることを目的として作成し、その著作の名義の下に公表する広報資料、調査統計資料、報告書その他これらに類する著作物は、説明の材料として新聞紙、雑誌その他の刊行物に転載することができる。ただし、これを禁止する旨の表示がある場合は、この限りでない。

（教科用図書等への掲載）

第三十三条　公表された著作物は、学校教育の目的上必要と認められる限度において、教科用図書（小学校、中学校、高等学校又は中等教育学校その他これらに準ずる学校における教育の用に供される児童用又は生徒用の図書であつて、文部科学大臣の検定を経たもの又は文部科学省が著作の名義を有するものをいう。以下同じ。）に掲載することができる。

2　前項の規定により著作物を教科用図書に掲載する者は、その旨を著作者に通知するとともに、同項の規定の趣旨、著作物の種類及び用途、通常の使用料の額その他の事情を考慮して文化庁長官が毎年定める額の補償金を著作権者に支払わなければならない。

3　文化庁長官は、前項の定めをしたときは、これを官報で告示する。

4　前三項の規定は、高等学校（中等教育学校の後期課程を含む。）の通信教育用学習図書及び教科用図書に係る教師用指導書（当該教科用図書を発行する者の発行に係るものに限る。）への著作物の掲載について準用する。

（教科用拡大図書等の作成のための複製等）

第三十三条の二　教科用図書に掲載された著作物は、視覚障害、発達障害その他の障害により教科用図書に掲載された著作物を使用することが困難な児童又は生徒の学習の用に供するため、当該教科用図書に用いられている文字、図形等の拡大その他の当該児童又は生徒が当該著作物を使用

するために必要な方式により複製することができる。

2　前項の規定により複製する教科用の図書その他の複製物（点字により複製するものを除き、当該教科用図書に掲載された著作物の全部又は相当部分を複製するものに限る。以下この項において「教科用拡大図書等」という。）を作成しようとする者は、あらかじめ当該教科用図書を発行する者にその旨を通知するとともに、営利を目的として当該教科用拡大図書等を頒布する場合にあつては、前条第二項に規定する補償金の額に準じて文化庁長官が毎年定める額の補償金を当該著作物の著作権者に支払わなければならない。

3　文化庁長官は、前項の定めをしたときは、これを官報で告示する。

4　障害のある児童及び生徒のための教科用特定図書等の普及の促進等に関する法律（平成二十年法律第八十一号）第五条第一項又は第二項の規定により教科用図書に掲載された著作物に係る電磁的記録の提供を行う者は、その提供のために必要と認められる限度において、当該著作物を利用することができる。

（学校教育番組の放送等）

第三十四条　公表された著作物は、学校教育の目的上必要と認められる限度において、学校教育に関する法令の定める教育課程の基準に準拠した学校向けの放送番組又は有線放送番組において放送し、若しくは有線放送し、又は当該放送を受信して同時に専ら当該放送に係る放送対象地域（放送法（昭和二十五年法律第百三十二号）第九十一条第二項第二号に規定する放送対象地域をいい、これが定められていない放送にあつては、電波法（昭和二十五年法律第百三十一号）第十四条第三項第二号に規定する放送区域をいう。以下同じ。）において受信されることを目的として自動公衆送信（送信可能化のうち、公衆の用に供されている電気通信回線に接続している自動公衆送信装置に情報を入力することによるものを含む。）を行い、及び当該放送番組用又は有線放送番組用の教材に掲載することができる。

2　前項の規定により著作物を利用する者は、その旨を著作者に通知するとともに、相当な額の補償金を著作権者に支払わなければならない。

（学校その他の教育機関における複製等）

第三十五条　学校その他の教育機関（営利を目的として設置されているものを除く。）において教育を担任する者及び授業を受ける者は、その授業の過程における使用に供することを目的とする場合には、必要と認められる限度において、公表された著作物を複製することができる。ただし、当該著作物の種類及び用途並びにその複製の部数及び態様に照らし著作権者の利益を不当に害することとなる場合は、この限りでない。

2　公表された著作物については、前項の教育機関における授業の過程において、当該授業を直接受ける者に対して当該著作物をその原作品若しくは複製物を提供し、若しくは提示して利用する場合又は当該著作物を第三十八条第一項の規定により上演し、演奏し、上映し、若しくは口述して利用する場合には、当該授業が行われる場所以外の場所において当該授業を同時に受ける者に対して公衆送信（自動公衆送信の場合にあつては、送信可能化を含む。）を行うことができる。ただし、当該著作物の種類及び用途並びに当該公衆送信の態様に照らし著作権者の利益を不当に害することとなる場合は、この限りでない。

（試験問題としての複製等）

第三十六条　公表された著作物については、入学試験その他人の学識技能に関する試験又は検定の目的上必要と認められる限度において、当該試験又は検定の問題として複製し、又は公衆送信（放送又は有線放送を除き、自動公衆送信の場合にあつては送信可能化を含む。次項において同じ。）を行うことができる。ただし、当該著作物の種類及び用途並びに当該公衆送信の態様に照らし著作権者の利益を不当に害することとなる場合は、この限りでない。

2　営利を目的として前項の複製又は公衆送信を行う者は、通常の使用料の額に相当する額の補償金を著作権者に支払わなければならない。

（視覚障害者等のための複製等）

第三十七条　公表された著作物は、点字により複製することができる。

2　公表された著作物については、電子計算機を用いて点字を処理する方式により、記録媒体に記録し、又は公衆送信（放送又は有線放送を除き、自動公衆送信の場合にあつては送信可能化を含む。）を行うことができる。

3　視覚障害者その他視覚による表現の認識に障害のある者（以下この項及び第百二条第四項において「視覚障害者等」という。）の福祉に関する事業を行う者で政令で定めるものは、公表された著作物であつて、視覚によりその表現が認識される方式（視覚及び他の知覚により認識される方式を含む。）により公衆に提供され、又は提示されているもの（当該著作物以外の著作物で、当該著作物において複製されているものその他当該著作物と一体として公衆に提供され、又は提示されているものを含む。以下この項及び同条第四項において「視覚著作物」という。）について、専ら視覚障害者等で当該方式によつては当該視覚著作物を利用することが困難な者の用に供するために必要と認められる限度において、当該視覚著作物に係る文字を音声にすることその他当該視覚障害者等が利用するために必要な方式により、複製し、又は自動公衆送信（送信可能化を含む。）を行うことができる。ただし、当該視覚著作物について、著作権者又はその許諾を得た者若しくは第七十九条の出版権の設定を受けた者により、当該方式による公衆への提供又は提示が行われている場合は、この限りでない。

（聴覚障害者等のための複製等）

第三十七条の二　聴覚障害者その他聴覚による表現の認識に障害のある者（以下この条及び次条第五項において「聴覚障害者等」という。）の福祉に関する事業を行う者で次の各号に掲げる利用の区分に応じて政令で定めるものは、公表された著作物であつて、聴覚によりその表現が認識される方式（聴覚及び他の知覚により認識される方式を含む。）により公衆に提供され、又は提示されているもの（当該著作物以外の著作物で、当該著作物において複製されているものその他当該著作物と一体として公衆に提供され、又は提示されているものを含む。以下この条において「聴覚著作物」という。）について、専ら聴覚障害者等で当該方式によつては当該聴覚著作物を利用することが困難な者の用に供するために必要と認められる限度において、それぞれ当該各号に掲げる利用を行うことができる。ただし、当該聴覚著作物について、著作権者又はその許諾を得た者若しくは第七十九条の出版権の設定を受けた者により、当該聴覚障害者等が利用するために必要な方式による公衆への提供又は提示が行われている場合は、この限りでない。

一　当該聴覚著作物に係る音声について、これを文字にすることその他当該聴覚障害者等が利用するために必要な方式により、複製し、又は自動公衆送信（送信可能化を含む。）を行うこと。

二　専ら当該聴覚障害者等向けの貸出しの用に供するため、複製すること（当該聴覚著作物に係る音声を文字にすることその他当該聴覚障害者等が利用するために必要な方式による当該音声の複製と併せて行うものに限る。）。

（営利を目的としない上演等）

第三十八条　公表された著作物は、営利を目的とせず、かつ、聴衆又は観衆から料金（いずれの名義をもつてするかを問わず、著作物の提供又は提示につき受ける対価をいう。以下この条において同じ。）を受けない場合には、公に上演し、演奏し、上映し、又は口述することができる。ただし、当該上演、演奏、上映又は口述について実演家又は口述を行う者に対し報酬が支払われる場合は、この限りでない。

2　放送される著作物は、営利を目的とせず、かつ、聴衆又は観衆から料金を受けない場合には、有線放送し、又は専ら当該放送に係る放送対象地域において受信されることを目的として自動公衆送信（送信可能化のうち、公衆の用に供されている電気通信回線に接続している自動公衆送信装置に情報を入力することによるものを含む。）を行うことができる。

3　放送され、又は有線放送される著作物（放送される著作物が自動公衆送信される場合の当該著作物を含む。）は、営利を目的とせず、かつ、聴衆又は観衆から料金を受けないで受信装置を用いて公に伝達することができる。通常の家庭用受信装置を用いてする場合も、同様とする。

4　公表された著作物（映画の著作物を除く。）は、営利を目的とせず、かつ、その複製物の貸与を受ける者から料金を受けない場合には、その複製物（映画の著作物において複製されている著作物にあつては、当該映画の著作物の複製物を除く。）の貸与により公衆に提供することができる。

5　映画フィルムその他の視聴覚資料を公衆の利用に供することを目的とする視聴覚教育施設その他の施設（営

利を目的として設置されているものを除く。）で政令で定めるもの及び聴覚障害者等の福祉に関する事業を行う者で前条の政令で定めるもの（同条第二号に係るものに限り、営利を目的として当該事業を行うものを除く。）は、公表された映画の著作物を、その複製物の貸与を受ける者から料金を受けない場合には、その複製物の貸与により頒布することができる。この場合において、当該頒布を行う者は、当該映画の著作物又は当該映画の著作物において複製されている著作物につき第二十六条に規定する権利を有する者（第二十八条の規定により第二十六条に規定する権利と同一の権利を有する者を含む。）に相当な額の補償金を支払わなければならない。

（時事問題に関する論説の転載等）

第三十九条　新聞紙又は雑誌に掲載して発行された政治上、経済上又は社会上の時事問題に関する論説（学術的な性質を有するものを除く。）は、他の新聞紙若しくは雑誌に転載し、又は放送し、若しくは有線放送し、若しくは当該放送を受信して同時に専ら当該放送に係る放送対象地域において受信されることを目的として自動公衆送信（送信可能化のうち、公衆の用に供されている電気通信回線に接続している自動公衆送信装置に情報を入力することによるものを含む。）を行うことができる。ただし、これらの利用を禁止する旨の表示がある場合は、この限りでない。

2　前項の規定により放送され、若しくは有線放送され、又は自動公衆送信される論説は、受信装置を用いて公に伝達することができる。

（政治上の演説等の利用）

第四十条　公開して行われた政治上の演説又は陳述及び裁判手続（行政庁の行う審判その他裁判に準ずる手続を含む。第四十二条第一項において同じ。）における公開の陳述は、同一の著作者のものを編集して利用する場合を除き、いずれの方法によるかを問わず、利用することができる。

2　国若しくは地方公共団体の機関、独立行政法人又は地方独立行政法人において行われた公開の演説又は陳述は、前項の規定によるものを除き、報道の目的上正当と認められる場合には、新聞紙若しくは雑誌に掲載し、又は放送し、若しくは有線放送し、若しくは当該放送を受信して同時に専ら当該放送に係る放送対象地域において受信されることを目的として自動公衆送信（送信可能化のうち、公衆の用に供されている電気通信回線に接続している自動公衆送信装置に情報を入力することによるものを含む。）を行うことができる。

3　前項の規定により放送され、若しくは有線放送され、又は自動公衆送信される演説又は陳述は、受信装置を用いて公に伝達することができる。

（時事の事件の報道のための利用）

第四十一条　写真、映画、放送その他の方法によつて時事の事件を報道する場合には、当該事件を構成し、又は当該事件の過程において見られ、若しくは聞かれる著作物は、報道の目的上正当な範囲内において、複製し、及び当該事件の報道に伴つて利用することができる。

（裁判手続等における複製）

第四十二条　著作物は、裁判手続のために必要と認められる場合及び立法又は行政の目的のために内部資料として必要と認められる場合には、その必要と認められる限度において、複製することができる。ただし、当該著作物の種類及び用途並びにその複製の部数及び態様に照らし著作権者の利益を不当に害することとなる場合は、この限りでない。

2　次に掲げる手続のために必要と認められる場合についても、前項と同様とする。

一　行政庁の行う特許、意匠若しくは商標に関する審査、実用新案に関する技術的な評価又は国際出願（特許協力条約に基づく国際出願等に関する法律（昭和五十三年法律第三十号）第二条に規定する国際出願をいう。）に関する国際調査若しくは国際予備審査に関する手続

二　行政庁若しくは独立行政法人の行う薬事（医療機器（薬事法（昭和三十五年法律第百四十五号）第二条第四項に規定する医療機器をいう。）に関する事項を含む。以下この号において同じ。）に関する審査若しくは調査又は行政庁若しくは独立行政法人に対する薬事に関する報告に関する手続

（行政機関情報公開法等による開示のための利用）

第四十二条の二　行政機関の長、独立行政法人等又は地方公共団体の機関若しくは地方独立行政法人は、行政機関情報公開法、独立行政法人等情報

公開法又は情報公開条例の規定により著作物を公衆に提供し、又は提示することを目的とする場合には、それぞれ行政機関情報公開法第十四条第一項（同項の規定に基づく政令の規定を含む。）に規定する方法、独立行政法人等情報公開法第十五条第一項に規定する方法（同項の規定に基づき当該独立行政法人等が定める方法（行政機関情報公開法第十四条第一項の規定に基づく政令で定める方法以外のものを除く。）を含む。）又は情報公開条例で定める方法（行政機関情報公開法第十四条第一項（同項の規定に基づく政令の規定を含む。）に規定する方法以外のものを除く。）により開示するために必要と認められる限度において、当該著作物を利用することができる。

（公文書管理法等による保存等のための利用）

第四十二条の三　国立公文書館等の長又は地方公文書館等の長は、公文書管理法第十五条第一項の規定又は公文書管理条例の規定（同項の規定に相当する規定に限る。）により歴史公文書等を保存することを目的とする場合には、必要と認められる限度において、当該歴史公文書等に係る著作物を複製することができる。

2　国立公文書館等の長又は地方公文書館等の長は、公文書管理法第十六条第一項の規定又は公文書管理条例の規定（同項の規定に相当する規定に限る。）により著作物を公衆に提供し、又は提示することを目的とする場合には、それぞれ公文書管理法第十九条（同条の規定に基づく政令の規定を含む。以下この項において同じ。）に規定する方法又は公文書管理条例で定める方法（同条に規定する方法以外のものを除く。）により利用をさせるために必要と認められる限度において、当該著作物を利用することができる。

（国立国会図書館法によるインターネット資料及びオンライン資料の収集のための複製）

第四十二条の四　国立国会図書館の館長は、国立国会図書館法（昭和二十三年法律第五号）第二十五条の三第一項の規定により同項に規定するインターネット資料（以下この条において「インターネット資料」という。）又は同法第二十五条の四第三項の規定により同項に規定するオンライン資料を収集するために必要と認められる限度において、当該インターネット資料又は当該オンライン資料に係る著作物を国立国会図書館の使用に係る記録媒体に記録することができる。

2　次の各号に掲げる者は、当該各号に掲げる資料を提供するために必要と認められる限度において、当該各号に掲げる資料に係る著作物を複製することができる。

一　国立国会図書館法第二十四条及び第二十四条の二に規定する者　同法第二十五条の三第三項の求めに応じ提供するインターネット資料

二　国立国会図書館法第二十四条及び第二十四条の二に規定する者以外の者　同法第二十五条の四第一項の規定により提供する同項に規定するオンライン資料

（翻訳、翻案等による利用）

第四十三条　次の各号に掲げる規定により著作物を利用することができる場合には、当該各号に掲げる方法により、当該著作物を当該各号に掲げる規定に従つて利用することができる。

一　第三十条第一項、第三十三条第一項（同条第四項において準用する場合を含む。）、第三十四条第一項又は第三十五条　翻訳、編曲、変形又は翻案

二　第三十一条第一項第一号若しくは第三項後段、第三十二条、第三十六条、第三十七条第一項若しくは第二項、第三十九条第一項、第四十条第二項、第四十一条又は第四十二条　翻訳

三　第三十三条の二第一項　変形又は翻案

四　第三十七条第三項　翻訳、変形又は翻案

五　第三十七条の二　翻訳又は翻案

（放送事業者等による一時的固定）

第四十四条　放送事業者は、第二十三条第一項に規定する権利を害することなく放送することができる著作物を、自己の放送のために、自己の手段又は当該著作物を同じく放送することができる他の放送事業者の手段により、一時的に録音し、又は録画することができる。

2　有線放送事業者は、第二十三条第一項に規定する権利を害することなく有線放送することができる著作物を、自己の有線放送（放送を受信して行うものを除く。）のために、自己の手段により、一時的に録音し、又は録画することができる。

3　前二項の規定により作成された録音物又は録画物は、録音又は録画の後六月（その期間内に当該録音物又は録画物を用いてする放送又は有線放送があつたときは、その放送又は有線放送の後六月）を超えて保存することができない。ただし、政令で定めるところにより公的な記録保存所において保存する場合は、この限りでない。

（美術の著作物等の原作品の所有者による展示）

第四十五条　美術の著作物若しくは写真の著作物の原作品の所有者又はその同意を得た者は、これらの著作物をその原作品により公に展示することができる。

2　前項の規定は、美術の著作物の原作品を街路、公園その他一般公衆に開放されている屋外の場所又は建造物の外壁その他一般公衆の見やすい屋外の場所に恒常的に設置する場合には、適用しない。

（公開の美術の著作物等の利用）

第四十六条　美術の著作物でその原作品が前条第二項に規定する屋外の場所に恒常的に設置されているもの又は建築の著作物は、次に掲げる場合を除き、いずれの方法によるかを問わず、利用することができる。

一　彫刻を増製し、又はその増製物の譲渡により公衆に提供する場合

二　建築の著作物を建築により複製し、又はその複製物の譲渡により公衆に提供する場合

三　前条第二項に規定する屋外の場所に恒常的に設置するために複製する場合

四　専ら美術の著作物の複製物の販売を目的として複製し、又はその複製物を販売する場合

（美術の著作物等の展示に伴う複製）

第四十七条　美術の著作物又は写真の著作物の原作品により、第二十五条に規定する権利を害することなく、これらの著作物を公に展示する者は、観覧者のためにこれらの著作物の解説又は紹介をすることを目的とする小冊子にこれらの著作物を掲載することができる。

（美術の著作物等の譲渡等の申出に伴う複製等）

第四十七条の二　美術の著作物又は写真の著作物の原作品又は複製物の所有者その他のこれらの譲渡又は貸与の権原を有する者が、第二十六条の二第一項又は第二十六条の三に規定する権利を害することなく、その原作品又は複製物を譲渡し、又は貸与しようとする場合には、当該権原を有する者又はその委託を受けた者は、その申出の用に供するため、これらの著作物について、複製又は公衆送信（自動公衆送信の場合にあつては、送信可能化を含む。）（当該複製により作成される複製物を用いて行うこれらの著作物の複製又は当該公衆送信を受信して行うこれらの著作物の複製を防止し、又は抑止するための措置その他の著作権者の利益を不当に害しないための措置として政令で定める措置を講じて行うものに限る。）を行うことができる。

（プログラムの著作物の複製物の所有者による複製等）

第四十七条の三　プログラムの著作物の複製物の所有者は、自ら当該著作物を電子計算機において利用するために必要と認められる限度において、当該著作物の複製又は翻案（これにより創作した二次的著作物の複製を含む。）をすることができる。ただし、当該利用に係る複製物の使用につき、第百十三条第二項の規定が適用される場合は、この限りでない。

2　前項の複製物の所有者が当該複製物（同項の規定により作成された複製物を含む。）のいずれかについて滅失以外の事由により所有権を有しなくなつた後には、その者は、当該著作権者の別段の意思表示がない限り、その他の複製物を保存してはならない。

（保守、修理等のための一時的複製）

第四十七条の四　記録媒体内蔵複製機器（複製の機能を有する機器であつて、その複製を機器に内蔵する記録媒体（以下この条において「内蔵記録媒体」という。）に記録して行うものをいう。次項において同じ。）の保守又は修理を行う場合には、その内蔵記録媒体に記録されている著作物は、必要と認められる限度において、当該内蔵記録媒体以外の記録媒体に一時的に記録し、及び当該保守又は修理の後に、当該内蔵記録媒体に記録することができる。

2　記録媒体内蔵複製機器に製造上の欠陥又は販売に至るまでの過程において生じた故障があるためこれを同種の機器と交換する場合には、その内蔵記録媒体に記録されている著作物は、必要と認められる限度において、当該内蔵記録媒体以外の記録媒体に

一時的に記録し、及び当該同種の機器の内蔵記録媒体に記録することができる。

3　前二項の規定により内蔵記録媒体以外の記録媒体に著作物を記録した者は、これらの規定による保守若しくは修理又は交換の後には、当該記録媒体に記録された当該著作物の複製物を保存してはならない。

（送信の障害の防止等のための複製）

第四十七条の五　自動公衆送信装置等（自動公衆送信装置及び特定送信装置（電気通信回線に接続することにより、その記録媒体のうち特定送信（自動公衆送信以外の無線通信又は有線電気通信の送信で政令で定めるものをいう。以下この項において同じ。）の用に供する部分（第一号において「特定送信用記録媒体」という。）に記録され、又は当該装置に入力される情報の特定送信をする機能を有する装置をいう。）をいう。以下この条において同じ。）を他人の自動公衆送信等（自動公衆送信及び特定送信をいう。以下この条において同じ。）の用に供することを業として行う者は、次の各号に掲げる目的上必要と認められる限度において、当該自動公衆送信装置等により送信可能化等（送信可能化及び特定送信をし得るようにするための行為で政令で定めるものをいう。以下この条において同じ。）がされた著作物を、当該各号に定める記録媒体に記録することができる。

一　自動公衆送信等の求めが当該自動公衆送信装置等に集中することによる送信の遅滞又は当該自動公衆送信装置等の故障による送信の障害を防止すること　当該送信可能化等に係る公衆送信用記録媒体等（公衆送信用記録媒体及び特定送信用記録媒体をいう。次号において同じ。）以外の記録媒体であつて、当該送信可能化等に係る自動公衆送信等の用に供するためのもの

二　当該送信可能化等に係る公衆送信用記録媒体等に記録された当該著作物の複製物が滅失し、又は毀損した場合の復旧の用に供すること　当該公衆送信用記録媒体等以外の記録媒体（公衆送信用記録媒体等であるものを除く。）

2　自動公衆送信装置等を他人の自動公衆送信等の用に供することを業として行う者は、送信可能化等がされた著作物（当該自動公衆送信装置等により送信可能化等がされたものを除く。）の自動公衆送信等を中継するための送信を行う場合には、当該送信後に行われる当該著作物の自動公衆送信等を中継するための送信を効率的に行うために必要と認められる限度において、当該著作物を当該自動公衆送信装置等の記録媒体のうち当該送信の用に供する部分に記録することができる。

3　次の各号に掲げる者は、当該各号に定めるときは、その後は、当該各号に規定する規定の適用を受けて作成された著作物の複製物を保存してはならない。

一　第一項（第一号に係る部分に限る。）又は前項の規定により著作物を記録媒体に記録した者　これらの規定に定める目的のため当該複製物を保存する必要がなくなつたと認められるとき、又は当該著作物に係る送信可能化等が著作権を侵害するものであること（国外で行われた送信可能化等にあつては、国内で行われたとしたならば著作権の侵害となるべきものであること）を知つたとき。

二　第一項（第二号に係る部分に限る。）の規定により著作物を記録媒体に記録した者　同号に掲げる目的のため当該複製物を保存する必要がなくなつたと認められるとき。

（送信元識別符号の検索等のための複製等）

第四十七条の六　公衆からの求めに応じ、送信可能化された情報に係る送信元識別符号（自動公衆送信の送信元を識別するための文字、番号、記号その他の符号をいう。以下この条において同じ。）を検索し、及びその結果を提供することを業として行う者（当該事業の一部を行う者を含み、送信可能化された情報の収集、整理及び提供を政令で定める基準に従つて行う者に限る。）は、当該検索及びその結果の提供を行うために必要と認められる限度において、送信可能化された著作物（当該著作物に係る自動公衆送信について受信者を識別するための情報の入力を求めることその他の受信を制限するための手段が講じられている場合にあつては、当該自動公衆送信の受信について当該手段を講じた者の承諾を得たものに限る。）について、記録媒体への記録又は翻案（これにより創作した二次的著作物の記録を含む。）を行い、及び公衆からの求めに応じ、

当該求めに関する送信可能化された情報に係る送信元識別符号の提供と併せて、当該記録媒体に記録された当該著作物の複製物（当該著作物に係る当該二次的著作物の複製物を含む。以下この条において「検索結果提供用記録」という。）のうち当該送信元識別符号に係るものを用いて自動公衆送信（送信可能化を含む。）を行うことができる。ただし、当該検索結果提供用記録に係る著作物に係る送信可能化が著作権を侵害するものであること（国外で行われた送信可能化にあつては、国内で行われたとしたならば著作権の侵害となるべきものであること）を知つたときは、その後は、当該検索結果提供用記録を用いた自動公衆送信（送信可能化を含む。）を行つてはならない。

（情報解析のための複製等）

第四十七条の七　著作物は、電子計算機による情報解析（多数の著作物その他の大量の情報から、当該情報を構成する言語、音、影像その他の要素に係る情報を抽出し、比較、分類その他の統計的な解析を行うことをいう。以下この条において同じ。）を行うことを目的とする場合には、必要と認められる限度において、記録媒体への記録又は翻案（これにより創作した二次的著作物の記録を含む。）を行うことができる。ただし、情報解析を行う者の用に供するために作成されたデータベースの著作物については、この限りでない。

（電子計算機における著作物の利用に伴う複製）

第四十七条の八　電子計算機において、著作物を当該著作物の複製物を用いて利用する場合又は無線通信若しくは有線電気通信の送信がされる著作物を当該送信を受信して利用する場合（これらの利用又は当該複製物の使用が著作権を侵害しない場合に限る。）には、当該著作物は、これらの利用のための当該電子計算機による情報処理の過程において、当該情報処理を円滑かつ効率的に行うために必要と認められる限度で、当該電子計算機の記録媒体に記録することができる。

（情報通信技術を利用した情報提供の準備に必要な情報処理のための利用）

第四十七条の九　著作物は、情報通信の技術を利用する方法により情報を提供する場合であつて、当該提供を円滑かつ効率的に行うための準備に必要な電子計算機による情報処理を行うときは、その必要と認められる限度において、記録媒体への記録又は翻案（これにより創作した二次的著作物の記録を含む。）を行うことができる。

（複製権の制限により作成された複製物の譲渡）

第四十七条の十　第三十一条第一項（第一号に係る部分に限る。以下この条において同じ。）若しくは第三項後段、第三十二条、第三十三条第一項（同条第四項において準用する場合を含む。）、第三十三条の二第一項若しくは第四項、第三十四条第一項、第三十五条第一項、第三十六条第一項、第三十七条、第三十七条の二（第二号を除く。以下この条において同じ。）、第三十九条第一項、第四十条第一項若しくは第二項、第四十一条から第四十二条の二まで、第四十二条の三第二項又は第四十六条から第四十七条の二までの規定により複製することができる著作物は、これらの規定の適用を受けて作成された複製物（第三十一条第一項若しくは第三項後段、第三十五条第一項、第三十六条第一項又は第四十二条の規定に係る場合にあつては、映画の著作物の複製物（映画の著作物において複製されている著作物にあつては、当該映画の著作物の複製物を含む。以下この条において同じ。）を除く。）の譲渡により公衆に提供することができる。ただし、第三十一条第一項若しくは第三項後段、第三十三条の二第一項若しくは第四項、第三十五条第一項、第三十七条第三項、第三十七条の二、第四十一条から第四十二条の二まで、第四十二条の三第二項又は第四十七条の二の規定の適用を受けて作成された著作物の複製物（第三十一条第一項若しくは第三項後段、第三十五条第一項又は第四十二条の規定に係る場合にあつては、映画の著作物の複製物を除く。）を、第三十一条第一項若しくは第三項後段、第三十三条の二第一項若しくは第四項、第三十五条第一項、第三十七条第三項、第三十七条の二、第四十一条から第四十二条の二まで、第四十二条の三第二項又は第四十七条の二に定める目的以外の目的のために公衆に譲渡する場合は、この限りでない。

（出所の明示）

第四十八条　次の各号に掲げる場合には、当該各号に規定する著作物の出所を、その複製又は利用の態様に応じ合理的と認められる方法及び程度により、明示しなければならない。

一　第三十二条、第三十三条第一項（同条第四項において準用する場合を含む。）、第三十三条の二第一項、第三十七条第一項、第四十二条又は第四十七条の規定により著作物を複製する場合

二　第三十四条第一項、第三十七条第三項、第三十七条の二、第三十九条第一項、第四十条第一項若しくは第二項又は第四十七条の二の規定により著作物を利用する場合

三　第三十二条の規定により著作物を複製以外の方法により利用する場合又は第三十五条、第三十六条第一項、第三十八条第一項、第四十一条若しくは第四十六条の規定により著作物を利用する場合において、その出所を明示する慣行があるとき。

2　前項の出所の明示に当たつては、これに伴い著作者名が明らかになる場合及び当該著作物が無名のものである場合を除き、当該著作物につき表示されている著作者名を示さなければならない。

3　第四十三条の規定により著作物を翻訳し、編曲し、変形し、又は翻案して利用する場合には、前二項の規定の例により、その著作物の出所を明示しなければならない。

（複製物の目的外使用等）

第四十九条　次に掲げる者は、第二十一条の複製を行つたものとみなす。

一　第三十条第一項、第三十条の三、第三十一条第一項第一号若しくは第三項後段、第三十三条の二第一項若しくは第四項、第三十五条第一項、第三十七条第三項、第三十七条の二本文（同条第二号に係る場合にあつては、同号。次項第一号において同じ。）、第四十一条から第四十二条の三まで、第四十二条の四第二項、第四十四条第一項若しくは第二項、第四十七条の二又は第四十七条の六に定める目的以外の目的のために、これらの規定の適用を受けて作成された著作物の複製物（次項第四号の複製物に該当するものを除く。）を頒布し、又は当該複製物によつて当該著作物を公衆に提示した者

二　第四十四条第三項の規定に違反して同項の録音物又は録画物を保存した放送事業者又は有線放送事業者

三　第四十七条の三第一項の規定の適用を受けて作成された著作物の複製物（次項第二号の複製物に該当するものを除く。）若しくは第四十七条の四第一項若しくは第二項の規定の適用を受けて同条第一項若しくは第二項に規定する内蔵記録媒体以外の記録媒体に一時的に記録された著作物の複製物を頒布し、又はこれらの複製物によつてこれらの著作物を公衆に提示した者

四　第四十七条の三第二項、第四十七条の四第三項又は第四十七条の五第三項の規定に違反してこれらの規定の複製物（次項第二号の複製物に該当するものを除く。）を保存した者

五　第三十条の四、第四十七条の五第一項若しくは第二項、第四十七条の七又は第四十七条の九に定める目的以外の目的のために、これらの規定の適用を受けて作成された著作物の複製物（次項第六号の複製物に該当するものを除く。）を用いて当該著作物を利用した者

六　第四十七条の六ただし書の規定に違反して、同条本文の規定の適用を受けて作成された著作物の複製物（次項第五号の複製物に該当するものを除く。）を用いて当該著作物の自動公衆送信（送信可能化を含む。）を行つた者

七　第四十七条の八の規定の適用を受けて作成された著作物の複製物を、当該著作物の同条に規定する複製物の使用に代えて使用し、又は当該著作物に係る同条に規定する送信の受信（当該送信が受信者からの求めに応じ自動的に行われるものである場合にあつては、当該送信の受信又はこれに準ずるものとして政令で定める行為）をしないで使用して、当該著作物を利用した者

2　次に掲げる者は、当該二次的著作物の原著作物につき第二十七条の翻訳、編曲、変形又は翻案を行つたものとみなす。

一　第三十条第一項、第三十一条第一項第一号若しくは第三項後段、第三十三条の二第一項、第三十五条第一項、第三十七条第三項、第三十七条の二本文、第四十一条又は第四十二条に定める目的以外の目的のために、第四十三条の規定の適用を受けて同条各号に掲げるこれらの規定に従い作成された二次的著作物の複製物を頒布し、又は当該複製物によつて当該二次的著作物を公衆に提示した者

二　第四十七条の三第一項の規定の適用を受けて作成された二次的著作物の複製物を頒布し、又は当該複製物

によつて当該二次的著作物を公衆に提示した者

三　第四十七条の三第二項の規定に違反して前号の複製物を保存した者

四　第三十条の三又は第四十七条の六に定める目的以外の目的のために、これらの規定の適用を受けて作成された二次的著作物の複製物を頒布し、又は当該複製物によつて当該二次的著作物を公衆に提示した者

五　第四十七条の六ただし書の規定に違反して、同条本文の規定の適用を受けて作成された二次的著作物の複製物を用いて当該二次的著作物の自動公衆送信（送信可能化を含む。）を行つた者

六　第三十条の四、第四十七条の七又は第四十七条の九に定める目的以外の目的のために、これらの規定の適用を受けて作成された二次的著作物の複製物を用いて当該二次的著作物を利用した者

（著作者人格権との関係）

第五十条　この款の規定は、著作者人格権に影響を及ぼすものと解釈してはならない。

第四節　保護期間

（保護期間の原則）

第五十一条　著作権の存続期間は、著作物の創作の時に始まる。

2　著作権は、この節に別段の定めがある場合を除き、著作者の死後（共同著作物にあつては、最終に死亡した著作者の死後。次条第一項において同じ。）五十年を経過するまでの間、存続する。

（無名又は変名の著作物の保護期間）

第五十二条　無名又は変名の著作物の著作権は、その著作物の公表後五十年を経過するまでの間、存続する。ただし、その存続期間の満了前にその著作者の死後五十年を経過していると認められる無名又は変名の著作物の著作権は、その著作者の死後五十年を経過したと認められる時において、消滅したものとする。

2　前項の規定は、次の各号のいずれかに該当するときは、適用しない。

一　変名の著作物における著作者の変名がその者のものとして周知のものであるとき。

二　前項の期間内に第七十五条第一項の実名の登録があつたとき。

三　著作者が前項の期間内にその実名又は周知の変名を著作者名として表示してその著作物を公表したとき。

（団体名義の著作物の保護期間）

第五十三条　法人その他の団体が著作の名義を有する著作物の著作権は、その著作物の公表後五十年（その著作物がその創作後五十年以内に公表されなかつたときは、その創作後五十年）を経過するまでの間、存続する。

2　前項の規定は、法人その他の団体が著作の名義を有する著作物の著作者である個人が同項の期間内にその実名又は周知の変名を著作者名として表示してその著作物を公表したときは、適用しない。

3　第十五条第二項の規定により法人その他の団体が著作者である著作物の著作権の存続期間に関しては、第一項の著作物に該当する著作物以外の著作物についても、当該団体が著作の名義を有するものとみなして同項の規定を適用する。

（映画の著作物の保護期間）

第五十四条　映画の著作物の著作権は、その著作物の公表後七十年（その著作物がその創作後七十年以内に公表されなかつたときは、その創作後七十年）を経過するまでの間、存続する。

2　映画の著作物の著作権がその存続期間の満了により消滅したときは、当該映画の著作物の利用に関するその原著作物の著作権は、当該映画の著作物の著作権とともに消滅したものとする。

3　前二条の規定は、映画の著作物の著作権については、適用しない。

第五十五条　削除

（継続的刊行物等の公表の時）

第五十六条　第五十二条第一項、第五十三条第一項及び第五十四条第一項の公表の時は、冊、号又は回を追つて公表する著作物については、毎冊、毎号又は毎回の公表の時によるものとし、一部分ずつを逐次公表して完成する著作物については、最終部分の公表の時によるものとする。

2　一部分ずつを逐次公表して完成する著作物については、継続すべき部分が直近の公表の時から三年を経過しても公表されないときは、すでに公表されたもののうちの最終の部分をもつて前項の最終部分とみなす。

（保護期間の計算方法）

第五十七条　第五十一条第二項、第五十二条第一項、第五十三条第一項又は第五十四条第一項の場合において、著作者の死後五十年、著作物の公表後五十年若しくは創作後五十年又は著作物の公表後七十年若しくは創作後七十年の期間の終期を計算す

るときは、著作者が死亡した日又は著作物が公表され若しくは創作された日のそれぞれ属する年の翌年から起算する。

（保護期間の特例）

第五十八条　文学的及び美術的著作物の保護に関するベルヌ条約により創設された国際同盟の加盟国、著作権に関する世界知的所有権機関条約の締約国又は世界貿易機関の加盟国である外国をそれぞれ文学的及び美術的著作物の保護に関するベルヌ条約、著作権に関する世界知的所有権機関条約又は世界貿易機関を設立するマラケシュ協定の規定に基づいて本国とする著作物（第六条第一号に該当するものを除く。）で、その本国において定められる著作権の存続期間が第五十一条から第五十四条までに定める著作権の存続期間より短いものについては、その本国において定められる著作権の存続期間による。

第五節　著作者人格権の一身専属性等

（著作者人格権の一身専属性）

第五十九条　著作者人格権は、著作者の一身に専属し、譲渡することができない。

（著作者が存しなくなつた後における人格的利益の保護）

第六十条　著作物を公衆に提供し、又は提示する者は、その著作物の著作者が存しなくなつた後においても、著作者が存しているとしたならばその著作者人格権の侵害となるべき行為をしてはならない。ただし、その行為の性質及び程度、社会的事情の変動その他によりその行為が当該著作者の意を害しないと認められる場合は、この限りでない。

第六節　著作権の譲渡及び消滅

（著作権の譲渡）

第六十一条　著作権は、その全部又は一部を譲渡することができる。

2　著作権を譲渡する契約において、第二十七条又は第二十八条に規定する権利が譲渡の目的として特掲されていないときは、これらの権利は、譲渡した者に留保されたものと推定する。

（相続人の不存在の場合等における著作権の消滅）

第六十二条　著作権は、次に掲げる場合には、消滅する。

一　著作権者が死亡した場合において、その著作権が民法（明治二十九年法律第八十九号）第九百五十九条（残余財産の国庫への帰属）の規定により国庫に帰属すべきこととなるとき。

二　著作権者である法人が解散した場合において、その著作権が一般社団法人及び一般財団法人に関する法律（平成十八年法律第四十八号）第二百三十九条第三項（残余財産の国庫への帰属）その他これに準ずる法律の規定により国庫に帰属すべきこととなるとき。

2　第五十四条第二項の規定は、映画の著作物の著作権が前項の規定により消滅した場合について準用する。

第七節　権利の行使

（著作物の利用の許諾）

第六十三条　著作権者は、他人に対し、その著作物の利用を許諾することができる。

2　前項の許諾を得た者は、その許諾に係る利用方法及び条件の範囲内において、その許諾に係る著作物を利用することができる。

3　第一項の許諾に係る著作物を利用する権利は、著作権者の承諾を得ない限り、譲渡することができない。

4　著作物の放送又は有線放送についての第一項の許諾は、契約に別段の定めがない限り、当該著作物の録音又は録画の許諾を含まないものとする。

5　著作物の送信可能化について第一項の許諾を得た者が、その許諾に係る利用方法及び条件（送信可能化の回数又は送信可能化に用いる自動公衆送信装置に係るものを除く。）の範囲内において反復して又は他の自動公衆送信装置を用いて行う当該著作物の送信可能化については、第二十三条第一項の規定は、適用しない。

（共同著作物の著作者人格権の行使）

第六十四条　共同著作物の著作者人格権は、著作者全員の合意によらなければ、行使することができない。

2　共同著作物の各著作者は、信義に反して前項の合意の成立を妨げることができない。

3　共同著作物の著作者は、そのうちからその著作者人格権を代表して行使する者を定めることができる。

4　前項の権利を代表して行使する者の代表権に加えられた制限は、善意の第三者に対抗することができない。

（共有著作権の行使）

第六十五条　共同著作物の著作権その他共有に係る著作権（以下この条において「共有著作権」という。）については、各共有者は、他の共有者の同意を得なければ、その持分を譲渡し、又は質権の目的とすることができない。

2 共有著作権は、その共有者全員の合意によらなければ、行使することができない。

3 前二項の場合において、各共有者は、正当な理由がない限り、第一項の同意を拒み、又は前項の合意の成立を妨げることができない。

4 前条第三項及び第四項の規定は、共有著作権の行使について準用する。

（質権の目的となつた著作権）

第六十六条 著作権は、これを目的として質権を設定した場合においても、設定行為に別段の定めがない限り、著作権者が行使するものとする。

2 著作権を目的とする質権は、当該著作権の譲渡又は当該著作権に係る著作物の利用につき著作権者が受けるべき金銭その他の物（出版権の設定の対価を含む。）に対しても、行なうことができる。ただし、これらの支払又は引渡し前に、これらを受ける権利を差し押えることを必要とする。

第八節　裁定による著作物の利用

（著作権者不明等の場合における著作物の利用）

第六十七条 公表された著作物又は相当期間にわたり公衆に提供され、若しくは提示されている事実が明らかである著作物は、著作権者の不明その他の理由により相当な努力を払つてもその著作権者と連絡することができない場合として政令で定める場合は、文化庁長官の裁定を受け、かつ、通常の使用料の額に相当するものとして文化庁長官が定める額の補償金を著作権者のために供託して、その裁定に係る利用方法により利用することができる。

2 前項の裁定を受けようとする者は、著作物の利用方法その他政令で定める事項を記載した申請書に、著作権者と連絡することができないことを疎明する資料その他政令で定める資料を添えて、これを文化庁長官に提出しなければならない。

3 第一項の規定により作成した著作物の複製物には、同項の裁定に係る複製物である旨及びその裁定のあつた年月日を表示しなければならない。

（裁定申請中の著作物の利用）

第六十七条の二 前条第一項の裁定（以下この条において単に「裁定」という。）の申請をした者は、当該申請に係る著作物の利用方法を勘案して文化庁長官が定める額の担保金を供託した場合には、裁定又は裁定をしない処分を受けるまでの間（裁定又は裁定をしない処分を受けるまでの間に著作権者と連絡をすることができるに至つたときは、当該連絡をすることができるに至つた時までの間）、当該申請に係る利用方法と同一の方法により、当該申請に係る著作物を利用することができる。ただし、当該著作物の著作者が当該著作物の出版その他の利用を廃絶しようとしていることが明らかであるときは、この限りでない。

2 前項の規定により作成した著作物の複製物には、同項の規定の適用を受けて作成された複製物である旨及び裁定の申請をした年月日を表示しなければならない。

3 第一項の規定により著作物を利用する者（以下「申請中利用者」という。）が裁定を受けたときは、前条第一項の規定にかかわらず、同項の補償金のうち第一項の規定により供託された担保金の額に相当する額（当該担保金の額が当該補償金の額を超えるときは、当該額）については、同条第一項の規定による供託を要しない。

4 申請中利用者は、裁定をしない処分を受けたとき（当該処分を受けるまでの間に著作権者と連絡をすることができるに至つた場合を除く。）は、当該処分を受けた時までの間における第一項の規定による著作物の利用に係る使用料の額に相当するものとして文化庁長官が定める額の補償金を著作権者のために供託しなければならない。この場合において、同項の規定により供託された担保金の額のうち当該補償金の額に相当する額（当該補償金の額が当該担保金の額を超えるときは、当該額）については、当該補償金を供託したものとみなす。

5 申請中利用者は、裁定又は裁定をしない処分を受けるまでの間に著作権者と連絡をすることができるに至つたときは、当該連絡をすることができるに至つた時までの間における第一項の規定による著作物の利用に係る使用料の額に相当する額の補償金を著作権者に支払わなければならない。

6 前三項の場合において、著作権者は、前条第一項又は前二項の補償金を受ける権利に関し、第一項の規定により供託された担保金から弁済を受けることができる。

7　第一項の規定により担保金を供託した者は、当該担保金の額が前項の規定により著作権者が弁済を受けることができる額を超えることとなつたときは、政令で定めるところにより、その全部又は一部を取り戻すことができる。

（著作物の放送）

第六十八条　公表された著作物を放送しようとする放送事業者は、その著作権者に対し放送の許諾につき協議を求めたがその協議が成立せず、又はその協議をすることができないときは、文化庁長官の裁定を受け、かつ、通常の使用料の額に相当するものとして文化庁長官が定める額の補償金を著作権者に支払つて、その著作物を放送することができる。

2　前項の規定により放送される著作物は、有線放送し、専ら当該放送に係る放送対象地域において受信されることを目的として自動公衆送信（送信可能化のうち、公衆の用に供されている電気通信回線に接続している自動公衆送信装置に情報を入力することによるものを含む。）を行い、又は受信装置を用いて公に伝達することができる。この場合において、当該有線放送、自動公衆送信又は伝達を行う者は、第三十八条第二項及び第三項の規定の適用がある場合を除き、通常の使用料の額に相当する額の補償金を著作権者に支払わなければならない。

（商業用レコードへの録音等）

第六十九条　商業用レコードが最初に国内において販売され、かつ、その最初の販売の日から三年を経過した場合において、当該商業用レコードに著作権者の許諾を得て録音されている音楽の著作物を録音して他の商業用レコードを製作しようとする者は、その著作権者に対し録音又は譲渡による公衆への提供の許諾につき協議を求めたが、その協議が成立せず、又はその協議をすることができないときは、文化庁長官の裁定を受け、かつ、通常の使用料の額に相当するものとして文化庁長官が定める額の補償金を著作権者に支払つて、当該録音又は譲渡による公衆への提供をすることができる。

（裁定に関する手続及び基準）

第七十条　第六十七条第一項、第六十八条第一項又は前条の裁定の申請をする者は、実費を勘案して政令で定める額の手数料を納付しなければならない。

2　前項の規定は、同項の規定により手数料を納付すべき者が国又は独立行政法人のうち業務の内容その他の事情を勘案して政令で定めるもの（第七十八条第六項及び第百七条第二項において「国等」という。）であるときは、適用しない。

3　文化庁長官は、第六十八条第一項又は前条の裁定の申請があつたときは、その旨を当該申請に係る著作権者に通知し、相当の期間を指定して、意見を述べる機会を与えなければならない。

4　文化庁長官は、第六十七条第一項、第六十八条第一項又は前条の裁定の申請があつた場合において、次の各号のいずれかに該当すると認めるときは、これらの裁定をしてはならない。

一　著作者がその著作物の出版その他の利用を廃絶しようとしていることが明らかであるとき。

二　第六十八条第一項の裁定の申請に係る著作権者がその著作物の放送の許諾を与えないことについてやむを得ない事情があるとき。

5　文化庁長官は、前項の裁定をしない処分をしようとするとき（第七項の規定により裁定をしない処分をする場合を除く。）は、あらかじめ申請者にその理由を通知し、弁明及び有利な証拠の提出の機会を与えなければならないものとし、当該裁定をしない処分をしたときは、理由を付した書面をもつて申請者にその旨を通知しなければならない。

6　文化庁長官は、第六十七条第一項の裁定をしたときは、その旨を官報で告示するとともに申請者に通知し、第六十八条第一項又は前条の裁定をしたときは、その旨を当事者に通知しなければならない。

7　文化庁長官は、申請中利用者から第六十七条第一項の裁定の申請を取り下げる旨の申出があつたときは、当該裁定をしない処分をするものとする。

8　前各項に規定するもののほか、この節に定める裁定に関し必要な事項は、政令で定める。

第九節　補償金等

（文化審議会への諮問）

第七十一条　文化庁長官は、第三十三条第二項（同条第四項において準用する場合を含む。）、第三十三条の二第二項、第六十七条第一項、第六十七条の二第四項、第六十八条第一項又は第六十九条の補償金の額を定める場合には、文化審議会に諮問しなければならない。

（補償金の額についての訴え）

第七十二条　第六十七条第一項、第六十七条の二第四項、第六十八条第一項又は第六十九条の規定に基づき定められた補償金の額について不服がある当事者は、これらの規定による裁定（第六十七条の二第四項に係る場合にあつては、第六十七条第一項の裁定をしない処分）があつたことを知つた日から六月以内に、訴えを提起してその額の増減を求めることができる。

2　前項の訴えにおいては、訴えを提起する者が著作物を利用する者であるときは著作権者を、著作権者であるときは著作物を利用する者を、それぞれ被告としなければならない。

（補償金の額についての異議申立ての制限）

第七十三条　第六十七条第一項、第六十八条第一項又は第六十九条の裁定又は裁定をしない処分についての行政不服審査法（昭和三十七年法律第百六十号）による異議申立てにおいては、その裁定又は裁定をしない処分に係る補償金の額についての不服をその裁定又は裁定をしない処分についての不服の理由とすることができない。ただし、第六十七条第一項の裁定又は裁定をしない処分を受けた者が著作権者の不明その他これに準ずる理由により前条第一項の訴えを提起することができない場合は、この限りでない。

（補償金等の供託）

第七十四条　第三十三条第二項（同条第四項において準用する場合を含む。）、第三十三条の二第二項、第六十八条第一項又は第六十九条の補償金を支払うべき者は、次に掲げる場合には、その補償金の支払に代えてその補償金を供託しなければならない。

一　著作権者が補償金の受領を拒み、又は補償金を受領することができない場合

二　その者が過失がなくて著作権者を確知することができない場合

三　その者がその補償金の額について第七十二条第一項の訴えを提起した場合

四　当該著作権を目的とする質権が設定されている場合（当該質権を有する者の承諾を得た場合を除く。）

2　前項第三号の場合において、著作権者の請求があるときは、当該補償金を支払うべき者は、自己の見積金額を支払い、裁定に係る補償金の額との差額を供託しなければならない。

3　第六十七条第一項、第六十七条の二第四項若しくは前二項の規定による補償金の供託又は同条第一項の規定による担保金の供託は、著作権者が国内に住所又は居所で知れているものを有する場合にあつては当該住所又は居所の最寄りの供託所に、その他の場合にあつては供託をする者の住所又は居所の最寄りの供託所に、それぞれするものとする。

4　前項の供託をした者は、すみやかにその旨を著作権者に通知しなければならない。ただし、著作権者の不明その他の理由により著作権者に通知することができない場合は、この限りでない。

第十節　登録

（実名の登録）

第七十五条　無名又は変名で公表された著作物の著作者は、現にその著作権を有するかどうかにかかわらず、その著作物についてその実名の登録を受けることができる。

2　著作者は、その遺言で指定する者により、死後において前項の登録を受けることができる。

3　実名の登録がされている者は、当該登録に係る著作物の著作者と推定する。

（第一発行年月日等の登録）

第七十六条　著作権者又は無名若しくは変名の著作物の発行者は、その著作物について第一発行年月日の登録又は第一公表年月日の登録を受けることができる。

2　第一発行年月日の登録又は第一公表年月日の登録がされている著作物については、これらの登録に係る年月日において最初の発行又は最初の公表があつたものと推定する。

（創作年月日の登録）

第七十六条の二　プログラムの著作物の著作者は、その著作物について創作年月日の登録を受けることができる。ただし、その著作物の創作後六月を経過した場合は、この限りでない。

2　前項の登録がされている著作物については、その登録に係る年月日において創作があつたものと推定する。

（著作権の登録）

第七十七条　次に掲げる事項は、登録し

なければ、第三者に対抗することができない。

一　著作権の移転（相続その他の一般承継によるものを除く。次号において同じ。）若しくは信託による変更又は処分の制限

二　著作権を目的とする質権の設定、移転、変更若しくは消滅（混同又は著作権若しくは担保する債権の消滅によるものを除く。）又は処分の制限

（登録手続等）

第七十八条　第七十五条第一項、第七十六条第一項、第七十六条の二第一項又は前条の登録は、文化庁長官が著作権登録原簿に記載し、又は記録して行う。

2　著作権登録原簿は、政令で定めるところにより、その全部又は一部を磁気ディスク（これに準ずる方法により一定の事項を確実に記録しておくことができる物を含む。第四項において同じ。）をもつて調製することができる。

3　文化庁長官は、第七十五条第一項の登録を行つたときは、その旨を官報で告示する。

4　何人も、文化庁長官に対し、著作権登録原簿の謄本若しくは抄本若しくはその附属書類の写しの交付、著作権登録原簿若しくはその附属書類の閲覧又は著作権登録原簿のうち磁気ディスクをもつて調製した部分に記録されている事項を記載した書類の交付を請求することができる。

5　前項の請求をする者は、実費を勘案して政令で定める額の手数料を納付しなければならない。

6　前項の規定は、同項の規定により手数料を納付すべき者が国等であるときは、適用しない。

7　第一項に規定する登録に関する処分については、行政手続法（平成五年法律第八十八号）第二章及び第三章の規定は、適用しない。

8　著作権登録原簿及びその附属書類については、行政機関情報公開法の規定は、適用しない。

9　著作権登録原簿及びその附属書類に記録されている保有個人情報（行政機関の保有する個人情報の保護に関する法律（平成十五年法律第五十八号）第二条第三項に規定する保有個人情報をいう。）については、同法第四章の規定は、適用しない。

10　この節に規定するもののほか、第一項に規定する登録に関し必要な事項は、政令で定める。

（プログラムの著作物の登録に関する特例）

第七十八条の二　プログラムの著作物に係る登録については、この節の規定によるほか、別に法律で定めるところによる。

第三章　出版権

（出版権の設定）

第七十九条　第二十一条に規定する権利を有する者（以下この章において「複製権者」という。）は、その著作物を文書又は図画として出版することを引き受ける者に対し、出版権を設定することができる。

2　複製権者は、その複製権を目的とする質権が設定されているときは、当該質権を有する者の承諾を得た場合に限り、出版権を設定することができるものとする。

（出版権の内容）

第八十条　出版権者は、設定行為で定めるところにより、頒布の目的をもつて、その出版権の目的である著作物を原作のまま印刷その他の機械的又は化学的方法により文書又は図画として複製する権利を専有する。

2　出版権の存続期間中に当該著作物の著作者が死亡したとき、又は、設定行為に別段の定めがある場合を除き、出版権の設定後最初の出版があつた日から三年を経過したときは、複製権者は、前項の規定にかかわらず、当該著作物を全集その他の編集物（その著作者の著作物のみを編集したものに限る。）に収録して複製することができる。

3　出版権者は、他人に対し、その出版権の目的である著作物の複製を許諾することができない。

（出版の義務）

第八十一条　出版権者は、その出版権の目的である著作物につき次に掲げる義務を負う。ただし、設定行為に別段の定めがある場合は、この限りでない。

一　複製権者からその著作物を複製するために必要な原稿その他の原品又はこれに相当する物の引渡しを受けた日から六月以内に当該著作物を出版する義務

二　当該著作物を慣行に従い継続して出版する義務

（著作物の修正増減）

第八十二条　著作者は、その著作物を出版権者があらためて複製する場合には、正当な範囲内において、その著作物に修正又は増減を加えることができる。

2　出版権者は、その出版権の目的である著作物をあらためて複製しようとするときは、そのつど、あらかじめ著作者にその旨を通知しなければならない。

（出版権の存続期間）

第八十三条　出版権の存続期間は、設定行為で定めるところによる。

2　出版権は、その存続期間につき設定行為に定めがないときは、その設定後最初の出版があつた日から三年を経過した日において消滅する。

（出版権の消滅の請求）

第八十四条　出版権者が第八十一条第一号の義務に違反したときは、複製権者は、出版権者に通知してその出版権を消滅させることができる。

2　出版権者が第八十一条第二号の義務に違反した場合において、複製権者が三月以上の期間を定めてその履行を催告したにもかかわらず、その期間内にその履行がされないときは、複製権者は、出版権者に通知してその出版権を消滅させることができる。

3　複製権者である著作者は、その著作物の内容が自己の確信に適合しなくなつたときは、その著作物の出版を廃絶するために、出版権者に通知してその出版権を消滅させることができる。ただし、当該廃絶により出版権者に通常生ずべき損害をあらかじめ賠償しない場合は、この限りでない。

第八十五条　削除

（出版権の制限）

第八十六条　第三十条第一項（第三号を除く。次項において同じ。）、第三十条の二第二項、第三十条の三、第三十一条第一項及び第三項後段、第三十二条、第三十三条第一項（同条第四項において準用する場合を含む。）、第三十三条の二第一項、第三十四条第一項、第三十五条第一項、第三十六条第一項、第三十七条第一項及び第三項、第三十七条の二、第三十九条第一項、第四十条第一項及び第二項、第四十一条から第四十二条の二まで、第四十二条の三第二項並びに第四十六条から第四十七条の二までの規定は、出版権の目的となつている著作物の複製について準用する。この場合において、第三十条の二第二項、第三十条の三、第三十五条第一項、第四十二条第一項及び第四十七条の二中「著作権者」とあるのは、「出版権者」と読み替えるものとする。

2　前項において準用する第三十条第一項、第三十条の三、第三十一条第一項第一号若しくは第三項後段、第三十三条の二第一項、第三十五条第一項、第三十七条第三項、第三十七条の二本文（同条第二号に係る場合にあつては、同号）、第四十一条から第四十二条の二まで、第四十二条の三第二項又は第四十七条の二に定める目的以外の目的のために、これらの規定の適用を受けて作成された著作物の複製物を頒布し、又は当該複製物によつて当該著作物を公衆に提示した者は、第八十条第一項の複製を行つたものとみなす。

（出版権の譲渡等）

第八十七条　出版権は、複製権者の承諾を得た場合に限り、譲渡し、又は質権の目的とすることができる。

（出版権の登録）

第八十八条　次に掲げる事項は、登録しなければ、第三者に対抗することができない。

一　出版権の設定、移転（相続その他の一般承継によるものを除く。次号において同じ。）、変更若しくは消滅（混同又は複製権の消滅によるものを除く。）又は処分の制限

二　出版権を目的とする質権の設定、移転、変更若しくは消滅（混同又は出版権若しくは担保する債権の消滅によるものを除く。）又は処分の制限

2　第七十八条（第三項を除く。）の規定は、前項の登録について準用する。この場合において、同条第一項、第二項、第四項、第八項及び第九項中「著作権登録原簿」とあるのは、「出版権登録原簿」と読み替えるものとする。

第四章　著作隣接権

第一節　総則

（著作隣接権）

第八十九条　実演家は、第九十条の二第一項及び第九十条の三第一項に規定する権利（以下「実演家人格権」という。）並びに第九十一条第一項、第九十二条第一項、第九十二条の二第一項、第九十五条の二第一項及び第九十五条の三第一項に規定する権利並びに第九十四条の二及び第九十五条の三第三項に規定する報酬並びに第九十五条第一項に規定する二次使用料を受ける権利を享有する。

2　レコード製作者は、第九十六条、第九十六条の二、第九十七条の二第一項及び第九十七条の三第一項に規定

する権利並びに第九十七条第一項に規定する二次使用料及び第九十七条の三第三項に規定する報酬を受ける権利を享有する。

3 放送事業者は、第九十八条から第百条までに規定する権利を享有する。

4 有線放送事業者は、第百条の二から第百条の五までに規定する権利を享有する。

5 前各項の権利の享有には、いかなる方式の履行をも要しない。

6 第一項から第四項までの権利（実演家人格権並びに第一項及び第二項の報酬及び二次使用料を受ける権利を除く。）は、著作隣接権という。

（著作者の権利と著作隣接権との関係）

第九十条 この章の規定は、著作者の権利に影響を及ぼすものと解釈してはならない。

第二節 実演家の権利

（氏名表示権）

第九十条の二 実演家は、その実演の公衆への提供又は提示に際し、その氏名若しくはその芸名その他氏名に代えて用いられるものを実演家名として表示し、又は実演家名を表示しないこととする権利を有する。

2 実演を利用する者は、その実演家の別段の意思表示がない限り、その実演につき既に実演家が表示しているところに従つて実演家名を表示することができる。

3 実演家名の表示は、実演の利用の目的及び態様に照らし実演家がその実演の実演家であることを主張する利益を害するおそれがないと認められるとき又は公正な慣行に反しないと認められるときは、省略することができる。

4 第一項の規定は、次の各号のいずれかに該当するときは、適用しない。

一 行政機関情報公開法、独立行政法人等情報公開法又は情報公開条例の規定により行政機関の長、独立行政法人等又は地方公共団体の機関若しくは地方独立行政法人が実演を公衆に提供し、又は提示する場合において、当該実演につき既にその実演家が表示しているところに従つて実演家名を表示するとき。

二 行政機関情報公開法第六条第二項の規定、独立行政法人等情報公開法第六条第二項の規定又は情報公開条例の規定で行政機関情報公開法第六条第二項の規定に相当するものにより行政機関の長、独立行政法人等又は地方公共団体の機関若しくは地方独立行政法人が実演を公衆に提供し、又は提示する場合において、当該実演の実演家名の表示を省略することとなるとき。

三 公文書管理法第十六条第一項の規定又は公文書管理条例の規定（同項の規定に相当する規定に限る。）により国立公文書館等の長又は地方公文書館等の長が実演を公衆に提供し、又は提示する場合において、当該実演につき既にその実演家が表示しているところに従つて実演家名を表示するとき。

（同一性保持権）

第九十条の三 実演家は、その実演の同一性を保持する権利を有し、自己の名誉又は声望を害するその実演の変更、切除その他の改変を受けないものとする。

2 前項の規定は、実演の性質並びにその利用の目的及び態様に照らしやむを得ないと認められる改変又は公正な慣行に反しないと認められる改変については、適用しない。

（録音権及び録画権）

第九十一条 実演家は、その実演を録音し、又は録画する権利を専有する。

2 前項の規定は、同項に規定する権利を有する者の許諾を得て映画の著作物において録音され、又は録画された実演については、これを録音物（音を専ら影像とともに再生することを目的とするものを除く。）に録音する場合を除き、適用しない。

（放送権及び有線放送権）

第九十二条 実演家は、その実演を放送し、又は有線放送する権利を専有する。

2 前項の規定は、次に掲げる場合には、適用しない。

一 放送される実演を有線放送する場合

二 次に掲げる実演を放送し、又は有線放送する場合

イ 前条第一項に規定する権利を有する者の許諾を得て録音され、又は録画されている実演

ロ 前条第二項の実演で同項の録音物以外の物に録音され、又は録画されているもの

（送信可能化権）

第九十二条の二 実演家は、その実演を送信可能化する権利を専有する。

2 前項の規定は、次に掲げる実演については、適用しない。

一 第九十一条第一項に規定する権利を有する者の許諾を得て録画されている実演

二　第九十一条第二項の実演で同項の録音物以外の物に録音され、又は録画されているもの

（放送のための固定）

第九十三条　実演の放送について第九十二条第一項に規定する権利を有する者の許諾を得た放送事業者は、その実演を放送のために録音し、又は録画することができる。ただし、契約に別段の定めがある場合及び当該許諾に係る放送番組と異なる内容の放送番組に使用する目的で録音し、又は録画する場合は、この限りでない。

2　次に掲げる者は、第九十一条第一項の録音又は録画を行なつたものとみなす。

一　前項の規定により作成された録音物又は録画物を放送の目的以外の目的又は同項ただし書に規定する目的のために使用し、又は提供した者

二　前項の規定により作成された録音物又は録画物の提供を受けた放送事業者で、これらをさらに他の放送事業者の放送のために提供したもの

（放送のための固定物等による放送）

第九十四条　第九十二条第一項に規定する権利を有する者がその実演の放送を許諾したときは、契約に別段の定めがない限り、当該実演は、当該許諾に係る放送のほか、次に掲げる放送において放送することができる。

一　当該許諾を得た放送事業者が前条第一項の規定により作成した録音物又は録画物を用いてする放送

二　当該許諾を得た放送事業者からその者が前条第一項の規定により作成した録音物又は録画物の提供を受けてする放送

三　当該許諾を得た放送事業者から当該許諾に係る放送番組の供給を受けてする放送（前号の放送を除く。）

2　前項の場合において、同項各号に掲げる放送において実演が放送されたときは、当該各号に規定する放送事業者は、相当な額の報酬を当該実演に係る第九十二条第一項に規定する権利を有する者に支払わなければならない。

（放送される実演の有線放送）

第九十四条の二　有線放送事業者は、放送される実演を有線放送した場合（営利を目的とせず、かつ、聴衆又は観衆から料金（いずれの名義をもつてするかを問わず、実演の提示につき受ける対価をいう。次条第一項において同じ。）を受けない場合を除く。）には、当該実演（著作隣接権の存続期間内のものに限り、第九十二条第二項第二号に掲げるものを除く。）に係る実演家に相当な額の報酬を支払わなければならない。

（商業用レコードの二次使用）

第九十五条　放送事業者及び有線放送事業者（以下この条及び第九十七条第一項において「放送事業者等」という。）は、第九十一条第一項に規定する権利を有する者の許諾を得て実演が録音されている商業用レコードを用いた放送又は有線放送を行つた場合（営利を目的とせず、かつ、聴衆又は観衆から料金を受けずに、当該放送を受信して同時に有線放送を行つた場合を除く。）には、当該実演（第七条第一号から第六号までに掲げる実演で著作隣接権の存続期間内のものに限る。次項から第四項までにおいて同じ。）に係る実演家に二次使用料を支払わなければならない。

2　前項の規定は、実演家等保護条約の締約国については、当該締約国であつて、実演家等保護条約第十六条1（a）（i）の規定に基づき実演家等保護条約第十二条の規定を適用しないこととしている国以外の国の国民をレコード製作者とするレコードに固定されている実演に係る実演家について適用する。

3　第八条第一号に掲げるレコードについて実演家等保護条約の締約国により与えられる実演家等保護条約第十二条の規定による保護の期間が第一項の規定により実演家が保護を受ける期間より短いときは、当該締約国の国民をレコード製作者とするレコードに固定されている実演に係る実演家が同項の規定により保護を受ける期間は、第八条第一号に掲げるレコードについて当該締約国により与えられる実演家等保護条約第十二条の規定による保護の期間による。

4　第一項の規定は、実演・レコード条約の締約国（実演家等保護条約の締約国を除く。）であつて、実演・レコード条約第十五条（3）の規定により留保を付している国の国民をレコード製作者とするレコードに固定されている実演に係る実演家については、当該留保の範囲に制限して適用する。

5　第一項の二次使用料を受ける権利は、国内において実演を業とする者の相当数を構成員とする団体（その連合体を含む。）でその同意を得て

文化庁長官が指定するものがあるときは、当該団体によつてのみ行使することができる。

6 文化庁長官は、次に掲げる要件を備える団体でなければ、前項の指定をしてはならない。

一 営利を目的としないこと。

二 その構成員が任意に加入し、又は脱退することができること。

三 その構成員の議決権及び選挙権が平等であること。

四 第一項の二次使用料を受ける権利を有する者(以下この条において「権利者」という。)のためにその権利を行使する業務をみずから的確に遂行するに足りる能力を有すること。

7 第五項の団体は、権利者から申込みがあつたときは、その者のためにその権利を行使することを拒んではならない。

8 第五項の団体は、前項の申込みがあつたときは、権利者のために自己の名をもつてその権利に関する裁判上又は裁判外の行為を行う権限を有する。

9 文化庁長官は、第五項の団体に対し、政令で定めるところにより、第一項の二次使用料に係る業務に関して報告をさせ、若しくは帳簿、書類その他の資料の提出を求め、又はその業務の執行方法の改善のため必要な勧告をすることができる。

10 第五項の団体が同項の規定により権利者のために請求することができる二次使用料の額は、毎年、当該団体と放送事業者等又はその団体との間において協議して定めるものとする。

11 前項の協議が成立しないときは、その当事者は、政令で定めるところにより、同項の二次使用料の額について文化庁長官の裁定を求めることができる。

12 第七十条第三項、第六項及び第八項並びに第七十一条から第七十四条までの規定は、前項の裁定及び二次使用料について準用する。この場合において、第七十条第三項中「著作権者」とあるのは「当事者」と、第七十二条第二項中「著作物を利用する者」とあるのは「第九十五条第一項の放送事業者等」と、「著作権者」とあるのは「同条第五項の団体」と、第七十四条中「著作権者」とあるのは「第九十五条第五項の団体」と読み替えるものとする。

13 私的独占の禁止及び公正取引の確保に関する法律(昭和二十二年法律第五十四号)の規定は、第十項の協議による定め及びこれに基づいてする行為については、適用しない。ただし、不公正な取引方法を用いる場合及び関連事業者の利益を不当に害することとなる場合は、この限りでない。

14 第五項から前項までに定めるもののほか、第一項の二次使用料の支払及び第五項の団体に関し必要な事項は、政令で定める。

(譲渡権)

第九十五条の二 実演家は、その実演をその録音物又は録画物の譲渡により公衆に提供する権利を専有する。

2 前項の規定は、次に掲げる実演については、適用しない。

一 第九十一条第一項に規定する権利を有する者の許諾を得て録画されている実演

二 第九十一条第二項の実演で同項の録音物以外の物に録音され、又は録画されているもの

3 第一項の規定は、実演(前項各号に掲げるものを除く。以下この条において同じ。)の録音物又は録画物で次の各号のいずれかに該当するものの譲渡による場合には、適用しない。

一 第一項に規定する権利を有する者又はその許諾を得た者により公衆に譲渡された実演の録音物又は録画物

二 第百三条において準用する第六十七条第一項の規定による裁定を受けて公衆に譲渡された実演の録音物又は録画物

三 第百三条において準用する第六十七条の二第一項の規定の適用を受けて公衆に譲渡された実演の録音物又は録画物

四 第一項に規定する権利を有する者又はその承諾を得た者により特定かつ少数の者に譲渡された実演の録音物又は録画物

五 国外において、第一項に規定する権利に相当する権利を害することなく、又は同項に規定する権利に相当する権利を有する者若しくはその承諾を得た者により譲渡された実演の録音物又は録画物

(貸与権等)

第九十五条の三 実演家は、その実演をそれが録音されている商業用レコードの貸与により公衆に提供する権利を専有する。

2 前項の規定は、最初に販売された日から起算して一月以上十二月を超えない範囲内において政令で定める期間を経過した商業用レコード(複製

されているレコードのすべてが当該商業用レコードと同一であるものを含む。以下「期間経過商業用レコード」という。）の貸与による場合には、適用しない。

3 商業用レコードの公衆への貸与を営業として行う者（以下「貸レコード業者」という。）は、期間経過商業用レコードの貸与により実演を公衆に提供した場合には、当該実演（著作隣接権の存続期間内のものに限る。）に係る実演家に相当な額の報酬を支払わなければならない。

4 第九十五条第五項から第十四項までの規定は、前項の報酬を受ける権利について準用する。この場合において、同条第十項中「放送事業者等」とあり、及び同条第十二項中「第九十五条第一項の放送事業者等」とあるのは、「第九十五条の三第三項の貸レコード業者」と読み替えるものとする。

5 第一項に規定する権利を有する者の許諾に係る使用料を受ける権利は、前項において準用する第九十五条第五項の団体によつて行使することができる。

6 第九十五条第七項から第十四項までの規定は、前項の場合について準用する。この場合においては、第四項後段の規定を準用する。

第三節 レコード製作者の権利

（複製権）

第九十六条 レコード製作者は、そのレコードを複製する権利を専有する。

（送信可能化権）

第九十六条の二 レコード製作者は、そのレコードを送信可能化する権利を専有する。

（商業用レコードの二次使用）

第九十七条 放送事業者等は、商業用レコードを用いた放送又は有線放送を行つた場合（営利を目的とせず、かつ、聴衆又は観衆から料金（いずれの名義をもつてするかを問わず、レコードに係る音の提示につき受ける対価をいう。）を受けずに、当該放送を受信して同時に有線放送を行つた場合を除く。）には、そのレコード（第八条第一号から第四号までに掲げるレコードで著作隣接権の存続期間内のものに限る。）に係るレコード製作者に二次使用料を支払わなければならない。

2 第九十五条第二項及び第四項の規定は、前項に規定するレコード製作者について準用し、同条第三項の規定は、前項の規定により保護を受ける期間について準用する。この場合において、同条第二項から第四項までの規定中「国民をレコード製作者とするレコードに固定されている実演に係る実演家」とあるのは「国民であるレコード製作者」と、同条第三項中「実演家が保護を受ける期間」とあるのは「レコード製作者が保護を受ける期間」と読み替えるものとする。

3 第一項の二次使用料を受ける権利は、国内において商業用レコードの製作を業とする者の相当数を構成員とする団体（その連合体を含む。）でその同意を得て文化庁長官が指定するものがあるときは、当該団体によつてのみ行使することができる。

4 第九十五条第六項から第十四項までの規定は、第一項の二次使用料及び前項の団体について準用する。

（譲渡権）

第九十七条の二 レコード製作者は、そのレコードをその複製物の譲渡により公衆に提供する権利を専有する。

2 前項の規定は、レコードの複製物で次の各号のいずれかに該当するものの譲渡による場合には、適用しない。

一 前項に規定する権利を有する者又はその許諾を得た者により公衆に譲渡されたレコードの複製物

二 第百三条において準用する第六十七条第一項の規定による裁定を受けて公衆に譲渡されたレコードの複製物

三 第百三条において準用する第六十七条の二第一項の規定の適用を受けて公衆に譲渡されたレコードの複製物

四 前項に規定する権利を有する者又はその承諾を得た者により特定かつ少数の者に譲渡されたレコードの複製物

五 国外において、前項に規定する権利に相当する権利を害することなく、又は同項に規定する権利に相当する権利を有する者若しくはその承諾を得た者により譲渡されたレコードの複製物

（貸与権等）

第九十七条の三 レコード製作者は、そのレコードをそれが複製されている商業用レコードの貸与により公衆に提供する権利を専有する。

2 前項の規定は、期間経過商業用レコードの貸与による場合には、適用しない。

3 貸レコード業者は、期間経過商業用レコードの貸与によりレコードを公

衆に提供した場合には、当該レコード（著作隣接権の存続期間内のものに限る。）に係るレコード製作者に相当な額の報酬を支払わなければならない。

4 第九十七条第三項の規定は、前項の報酬を受ける権利の行使について準用する。

5 第九十五条第六項から第十四項までの規定は、第三項の報酬及び前項において準用する第九十七条第三項に規定する団体について準用する。この場合においては、第九十五条の三第四項後段の規定を準用する。

6 第一項に規定する権利を有する者の許諾に係る使用料を受ける権利は、第四項において準用する第九十七条第三項の団体によつて行使することができる。

7 第五項の規定は、前項の場合について準用する。この場合において、第五項中「第九十五条第六項」とあるのは、「第九十五条第七項」と読み替えるものとする。

第四節 放送事業者の権利

（複製権）

第九十八条 放送事業者は、その放送又はこれを受信して行なう有線放送を受信して、その放送に係る音又は影像を録音し、録画し、又は写真その他これに類似する方法により複製する権利を専有する。

（再放送権及び有線放送権）

第九十九条 放送事業者は、その放送を受信してこれを再放送し、又は有線放送する権利を専有する。

2 前項の規定は、放送を受信して有線放送を行なう者が法令の規定により行なわなければならない有線放送については、適用しない。

（送信可能化権）

第九十九条の二 放送事業者は、その放送又はこれを受信して行う有線放送を受信して、その放送を送信可能化する権利を専有する。

2 前項の規定は、放送を受信して自動公衆送信を行う者が法令の規定により行わなければならない自動公衆送信に係る送信可能化については、適用しない。

（テレビジョン放送の伝達権）

第百条 放送事業者は、そのテレビジョン放送又はこれを受信して行なう有線放送を受信して、影像を拡大する特別の装置を用いてその放送を公に伝達する権利を専有する。

第五節 有線放送事業者の権利

（複製権）

第百条の二 有線放送事業者は、その有線放送を受信して、その有線放送に係る音又は影像を録音し、録画し、又は写真その他これに類似する方法により複製する権利を専有する。

（放送権及び再有線放送権）

第百条の三 有線放送事業者は、その有線放送を受信してこれを放送し、又は再有線放送する権利を専有する。

（送信可能化権）

第百条の四 有線放送事業者は、その有線放送を受信してこれを送信可能化する権利を専有する。

（有線テレビジョン放送の伝達権）

第百条の五 有線放送事業者は、その有線テレビジョン放送を受信して、影像を拡大する特別の装置を用いてその有線放送を公に伝達する権利を専有する。

第六節 保護期間

（実演、レコード、放送又は有線放送の保護期間）

第百一条 著作隣接権の存続期間は、次に掲げる時に始まる。

一 実演に関しては、その実演を行つた時

二 レコードに関しては、その音を最初に固定した時

三 放送に関しては、その放送を行つた時

四 有線放送に関しては、その有線放送を行つた時

2 著作隣接権の存続期間は、次に掲げる時をもつて満了する。

一 実演に関しては、その実演が行われた日の属する年の翌年から起算して五十年を経過した時

二 レコードに関しては、その発行が行われた日の属する年の翌年から起算して五十年（その音が最初に固定された日の属する年の翌年から起算して五十年を経過する時までの間に発行されなかつたときは、その音が最初に固定された日の属する年の翌年から起算して五十年）を経過した時

三 放送に関しては、その放送が行われた日の属する年の翌年から起算して五十年を経過した時

四 有線放送に関しては、その有線放送が行われた日の属する年の翌年から起算して五十年を経過した時

第七節 実演家人格権の一身専属性等

（実演家人格権の一身専属性）

第百一条の二 実演家人格権は、実演家の一身に専属し、譲渡することがで

きない。

（実演家の死後における人格的利益の保護）

第百一条の三　実演を公衆に提供し、又は提示する者は、その実演の実演家の死後においても、実演家が生存しているとしたならばその実演家人格権の侵害となるべき行為をしてはならない。ただし、その行為の性質及び程度、社会的事情の変動その他によりその行為が当該実演家の意を害しないと認められる場合は、この限りでない。

第八節　権利の制限、譲渡及び行使等並びに登録

（著作隣接権の制限）

第百二条　第三十条第一項、第三十条の二から第三十二条まで、第三十五条、第三十六条、第三十七条第三項、第三十七条の二（第一号を除く。次項において同じ。）、第三十八条第二項及び第四項、第四十一条から第四十二条の四まで、第四十四条（第二項を除く。）並びに第四十七条の四から第四十七条の九までの規定は、著作隣接権の目的となつている実演、レコード、放送又は有線放送の利用について準用し、第三十条第二項及び第四十七条の十の規定は、著作隣接権の目的となつている実演又はレコードの利用について準用し、第四十四条第二項の規定は、著作隣接権の目的となつている実演、レコード又は有線放送の利用について準用する。この場合において、同条第一項中「第二十三条第一項」とあるのは「第九十二条第一項、第九十九条第一項又は第百条の三」と、同条第二項中「第二十三条第一項」とあるのは「第九十二条第一項又は第百条の三」と読み替えるものとする。

2　前項において準用する第三十二条、第三十七条第三項、第三十七条の二若しくは第四十二条の規定又は次項若しくは第四項の規定により実演若しくはレコード又は放送若しくは有線放送に係る音若しくは影像（以下「実演等」と総称する。）を複製する場合において、その出所を明示する慣行があるときは、これらの複製の態様に応じ合理的と認められる方法及び程度により、その出所を明示しなければならない。

3　第三十三条の二第一項の規定により教科用図書に掲載された著作物を複製することができる場合には、同項の規定の適用を受けて作成された録音物において録音されている実演又は当該録音物に係るレコードを複製し、又は同項に定める目的のためにその複製物の譲渡により公衆に提供することができる。

4　視覚障害者等の福祉に関する事業を行う者で第三十七条第三項の政令で定めるものは、同項の規定により視覚著作物を複製することができる場合には、同項の規定の適用を受けて作成された録音物において録音されている実演又は当該録音物に係るレコードについて、複製し、又は同項に定める目的のために、送信可能化を行い、若しくはその複製物の譲渡により公衆に提供することができる。

5　著作隣接権の目的となつている実演であつて放送されるものは、専ら当該放送に係る放送対象地域において受信されることを目的として送信可能化（公衆の用に供されている電気通信回線に接続している自動公衆送信装置に情報を入力することによるものに限る。）を行うことができる。ただし、当該放送に係る第九十九条の二第一項に規定する権利を有する者の権利を害することとなる場合は、この限りでない。

6　前項の規定により実演の送信可能化を行う者は、第一項において準用する第三十八条第二項の規定の適用がある場合を除き、当該実演に係る第九十二条の二第一項に規定する権利を有する者に相当な額の補償金を支払わなければならない。

7　前二項の規定は、著作隣接権の目的となつているレコードの利用について準用する。この場合において、前項中「第九十二条の二第一項」とあるのは、「第九十六条の二」と読み替えるものとする。

8　第三十九条第一項又は第四十条第一項若しくは第二項の規定により著作物を放送し、又は有線放送することができる場合には、その著作物の放送若しくは有線放送について、これを受信して有線放送し、若しくは影像を拡大する特別の装置を用いて公に伝達し、又はその著作物の放送について、これを受信して同時に専ら当該放送に係る放送対象地域において受信されることを目的として送信可能化（公衆の用に供されている電気通信回線に接続している自動公衆送信装置に情報を入力することによるものに限る。）を行うことができる。

9　次に掲げる者は、第九十一条第一項、第九十六条、第九十八条又は第百条の二の録音、録画又は複製を行つたものとみなす。

一　第一項において準用する第三十条第一項、第三十条の三、第三十一条第一項第一号若しくは第三項後段、第三十五条第一項、第三十七条第三項、第三十七条の二第二号、第四十一条から第四十二条の三まで、第四十二条の四第二項、第四十四条第一項若しくは第二項又は第四十七条の六に定める目的以外の目的のために、これらの規定の適用を受けて作成された実演等の複製物を頒布し、又は当該複製物によつて当該実演、当該レコードに係る音若しくは当該放送若しくは有線放送に係る音若しくは影像を公衆に提示した者

二　第一項において準用する第四十四条第三項の規定に違反して同項の録音物又は録画物を保存した放送事業者又は有線放送事業者

三　第一項において準用する第四十七条の四第一項若しくは第二項の規定の適用を受けて同条第一項若しくは第二項に規定する内蔵記録媒体以外の記録媒体に一時的に記録された実演等の複製物を頒布し、又は当該複製物によつて当該実演、当該レコードに係る音若しくは当該放送若しくは有線放送に係る音若しくは影像を公衆に提示した者

四　第一項において準用する第四十七条の四第三項又は第四十七条の五第三項の規定に違反してこれらの規定の複製物を保存した者

五　第一項において準用する第三十条の四、第四十七条の五第一項若しくは第二項、第四十七条の七又は第四十七条の九に定める目的以外の目的のために、これらの規定の適用を受けて作成された実演等の複製物を用いて当該実演等を利用した者

六　第一項において準用する第四十七条の六ただし書の規定に違反して、同条本文の規定の適用を受けて作成された実演等の複製物を用いて当該実演等の送信可能化を行つた者

七　第一項において準用する第四十七条の八の規定の適用を受けて作成された実演等の複製物を、当該実演等の同条に規定する複製物の使用に代えて使用し、又は当該実演等に係る同条に規定する送信の受信（当該送信が受信者からの求めに応じ自動的に行われるものである場合にあつては、当該送信の受信又はこれに準ずるものとして政令で定める行為）をしないで使用して、当該実演等を利用した者

八　第三十三条の二第一項又は第三十七条第三項に定める目的以外の目的のために、第三項若しくは第四項の規定の適用を受けて作成された実演若しくはレコードの複製物を頒布し、又は当該複製物によつて当該実演若しくは当該レコードに係る音を公衆に提示した者

（実演家人格権との関係）

第百二条の二　前条の著作隣接権の制限に関する規定（同条第七項及び第八項の規定を除く。）は、実演家人格権に影響を及ぼすものと解釈してはならない。

（著作隣接権の譲渡、行使等）

第百三条　第六十一条第一項の規定は著作隣接権の譲渡について、第六十二条第一項の規定は著作隣接権の消滅について、第六十三条の規定は実演、レコード、放送又は有線放送の利用の許諾について、第六十五条の規定は著作隣接権が共有に係る場合について、第六十六条の規定は著作隣接権を目的として質権が設定されている場合について、第六十七条、第六十七条の二（第一項ただし書を除く。）、第七十条（第三項及び第四項を除く。）、第七十一条から第七十三条まで並びに第七十四条第三項及び第四項の規定は著作隣接権者と連絡することができない場合における実演、レコード、放送又は有線放送の利用について、それぞれ準用する。この場合において、第六十三条第五項中「第二十三条第一項」とあるのは「第九十二条の二第一項、第九十六条の二、第九十九条の二第一項又は第百条の四」と、第七十条第五項中「前項」とあるのは「第百三条において準用する第六十七条第一項」と読み替えるものとする。

（著作隣接権の登録）

第百四条　第七十七条及び第七十八条（第三項を除く。）の規定は、著作隣接権に関する登録について準用する。この場合において、同条第一項、第二項、第四項、第八項及び第九項中「著作権登録原簿」とあるのは、「著作隣接権登録原簿」と読み替えるものとする。

第五章　私的録音録画補償金

（私的録音録画補償金を受ける権利の行使）

第百四条の二　第三十条第二項（第百二条第一項において準用する場合を含

む。以下この章において同じ。）の補償金（以下この章において「私的録音録画補償金」という。）を受ける権利は、私的録音録画補償金を受ける権利を有する者（以下この章において「権利者」という。）のためにその権利を行使することを目的とする団体であつて、次に掲げる私的録音録画補償金の区分ごとに全国を通じて一個に限りその同意を得て文化庁長官が指定するもの（以下この章において「指定管理団体」という。）があるときは、それぞれ当該指定管理団体によつてのみ行使することができる。

一　私的使用を目的として行われる録音（専ら録画とともに行われるものを除く。以下この章において「私的録音」という。）に係る私的録音録画補償金

二　私的使用を目的として行われる録画（専ら録音とともに行われるものを含む。以下この章において「私的録画」という。）に係る私的録音録画補償金

2　前項の規定による指定がされた場合には、指定管理団体は、権利者のために自己の名をもつて私的録音録画補償金を受ける権利に関する裁判上又は裁判外の行為を行う権限を有する。

（指定の基準）

第百四条の三　文化庁長官は、次に掲げる要件を備える団体でなければ前条第一項の規定による指定をしてはならない。

一　一般社団法人であること。

二　前条第一項第一号に掲げる私的録音録画補償金に係る場合についてはイ、ハ及びニに掲げる団体を、同項第二号に掲げる私的録音録画補償金に係る場合についてはロからニまでに掲げる団体を構成員とすること。

イ　私的録音に係る著作物に関し第二十一条に規定する権利を有する者を構成員とする団体（その連合体を含む。）であつて、国内において私的録音に係る著作物に関し同条に規定する権利を有する者の利益を代表すると認められるもの

ロ　私的録画に係る著作物に関し第二十一条に規定する権利を有する者を構成員とする団体（その連合体を含む。）であつて、国内において私的録画に係る著作物に関し同条に規定する権利を有する者の利益を代表すると認められるもの

ハ　国内において実演を業とする者の相当数を構成員とする団体（その連合体を含む。）

ニ　国内において商業用レコードの製作を業とする者の相当数を構成員とする団体（その連合体を含む。）

三　前号イからニまでに掲げる団体がそれぞれ次に掲げる要件を備えるものであること。

イ　営利を目的としないこと。

ロ　その構成員が任意に加入し、又は脱退することができること。

ハ　その構成員の議決権及び選挙権が平等であること。

四　権利者のために私的録音録画補償金を受ける権利を行使する業務（第百四条の八第一項の事業に係る業務を含む。以下この章において「補償金関係業務」という。）を的確に遂行するに足りる能力を有すること。

（私的録音録画補償金の支払の特例）

第百四条の四　第三十条第二項の政令で定める機器（以下この章において「特定機器」という。）又は記録媒体（以下この章において「特定記録媒体」という。）を購入する者（当該特定機器又は特定記録媒体が小売に供された後最初に購入するものに限る。）は、その購入に当たり、指定管理団体から、当該特定機器又は特定記録媒体を用いて行う私的録音又は私的録画に係る私的録音録画補償金の一括の支払として、第百四条の六第一項の規定により当該特定機器又は特定記録媒体について定められた額の私的録音録画補償金の支払の請求があつた場合には、当該私的録音録画補償金を支払わなければならない。

2　前項の規定により私的録音録画補償金を支払つた者は、指定管理団体に対し、その支払に係る特定機器又は特定記録媒体を専ら私的録音及び私的録画以外の用に供することを証明して、当該私的録音録画補償金の返還を請求することができる。

3　第一項の規定による支払の請求を受けて私的録音録画補償金が支払われた特定機器により同項の規定による支払の請求を受けて私的録音録画補償金が支払われた特定記録媒体に私的録音又は私的録画を行う者は、第三十条第二項の規定にかかわらず、当該私的録音又は私的録画を行うに当たり、私的録音録画補償金を支払うことを要しない。ただし、当該特定機器又は特定記録媒体が前項の規定により私的録音録画補償金の返還を受けたものであるときは、この限

りでない。

（製造業者等の協力義務）

第百四条の五　前条第一項の規定により指定管理団体が私的録音録画補償金の支払を請求する場合には、特定機器又は特定記録媒体の製造又は輸入を業とする者（次条第三項において「製造業者等」という。）は、当該私的録音録画補償金の支払の請求及びその受領に関し協力しなければならない。

（私的録音録画補償金の額）

第百四条の六　第百四条の二第一項の規定により指定管理団体が私的録音録画補償金を受ける権利を行使する場合には、指定管理団体は、私的録音録画補償金の額を定め、文化庁長官の認可を受けなければならない。これを変更しようとするときも、同様とする。

2　前項の認可があつたときは、私的録音録画補償金の額は、第三十条第二項の規定にかかわらず、その認可を受けた額とする。

3　指定管理団体は、第百四条の四第一項の規定により支払の請求をする私的録音録画補償金に係る第一項の認可の申請に際し、あらかじめ、製造業者等の団体で製造業者等の意見を代表すると認められるものの意見を聴かなければならない。

4　文化庁長官は、第一項の認可の申請に係る私的録音録画補償金の額が、第三十条第一項（第百二条第一項において準用する場合を含む。）及び第百四条の四第一項の規定の趣旨、録音又は録画に係る通常の使用料の額その他の事情を考慮した適正な額であると認めるときでなければ、その認可をしてはならない。

5　文化庁長官は、第一項の認可をしようとするときは、文化審議会に諮問しなければならない。

（補償金関係業務の執行に関する規程）

第百四条の七　指定管理団体は、補償金関係業務を開始しようとするときは、補償金関係業務の執行に関する規程を定め、文化庁長官に届け出なければならない。これを変更しようとするときも、同様とする。

2　前項の規程には、私的録音録画補償金（第百四条の四第一項の規定に基づき支払を受けるものに限る。）の分配に関する事項を含むものとし、指定管理団体は、第三十条第二項の規定の趣旨を考慮して当該分配に関する事項を定めなければならない。

（著作権等の保護に関する事業等のための支出）

第百四条の八　指定管理団体は、私的録音録画補償金（第百四条の四第一項の規定に基づき支払を受けるものに限る。）の額の二割以内で政令で定める割合に相当する額を、著作権及び著作隣接権の保護に関する事業並びに著作物の創作の振興及び普及に資する事業のために支出しなければならない。

2　文化庁長官は、前項の政令の制定又は改正の立案をしようとするときは、文化審議会に諮問しなければならない。

3　文化庁長官は、第一項の事業に係る業務の適正な運営を確保するため必要があると認めるときは、指定管理団体に対し、当該業務に関し監督上必要な命令をすることができる。

（報告の徴収等）

第百四条の九　文化庁長官は、指定管理団体の補償金関係業務の適正な運営を確保するため必要があると認めるときは、指定管理団体に対し、補償金関係業務に関して報告をさせ、若しくは帳簿、書類その他の資料の提出を求め、又は補償金関係業務の執行方法の改善のため必要な勧告をすることができる。

（政令への委任）

第百四条の十　この章に規定するもののほか、指定管理団体及び補償金関係業務に関し必要な事項は、政令で定める。

第六章　紛争処理

（著作権紛争解決あつせん委員）

第百五条　この法律に規定する権利に関する紛争につきあつせんによりその解決を図るため、文化庁に著作権紛争解決あつせん委員（以下この章において「委員」という。）を置く。

2　委員は、文化庁長官が、著作権又は著作隣接権に係る事項に関し学識経験を有する者のうちから、事件ごとに三人以内を委嘱する。

（あつせんの申請）

第百六条　この法律に規定する権利に関し紛争が生じたときは、当事者は、文化庁長官に対し、あつせんの申請をすることができる。

（手数料）

第百七条　あつせんの申請をする者は、実費を勘案して政令で定める額の手数料を納付しなければならない。

2　前項の規定は、同項の規定により手数料を納付すべき者が国等であるときは、適用しない。

（あつせんへの付託）

第百八条　文化庁長官は、第百六条の規定に基づき当事者の双方からあつせんの申請があつたとき、又は当事者の一方からあつせんの申請があつた場合において他の当事者がこれに同意したときは、委員によるあつせんに付するものとする。

2　文化庁長官は、前項の申請があつた場合において、事件がその性質上あつせんをするのに適当でないと認めるとき、又は当事者が不当な目的でみだりにあつせんの申請をしたと認めるときは、あつせんに付さないことができる。

（あつせん）

第百九条　委員は、当事者間をあつせんし、双方の主張の要点を確かめ、実情に即して事件が解決されるように努めなければならない。

2　委員は、事件が解決される見込みがないと認めるときは、あつせんを打ち切ることができる。

（報告等）

第百十条　委員は、あつせんが終わつたときは、その旨を文化庁長官に報告しなければならない。

2　委員は、前条の規定によりあつせんを打ち切つたときは、その旨及びあつせんを打ち切ることとした理由を、当事者に通知するとともに文化庁長官に報告しなければならない。

（政令への委任）

第百十一条　この章に規定するもののほか、あつせんの手続及び委員に関し必要な事項は、政令で定める。

第七章　権利侵害

（差止請求権）

第百十二条　著作者、著作権者、出版権者、実演家又は著作隣接権者は、その著作者人格権、著作権、出版権、実演家人格権又は著作隣接権を侵害する者又は侵害するおそれがある者に対し、その侵害の停止又は予防を請求することができる。

2　著作者、著作権者、出版権者、実演家又は著作隣接権者は、前項の規定による請求をするに際し、侵害の行為を組成した物、侵害の行為によつて作成された物又は専ら侵害の行為に供された機械若しくは器具の廃棄その他の侵害の停止又は予防に必要な措置を請求することができる。

（侵害とみなす行為）

第百十三条　次に掲げる行為は、当該著作者人格権、著作権、出版権、実演家人格権又は著作隣接権を侵害する行為とみなす。

一　国内において頒布する目的をもつて、輸入の時において国内で作成したとしたならば著作者人格権、著作権、出版権、実演家人格権又は著作隣接権の侵害となるべき行為によつて作成された物を輸入する行為

二　著作者人格権、著作権、出版権、実演家人格権又は著作隣接権を侵害する行為によつて作成された物（前号の輸入に係る物を含む。）を、情を知つて、頒布し、頒布の目的をもつて所持し、若しくは頒布する旨の申出をし、又は業として輸出し、若しくは業としての輸出の目的をもつて所持する行為

2　プログラムの著作物の著作権を侵害する行為によつて作成された複製物（当該複製物の所有者によつて第四十七条の三第一項の規定により作成された複製物並びに前項第一号の輸入に係るプログラムの著作物の複製物及び当該複製物の所有者によつて同条第一項の規定により作成された複製物を含む。）を業務上電子計算機において使用する行為は、これらの複製物を使用する権原を取得した時に情を知つていた場合に限り、当該著作権を侵害する行為とみなす。

3　次に掲げる行為は、当該権利管理情報に係る著作者人格権、著作権、実演家人格権又は著作隣接権を侵害する行為とみなす。

一　権利管理情報として虚偽の情報を故意に付加する行為

二　権利管理情報を故意に除去し、又は改変する行為（記録又は送信の方式の変換に伴う技術的な制約による場合その他の著作物又は実演等の利用の目的及び態様に照らしやむを得ないと認められる場合を除く。）

三　前二号の行為が行われた著作物若しくは実演等の複製物を、情を知つて、頒布し、若しくは頒布の目的をもつて輸入し、若しくは所持し、又は当該著作物若しくは実演等を情を知つて公衆送信し、若しくは送信可能化する行為

4　第九十四条の二、第九十五条の三第三項若しくは第九十七条の三第三項に規定する報酬又は第九十五条第一項若しくは第九十七条第一項に規定する二次使用料を受ける権利は、前項の規定の適用については、著作隣接権とみなす。この場合において、前条中「著作隣接権者」とあるのは「著作隣接権者（次条第四項の規定により著作隣接権とみなされる権利

を有する者を含む。）」と、同条第一項中「著作隣接権」とあるのは「著作隣接権（同項の規定により著作隣接権とみなされる権利を含む。）」とする。

5 国内において頒布することを目的とする商業用レコード（以下この項において「国内頒布目的商業用レコード」という。）を自ら発行し、又は他の者に発行させている著作権者又は著作隣接権者が、当該国内頒布目的商業用レコードと同一の商業用レコードであつて、専ら国外において頒布することを目的とするもの（以下この項において「国外頒布目的商業用レコード」という。）を国外において自ら発行し、又は他の者に発行させている場合において、情を知つて、当該国外頒布目的商業用レコードを国内において頒布する目的をもつて輸入する行為又は当該国外頒布目的商業用レコードを国内において頒布し、若しくは国内において頒布する目的をもつて所持する行為は、当該国外頒布目的商業用レコードが国内で頒布されることにより当該国内頒布目的商業用レコードの発行により当該著作権者又は著作隣接権者の得ることが見込まれる利益が不当に害されることとなる場合に限り、それらの著作権又は著作隣接権を侵害する行為とみなす。ただし、国内において最初に発行された日から起算して七年を超えない範囲内において政令で定める期間を経過した国内頒布目的商業用レコードと同一の国外頒布目的商業用レコードを輸入する行為又は当該国外頒布目的商業用レコードを国内において頒布し、若しくは国内において頒布する目的をもつて所持する行為については、この限りでない。

6 著作者の名誉又は声望を害する方法によりその著作物を利用する行為は、その著作者人格権を侵害する行為とみなす。

（善意者に係る譲渡権の特例）

第百十三条の二 著作物の原作品若しくは複製物（映画の著作物の複製物（映画の著作物において複製されている著作物にあつては、当該映画の著作物の複製物を含む。）を除く。以下この条において同じ。）、実演の録音物若しくは録画物又はレコードの複製物の譲渡を受けた時において、当該著作物の原作品若しくは複製物、実演の録音物若しくは録画物又はレコードの複製物がそれぞれ第二十六条の二第二項各号、第九十五条の二第三項各号又は第九十七条の二第二項各号のいずれにも該当しないものであることを知らず、かつ、知らないことにつき過失がない者が当該著作物の原作品若しくは複製物、実演の録音物若しくは録画物又はレコードの複製物を公衆に譲渡する行為は、第二十六条の二第一項、第九十五条の二第一項又は第九十七条の二第一項に規定する権利を侵害する行為でないものとみなす。

（損害の額の推定等）

第百十四条 著作権者、出版権者又は著作隣接権者（以下この項において「著作権者等」という。）が故意又は過失により自己の著作権、出版権又は著作隣接権を侵害した者に対しその侵害により自己が受けた損害の賠償を請求する場合において、その者がその侵害の行為によつて作成された物を譲渡し、又はその侵害の行為を組成する公衆送信（自動公衆送信の場合にあつては、送信可能化を含む。）を行つたときは、その譲渡した物の数量又はその公衆送信が公衆によつて受信されることにより作成された著作物若しくは実演等の複製物（以下この項において「受信複製物」という。）の数量（以下この項において「譲渡等数量」という。）に、著作権者等がその侵害の行為がなければ販売することができた物（受信複製物を含む。）の単位数量当たりの利益の額を乗じて得た額を、著作権者等の当該物に係る販売その他の行為を行う能力に応じた額を超えない限度において、著作権者等が受けた損害の額とすることができる。ただし、譲渡等数量の全部又は一部に相当する数量を著作権者等が販売することができないとする事情があるときは、当該事情に相当する数量に応じた額を控除するものとする。

2 著作権者、出版権者又は著作隣接権者が故意又は過失によりその著作権、出版権又は著作隣接権を侵害した者に対しその侵害により自己が受けた損害の賠償を請求する場合において、その者がその侵害の行為により利益を受けているときは、その利益の額は、当該著作権者、出版権者又は著作隣接権者が受けた損害の額と推定する。

3 著作権者又は著作隣接権者は、故意又は過失によりその著作権又は著作隣接権を侵害した者に対し、その著作権又は著作隣接権の行使につき受けるべき金銭の額に相当する額を自己が受けた損害の額として、その賠償を請求することができる。

4 前項の規定は、同項に規定する金額を超える損害の賠償の請求を妨げない。この場合において、著作権又は著作隣接権を侵害した者に故意又は重大な過失がなかつたときは、裁判所は、損害の賠償の額を定めるについて、これを参酌することができる。

（具体的態様の明示義務）

第百十四条の二 著作者人格権、著作権、出版権、実演家人格権又は著作隣接権の侵害に係る訴訟において、著作者、著作権者、出版権者、実演家又は著作隣接権者が侵害の行為を組成したもの又は侵害の行為によつて作成されたものとして主張する物の具体的態様を否認するときは、相手方は、自己の行為の具体的態様を明らかにしなければならない。ただし、相手方において明らかにすることができない相当の理由があるときは、この限りでない。

（書類の提出等）

第百十四条の三 裁判所は、著作者人格権、著作権、出版権、実演家人格権又は著作隣接権の侵害に係る訴訟においては、当事者の申立てにより、当事者に対し、当該侵害の行為について立証するため、又は当該侵害の行為による損害の計算をするため必要な書類の提出を命ずることができる。ただし、その書類の所持者においてその提出を拒むことについて正当な理由があるときは、この限りでない。

2 裁判所は、前項ただし書に規定する正当な理由があるかどうかの判断をするため必要があると認めるときは、書類の所持者にその提示をさせることができる。この場合においては、何人も、その提示された書類の開示を求めることができない。

3 裁判所は、前項の場合において、第一項ただし書に規定する正当な理由があるかどうかについて前項後段の書類を開示してその意見を聴くことが必要であると認めるときは、当事者等（当事者（法人である場合にあつては、その代表者）又は当事者の代理人（訴訟代理人及び補佐人を除く。）、使用人その他の従業者をいう。第百十四条の六第一項において同じ。）、訴訟代理人又は補佐人に対し、当該書類を開示することができる。

4 前三項の規定は、著作者人格権、著作権、出版権、実演家人格権又は著作隣接権の侵害に係る訴訟における当該侵害の行為について立証するため必要な検証の目的の提示について準用する。

（鑑定人に対する当事者の説明義務）

第百十四条の四 著作権、出版権又は著作隣接権の侵害に係る訴訟において、当事者の申立てにより、裁判所が当該侵害の行為による損害の計算をするため必要な事項について鑑定を命じたときは、当事者は、鑑定人に対し、当該鑑定をするため必要な事項について説明しなければならない。

（相当な損害額の認定）

第百十四条の五 著作権、出版権又は著作隣接権の侵害に係る訴訟において、損害が生じたことが認められる場合において、損害額を立証するために必要な事実を立証することが当該事実の性質上極めて困難であるときは、裁判所は、口頭弁論の全趣旨及び証拠調べの結果に基づき、相当な損害額を認定することができる。

（秘密保持命令）

第百十四条の六 裁判所は、著作者人格権、著作権、出版権、実演家人格権又は著作隣接権の侵害に係る訴訟において、その当事者が保有する営業秘密（不正競争防止法（平成五年法律第四十七号）第二条第六項に規定する営業秘密をいう。以下同じ。）について、次に掲げる事由のいずれにも該当することにつき疎明があつた場合には、当事者の申立てにより、決定で、当事者等、訴訟代理人又は補佐人に対し、当該営業秘密を当該訴訟の追行の目的以外の目的で使用し、又は当該営業秘密に係るこの項の規定による命令を受けた者以外の者に開示してはならない旨を命ずることができる。ただし、その申立ての時までに当事者等、訴訟代理人又は補佐人が第一号に規定する準備書面の閲読又は同号に規定する証拠の取調べ若しくは開示以外の方法により当該営業秘密を取得し、又は保有していた場合は、この限りでない。

一 既に提出され若しくは提出されるべき準備書面に当事者の保有する営業秘密が記載され、又は既に取り調べられ若しくは取り調べられるべき証拠（第百十四条の三第三項の規定により開示された書類を含む。）の内容に当事者の保有する営業秘密が含まれること。

二　前号の営業秘密が当該訴訟の追行の目的以外の目的で使用され、又は当該営業秘密が開示されることにより、当該営業秘密に基づく当事者の事業活動に支障を生ずるおそれがあり、これを防止するため当該営業秘密の使用又は開示を制限する必要があること。

2　前項の規定による命令（以下「秘密保持命令」という。）の申立ては、次に掲げる事項を記載した書面でしなければならない。

一　秘密保持命令を受けるべき者

二　秘密保持命令の対象となるべき営業秘密を特定するに足りる事実

三　前項各号に掲げる事由に該当する事実

3　秘密保持命令が発せられた場合には、その決定書を秘密保持命令を受けた者に送達しなければならない。

4　秘密保持命令は、秘密保持命令を受けた者に対する決定書の送達がされた時から、効力を生ずる。

5　秘密保持命令の申立てを却下した裁判に対しては、即時抗告をすることができる。

（秘密保持命令の取消し）

第百十四条の七　秘密保持命令の申立てをした者又は秘密保持命令を受けた者は、訴訟記録の存する裁判所（訴訟記録の存する裁判所がない場合にあつては、秘密保持命令を発した裁判所）に対し、前条第一項に規定する要件を欠くこと又はこれを欠くに至つたことを理由として、秘密保持命令の取消しの申立てをすることができる。

2　秘密保持命令の取消しの申立てについての裁判があつた場合には、その決定書をその申立てをした者及び相手方に送達しなければならない。

3　秘密保持命令の取消しの申立てについての裁判に対しては、即時抗告をすることができる。

4　秘密保持命令を取り消す裁判は、確定しなければその効力を生じない。

5　裁判所は、秘密保持命令を取り消す裁判をした場合において、秘密保持命令の取消しの申立てをした者又は相手方以外に当該秘密保持命令が発せられた訴訟において当該営業秘密に係る秘密保持命令を受けている者があるときは、その者に対し、直ちに、秘密保持命令を取り消す裁判をした旨を通知しなければならない。

（訴訟記録の閲覧等の請求の通知等）

第百十四条の八　秘密保持命令が発せられた訴訟（すべての秘密保持命令が取り消された訴訟を除く。）に係る訴訟記録につき、民事訴訟法（平成八年法律第百九号）第九十二条第一項の決定があつた場合において、当事者から同項に規定する秘密記載部分の閲覧等の請求があり、かつ、その請求の手続を行つた者が当該訴訟において秘密保持命令を受けていない者であるときは、裁判所書記官は、同項の申立てをした当事者（その請求をした者を除く。第三項において同じ。）に対し、その請求後直ちに、その請求があつた旨を通知しなければならない。

2　前項の場合において、裁判所書記官は、同項の請求があつた日から二週間を経過する日までの間（その請求の手続を行つた者に対する秘密保持命令の申立てがその日までにされた場合にあつては、その申立てについての裁判が確定するまでの間）、その請求の手続を行つた者に同項の秘密記載部分の閲覧等をさせてはならない。

3　前二項の規定は、第一項の請求をした者に同項の秘密記載部分の閲覧等をさせることについて民事訴訟法第九十二条第一項の申立てをした当事者のすべての同意があるときは、適用しない。

（名誉回復等の措置）

第百十五条　著作者又は実演家は、故意又は過失によりその著作者人格権又は実演家人格権を侵害した者に対し、損害の賠償に代えて、又は損害の賠償とともに、著作者又は実演家であることを確保し、又は訂正その他著作者若しくは実演家の名誉若しくは声望を回復するために適当な措置を請求することができる。

（著作者又は実演家の死後における人格的利益の保護のための措置）

第百十六条　著作者又は実演家の死後においては、その遺族（死亡した著作者又は実演家の配偶者、子、父母、孫、祖父母又は兄弟姉妹をいう。以下この条において同じ。）は、当該著作者又は実演家について第六十条又は第百一条の三の規定に違反する行為をする者又はするおそれがある者に対し第百十二条の請求を、故意又は過失により著作者人格権又は実演家人格権を侵害する行為又は第六十条若しくは第百一条の三の規定に違反する行為をした者に対し前条の請求をすることができる。

2　前項の請求をすることができる遺族の順位は、同項に規定する順序とする。ただし、著作者又は実演家が遺言によりその順位を別に定めた場合は、その順序とする。

3　著作者又は実演家は、遺言により、遺族に代えて第一項の請求をすることができる者を指定することができる。この場合において、その指定を受けた者は、当該著作者又は実演家の死亡の日の属する年の翌年から起算して五十年を経過した後（その経過する時に遺族が存する場合にあつては、その存しなくなつた後）においては、その請求をすることができない。

（共同著作物等の権利侵害）

第百十七条　共同著作物の各著作者又は各著作権者は、他の著作者又は他の著作権者の同意を得ないで、第百十二条の規定による請求又はその著作権の侵害に係る自己の持分に対する損害の賠償の請求若しくは自己の持分に応じた不当利得の返還の請求をすることができる。

2　前項の規定は、共有に係る著作権又は著作隣接権の侵害について準用する。

（無名又は変名の著作物に係る権利の保全）

第百十八条　無名又は変名の著作物の発行者は、その著作物の著作者又は著作権者のために、自己の名をもつて、第百十二条、第百十五条若しくは第百十六条第一項の請求又はその著作物の著作者人格権若しくは著作権の侵害に係る損害の賠償の請求若しくは不当利得の返還の請求を行なうことができる。ただし、著作者の変名がその者のものとして周知のものである場合及び第七十五条第一項の実名の登録があつた場合は、この限りでない。

2　無名又は変名の著作物の複製物にその実名又は周知の変名が発行者名として通常の方法により表示されている者は、その著作物の発行者と推定する。

第八章　罰則

第百十九条　著作権、出版権又は著作隣接権を侵害した者（第三十条第一項（第百二条第一項において準用する場合を含む。第三項において同じ。）に定める私的使用の目的をもつて自ら著作物若しくは実演等の複製を行つた者、第百十三条第三項の規定により著作権若しくは著作隣接権（同条第四項の規定により著作隣接権とみなされる権利を含む。第百二十条の二第三号において同じ。）を侵害する行為とみなされる行為を行つた者、第百十三条第五項の規定により著作権若しくは著作隣接権を侵害する行為とみなされる行為を行つた者又は次項第三号若しくは第四号に掲げる者を除く。）は、十年以下の懲役若しくは千万円以下の罰金に処し、又はこれを併科する。

2　次の各号のいずれかに該当する者は、五年以下の懲役若しくは五百万円以下の罰金に処し、又はこれを併科する。

一　著作者人格権又は実演家人格権を侵害した者（第百十三条第三項の規定により著作者人格権又は実演家人格権を侵害する行為とみなされる行為を行つた者を除く。）

二　営利を目的として、第三十条第一項第一号に規定する自動複製機器を著作権、出版権又は著作隣接権の侵害となる著作物又は実演等の複製に使用させた者

三　第百十三条第一項の規定により著作権、出版権又は著作隣接権を侵害する行為とみなされる行為を行つた者

四　第百十三条第二項の規定により著作権を侵害する行為とみなされる行為を行つた者

3　第三十条第一項に定める私的使用の目的をもつて、有償著作物等（録音され、又は録画された著作物又は実演等（著作権又は著作隣接権の目的となつているものに限る。）であつて、有償で公衆に提供され、又は提示されているもの（その提供又は提示が著作権又は著作隣接権を侵害しないものに限る。）をいう。）の著作権又は著作隣接権を侵害する自動公衆送信（国外で行われる自動公衆送信であつて、国内で行われたとしたならば著作権又は著作隣接権の侵害となるべきものを含む。）を受信して行うデジタル方式の録音又は録画を、自らその事実を知りながら行つて著作権又は著作隣接権を侵害した者は、二年以下の懲役若しくは二百万円以下の罰金に処し、又はこれを併科する。

第百二十条　第六十条又は第百一条の三の規定に違反した者は、五百万円以下の罰金に処する。

第百二十条の二　次の各号のいずれかに該当する者は、三年以下の懲役若しくは三百万円以下の罰金に処し、又はこれを併科する。

一　技術的保護手段の回避を行うことをその機能とする装置（当該装置の部品一式であつて容易に組み立てることができるものを含む。）若しくは技術的保護手段の回避を行うことをその機能とするプログラムの複製物を公衆に譲渡し、若しくは貸与し、公衆への譲渡若しくは貸与の目的をもつて製造し、輸入し、若しくは所持し、若しくは公衆の使用に供し、又は当該プログラムを公衆送信し、若しくは送信可能化する行為（当該装置又は当該プログラムが当該機能以外の機能を併せて有する場合にあつては、著作権等を侵害する行為を技術的保護手段の回避により可能とする用途に供するために行うものに限る。）をした者

二　業として公衆からの求めに応じて技術的保護手段の回避を行つた者

三　営利を目的として、第百十三条第三項の規定により著作者人格権、著作権、実演家人格権又は著作隣接権を侵害する行為とみなされる行為を行つた者

四　営利を目的として、第百十三条第五項の規定により著作権又は著作隣接権を侵害する行為とみなされる行為を行つた者

第百二十一条　著作者でない者の実名又は周知の変名を著作者名として表示した著作物の複製物（原著作物の著作者でない者の実名又は周知の変名を原著作物の著作者名として表示した二次的著作物の複製物を含む。）を頒布した者は、一年以下の懲役若しくは百万円以下の罰金に処し、又はこれを併科する。

第百二十一条の二　次の各号に掲げる商業用レコード（当該商業用レコードの複製物（二以上の段階にわたる複製に係る複製物を含む。）を含む。）を商業用レコードとして複製し、その複製物を頒布し、その複製物を頒布の目的をもつて所持し、又はその複製物を頒布する旨の申出をした者（当該各号の原盤に音を最初に固定した日の属する年の翌年から起算して五十年を経過した後において当該複製、頒布、所持又は申出を行つた者を除く。）は、一年以下の懲役若しくは百万円以下の罰金に処し、又はこれを併科する。

一　国内において商業用レコードの製作を業とする者が、レコード製作者からそのレコード（第八条各号のいずれかに該当するものを除く。）の原盤の提供を受けて製作した商業用レコード

二　国外において商業用レコードの製作を業とする者が、実演家等保護条約の締約国の国民、世界貿易機関の加盟国の国民又はレコード保護条約の締約国の国民（当該締約国の法令に基づいて設立された法人及び当該締約国に主たる事務所を有する法人を含む。）であるレコード製作者からそのレコード（第八条各号のいずれかに該当するものを除く。）の原盤の提供を受けて製作した商業用レコード

第百二十二条　第四十八条又は第百二条第二項の規定に違反した者は、五十万円以下の罰金に処する。

第百二十二条の二　秘密保持命令に違反した者は、五年以下の懲役若しくは五百万円以下の罰金に処し、又はこれを併科する。

2　前項の罪は、国外において同項の罪を犯した者にも適用する。

第百二十三条　第百十九条、第百二十条の二第三号及び第四号、第百二十一条の二並びに前条第一項の罪は、告訴がなければ公訴を提起することができない。

2　無名又は変名の著作物の発行者は、その著作物に係る前項の罪について告訴をすることができる。ただし、第百十八条第一項ただし書に規定する場合及び当該告訴が著作者の明示した意思に反する場合は、この限りでない。

第百二十四条　法人の代表者（法人格を有しない社団又は財団の管理人を含む。）又は法人若しくは人の代理人、使用人その他の従業者が、その法人又は人の業務に関し、次の各号に掲げる規定の違反行為をしたときは、行為者を罰するほか、その法人に対して当該各号に定める罰金刑を、その人に対して各本条の罰金刑を科する。

一　第百十九条第一項若しくは第二項第三号若しくは第四号又は第百二十二条の二第一項　三億円以下の罰金刑

二　第百十九条第二項第一号若しくは第二号又は第百二十条から第百二十二条まで　各本条の罰金刑

2　法人格を有しない社団又は財団について前項の規定の適用がある場合には、その代表者又は管理人がその訴訟行為につきその社団又は財団を代表するほか、法人を被告人又は被疑者とする場合の刑事訴訟に関する法律の規定を準用する。

3　第一項の場合において、当該行為者に対してした告訴又は告訴の取消しは、その法人又は人に対しても効力を生じ、その法人又は人に対してした告訴又は告訴の取消しは、当該行為者に対しても効力を生ずるものとする。

4　第一項の規定により第百十九条第一項若しくは第二項又は第百二十二条の二第一項の違反行為につき法人又は人に罰金刑を科する場合における時効の期間は、これらの規定の罪についての時効の期間による。

附　則　抄

（施行期日）

第一条　この法律は、昭和四十六年一月一日から施行する。

（適用範囲についての経過措置）

第二条　改正後の著作権法（以下「新法」という。）中著作権に関する規定は、この法律の施行の際現に改正前の著作権法（以下「旧法」という。）による著作権の全部が消滅している著作物については、適用しない。

2　この法律の施行の際現に旧法による著作権の一部が消滅している著作物については、新法中これに相当する著作権に関する規定は、適用しない。

3　この法律の施行前に行われた実演（新法第七条各号のいずれかに該当するものを除く。）又はこの法律の施行前にその音が最初に固定されたレコード（新法第八条各号のいずれかに該当するものを除く。）でこの法律の施行の際現に旧法による著作権が存するものについては、新法第七条及び第八条の規定にかかわらず、著作権法中著作隣接権に関する規定（第九十四条の二、第九十五条、第九十五条の三第三項及び第四項、第九十七条並びに第九十七条の三第三項から第五項までの規定を含む。）を適用する。

（国等が作成した翻訳物等についての経過措置）

第三条　新法第十三条第四号に該当する著作物でこの法律の施行の際現に旧法による出版権が設定されているものについては、当該出版権の存続期間内に限り、同号の規定は、適用しない。

（法人名義の著作物等の著作者についての経過措置）

第四条　新法第十五条及び第十六条の規定は、この法律の施行前に創作された著作物については、適用しない。

（映画の著作物等の著作権の帰属についての経過措置）

第五条　この法律の施行前に創作された新法第二十九条に規定する映画の著作物の著作権の帰属については、なお従前の例による。

2　新法の規定は、この法律の施行前に著作物中に挿入された写真の著作物又はこの法律の施行前に嘱託によつて創作された肖像写真の著作物の著作権の帰属について旧法第二十四条又は第二十五条の規定により生じた効力を妨げない。

（自動複製機器についての経過措置）

第五条の二　著作権法第三十条第一項第一号及び第百十九条第二項第二号の規定の適用については、当分の間、これらの規定に規定する自動複製機器には、専ら文書又は図画の複製に供するものを含まないものとする。

（公開の美術の著作物についての経過措置）

第六条　この法律の施行の際現にその原作品が新法第四十五条第二項に規定する屋外の場所に恒常的に設置されている美術の著作物の著作権者は、その設置による当該著作物の展示を許諾したものとみなす。

（著作物の保護期間についての経過措置）

第七条　この法律の施行前に公表された著作物の著作権の存続期間については、当該著作物の旧法による著作権の存続期間が新法第二章第四節の規定による期間より長いときは、なお従前の例による。

（翻訳権の存続期間についての経過措置）

第八条　この法律の施行前に発行された著作物については、旧法第七条及び第九条の規定は、なおその効力を有する。

（著作権の処分についての経過措置）

第九条　この法律の施行前にした旧法の著作権の譲渡その他の処分は、附則第十五条第一項の規定に該当する場合を除き、これに相当する新法の著作権の譲渡その他の処分とみなす。

（合著作物についての経過措置）

第十条　この法律の施行前に二人以上の者が共同して創作した著作物でその各人の寄与を分離して個別的に利用することができるものについては、旧法第十三条第一項及び第三項の規定は、なおその効力を有する。

2　前項の著作物は、新法第五十一条第二項又は第五十二条第一項の規定の適用については、共同著作物とみなす。

（裁定による著作物の利用についての経過措置）

第十一条　新法第六十九条の規定は、この法律の施行前に国内において販売された商業用レコードに録音されている音楽の著作物の他の商業用レコードの製作のための録音については、適用しない。

2　旧法第二十二条ノ五第二項又は第二十七条第一項若しくは第二項の規定により著作物を利用することができることとされた者は、なお従前の例により当該著作物を利用することができる。

3　旧法第二十二条ノ五第二項又は第二十七条第二項の規定に基づき文化庁長官が定めた償金の額は、新法第六十八条第一項又は第六十七条第一項の規定に基づき文化庁長官が定めた補償金の額とみなして、新法第七十二条及び第七十三条の規定を適用する。

4　前項の場合において、当該償金の額について不服のある当事者が裁定のあつたことをこの法律の施行前に知つているときは、新法第七十二条第一項に規定する期間は、この法律の施行の日から起算する。

（登録についての経過措置）

第十二条　この法律の施行前にした旧法第十五条の著作権の登録、実名の登録及び第一発行年月日の登録に関する処分又は手続は、附則第十五条第三項の規定に該当する場合を除き、これらに相当する新法第七十五条から第七十七条までの登録に関する処分又は手続とみなす。

2　この法律の施行の際現に旧法第十五条第三項の著作年月日の登録がされている著作物については、旧法第三十五条第五項の規定は、なおその効力を有する。

（出版権についての経過措置）

第十三条　この法律の施行前に設定された旧法による出版権でこの法律の施行の際現に存するものは、新法による出版権とみなす。

2　この法律の施行前にした旧法第二十八条ノ十の出版権の登録に関する処分又は手続は、これに相当する新法第八十八条の登録に関する処分又は手続とみなす。

3　第一項の出版権については、新法第八十条から第八十五条までの規定にかかわらず、旧法第二十八条ノ三から第二十八条ノ八までの規定は、なおその効力を有する。

（削除）

第十四条　削除

（著作隣接権についての経過措置）

第十五条　この法律の施行前にした旧法の著作権の譲渡その他の処分で、この法律の施行前に行われた実演又はこの法律の施行前にその音が最初に固定されたレコードでこの法律の施行の日から新法中著作隣接権に関する規定が適用されることとなるものに係るものは、新法のこれに相当する著作隣接権の譲渡その他の処分とみなす。

2　前項に規定する実演又はレコードでこの法律の施行の際現に旧法による著作権が存するものに係る著作隣接権の存続期間は、旧法によるこれらの著作権の存続期間の満了する日が新法第百一条の規定による期間の満了する日後の日であるときは、同条の規定にかかわらず、旧法による著作権の存続期間の満了する日（その日がこの法律の施行の日から起算して五十年を経過する日後の日であるときは、その五十年を経過する日）までの間とする。

3　この法律の施行前に第一項に規定する実演又はレコードについてした旧法第十五条第一項の著作権の登録に関する処分又は手続は、これに相当する新法第百四条の著作隣接権の登録に関する処分又は手続とみなす。

4　附則第十条第一項及び第十二条第二項の規定は、第一項に規定する実演又はレコードについて準用する。

（複製物の頒布等についての経過措置）

第十六条　この法律の施行前に作成した著作物、実演又はレコードの複製物であつて、新法第二章第三節第五款（新法第百二条第一項において準用する場合を含む。）の規定を適用するとしたならば適法なものとなるべきものは、これらの規定に定める複製の目的の範囲内において、使用し、又は頒布することができる。この場合においては、新法第百十三条第一項第二号の規定は、適用しない。

（権利侵害についての経過措置）

第十七条　この法律の施行前にした旧法第十八条第一項若しくは第二項の規定に違反する行為又は旧法第三章に規定する偽作に該当する行為（出版権を侵害する行為を含む。）については、新法第十四条及び第七章の規定にかかわらず、なお旧法第十二条、第二十八条ノ十一、第二十九条、第三十三条、第三十四条、第三十五条第一項から第四項まで、第三十六条及び第三十六条ノ二の規定の例による。

（罰則についての経過措置）

第十八条　この法律の施行前にした行為に対する罰則の適用については、なお従前の例による。

附　則（平成一八年一二月二二日法律第一二一号）　抄

（施行期日）

第一条　この法律は、平成十九年七月一日から施行する。ただし、第一条及び附則第四条の規定は、公布の日から起算して二十日を経過した日から施行する。

（放送のための映画の著作物の著作権の帰属についての経過措置）

第二条　この法律の施行前に創作されたこの法律による改正後の著作権法（次条において「新法」という。）第二十九条第二項に規定する映画の著作物の著作権の帰属については、なお従前の例による。

（放送される実演の有線放送についての経過措置）

第三条　新法第九十四条の二の規定は、著作権法の一部を改正する法律（昭和六十一年法律第六十四号）附則第三項若しくは著作権法の一部を改正する法律（平成元年法律第四十三号。以下この条において「平成元年改正法」という。）附則第二項の規定の適用により新法中著作隣接権に関する規定の適用を受けない実演又は平成元年改正法附則第四項の規定の適用により新法中著作隣接権に関する規定の適用を受けない実演家に係る実演については、適用しない。

（罰則についての経過措置）

第四条　この法律（附則第一条ただし書に規定する規定については、当該規定）の施行前にした行為に対する罰則の適用については、なお従前の例による。

附　則（平成二一年六月一九日法律第五三号）　抄

（施行期日）

第一条　この法律は、平成二十二年一月一日から施行する。ただし、第七十条第二項、第七十八条、第八十八条第二項及び第百四条の改正規定並びに附則第六条の規定は、公布の日から起算して二年を超えない範囲内において政令で定める日から施行する。

（視覚障害者のための録音物の使用についての経過措置）

第二条　この法律の施行前にこの法律による改正前の著作権法（以下「旧法」という。）第三十七条第三項（旧法第百二条第一項において準用する場合を含む。）の規定の適用を受けて作成された録音物（この法律による改正後の著作権法（以下「新法」という。）第三十七条第三項（新法第百二条第一項において準用する場合を含む。）の規定により複製し、又は自動公衆送信（送信可能化を含む。）を行うことができる著作物、実演、レコード、放送又は有線放送に係るものを除く。）の使用については、新法第三十七条第三項及び第四十七条の九（これらの規定を新法第百二条第一項において準用する場合を含む。）の規定にかかわらず、なお従前の例による。

（裁定による著作物の利用等についての経過措置）

第三条　新法第六十七条及び第六十七条の二（これらの規定を新法第百三条において準用する場合を含む。）の規定は、この法律の施行の日以後に新法第六十七条第一項（新法第百三条において準用する場合を含む。）の裁定の申請をした者について適用し、この法律の施行の日前に旧法第六十七条第一項の裁定の申請をした者については、なお従前の例による。

（商業用レコードの複製物の頒布の申出についての経過措置）

第四条　新法第百二十一条の二の規定は、著作権法の一部を改正する法律（平成三年法律第六十三号）附則第五項又は著作権法及び万国著作権条約の実施に伴う著作権法の特例に関する法律の一部を改正する法律（平成六年法律第百十二号）附則第六項の規定によりその頒布又は頒布の目的をもってする所持について同条の規定を適用しないこととされる商業用レコードを頒布する旨の申出をする行為であって、この法律の施行後に行われるものについては、適用しない。

（罰則についての経過措置）

第五条　この法律の施行前にした行為に対する罰則の適用については、なお従前の例による。

附　則（平成二四年六月二二日法律第四三号）　抄

（施行期日）

第一条　この法律は、平成二十五年七月一日から施行する。

（調整規定）

第五条　この法律の施行の日が著作権法の一部を改正する法律（平成二十四年法律第四十三号）中第四十二条の三を第四十二条の四とし、第四十二条の二の次に一条を加える改正規定の施行の日前である場合には、前条のうち著作権法第四十二条の四の見出しの改正規定中「第四十二条の四」とあるのは、「第四十二条の三」とする。

附　則（平成二四年六月二七日法律第四三号）抄

（施行期日）

第一条　この法律は、平成二十五年一月一日から施行する。ただし、次の各号に掲げる規定は、当該各号に定める日から施行する。

一　附則第七条、第八条及び第十条の規定　公布の日

二　第二条第一項第二十号並びに第十八条第三項及び第四項の改正規定、第十九条第四項に一号を加える改正規定、第三十条第一項第二号の改正規定、第四十二条の三を第四十二条の四とし、第四十二条の二の次に一条を加える改正規定、第四十七条の九の改正規定（「又は第四十六条」を「、第四十二条の三第二項又は第四十六条」に改める部分に限る。）、同条ただし書の改正規定（「第四十二条の二まで」の下に「、第四十二条の三第二項」を加える部分に限る。）、第四十九条第一項第一号の改正規定（「第四十二条の二」を「第四十二条の三」に、「第四十二条の三第二項」を「第四十二条の四第二項」に改める部分に限る。）、第八十六条第一項及び第二項の改正規定（「第四十二条の二まで」の下に「、第四十二条の三第二項」を加える部分に限る。）、第九十条の二第四項に一号を加える改正規定、第百二条第一項の改正規定（「第四十二条の三」を「第四十二条の四」に改める部分に限る。）、同条第九項第一号の改正規定（「第四十二条の二」を「第四十二条の三」に、「第四十二条の三第二項」を「第四十二条の四第二項」に改める部分に限る。）、第百十九条第一項の改正規定、同条に一項を加える改正規定並びに第百二十条の二第一号の改正規定並びに次条並びに附則第四条から第六条まで及び第九条の規定　平成二十四年十月一日

（経過措置）

第二条　この法律による改正後の著作権法（以下「新法」という。）第十八条第三項第一号から第三号までの規定は、前条第二号に掲げる規定の施行前に著作者が行政機関（行政機関の保有する情報の公開に関する法律（平成十一年法律第四十二号）第二条第一項に規定する行政機関をいう。）、独立行政法人等（独立行政法人等の保有する情報の公開に関する法律（平成十三年法律第百四十号）第二条第一項に規定する独立行政法人等をいう。）又は地方公共団体若しくは地方独立行政法人（地方独立行政法人法（平成十五年法律第百十八号）第二条第一項に規定する地方独立行政法人をいう。以下この項において同じ。）に提供した著作物でまだ公表されていないもの（その著作者の同意を得ないで公表された著作物を含む。）であって、公文書等の管理に関する法律（平成二十一年法律第六十六号。以下この項において「公文書管理法」という。）第八条第一項若しくは第十一条第四項の規定により国立公文書館等（公文書管理法第二条第三項に規定する国立公文書館等をいう。次項において同じ。）に移管されたもの又は公文書管理条例（地方公共団体又は地方独立行政法人の保有する歴史公文書等（公文書管理法第二条第六項に規定する歴史公文書等をいう。以下この項において同じ。）の適切な保存及び利用について定める当該地方公共団体の条例をいう。以下この項において同じ。）に基づき地方公文書館等（歴史公文書等の適切な保存及び利用を図る施設として公文書管理条例が定める施設をいう。次項において同じ。）に移管されたものについては、適用しない。

2　新法第十八条第三項第四号及び第五号の規定は、前条第二号に掲げる規定の施行前に著作者が国立公文書館等又は地方公文書館等に提供した著作物でまだ公表されていないもの（その著作者の同意を得ないで公表された著作物を含む。）については、適用しない。

第三条　この法律の施行の際現にこの法律による改正前の著作権法第三十一条第二項の規定により記録媒体に記録されている著作物であって、絶版等資料（新法第三十一条第一項第三号に規定する「絶版等資料」をいう。）に係るものについては、新法第三十一条第三項の規定により当該著作物の複製物を用いて自動公衆送信（送信可能化を含む。）を行うこ

とができる。

（罰則の適用に関する経過措置）

第四条　この法律（附則第一条第二号に掲げる規定については、当該規定）の施行前にした行為に対する罰則の適用については、なお従前の例による。

（政令への委任）

第五条　前三条に規定するもののほか、この法律の施行に関し必要な経過措置は、政令で定める。

（国民に対する啓発等）

第七条　国及び地方公共団体は、国民が、新法第三十条第一項（新法第百二条第一項において準用する場合を含む。）に定める私的使用の目的をもって、有償著作物等（新法第百十九条第三項に規定する有償著作物等をいう。以下同じ。）の著作権又は著作隣接権を侵害する自動公衆送信（国外で行われる自動公衆送信であって、国内で行われたとしたならば著作権又は著作隣接権の侵害となるべきものを含む。）を受信して行うデジタル方式の録音又は録画を、自らその事実を知りながら行って著作権又は著作隣接権を侵害する行為（以下「特定侵害行為」という。）の防止の重要性に対する理解を深めることができるよう、特定侵害行為の防止に関する啓発その他の必要な措置を講じなければならない。

2　国及び地方公共団体は、未成年者があらゆる機会を通じて特定侵害行為の防止の重要性に対する理解を深めることができるよう、学校その他の様々な場を通じて特定侵害行為の防止に関する教育の充実を図らなければならない。

3　附則第一条第二号に掲げる規定の施行の日の前日までの間における第一項の規定の適用については、同項中「新法第三十条第一項（新法第百二条第一項において準用する場合を含む。）」とあるのは「著作権法第三十条第一項（同法第百二条第一項において準用する場合を含む。）」と、「新法第百十九条第三項に規定する有償著作物等」とあるのは「録音され、又は録画された著作物、実演、レコード又は放送若しくは有線放送に係る音若しくは影像（著作権又は著作隣接権の目的となっているものに限る。）であって、有償で公衆に提供され、又は提示されているもの（その提供又は提示が著作権又は著作隣接権を侵害しないものに限る。）」とする。

（関係事業者の措置）

第八条　有償著作物等を公衆に提供し、又は提示する事業者は、特定侵害行為を防止するための措置を講じるよう努めなければならない。

（運用上の配慮）

第九条　新法第百十九条第三項の規定の運用に当たっては、インターネットによる情報の収集その他のインターネットを利用して行う行為が不当に制限されることのないよう配慮しなければならない。

（検討）

第十条　新法第百十九条第三項及び附則第八条の規定については、この法律の施行後一年を目途として、これらの規定の施行状況等を勘案し、検討が加えられ、その結果に基づいて必要な措置が講じられるものとする。

附　則（平成二五年一一月二七日法律第八四号）　抄

（施行期日）

第一条　この法律は、公布の日から起算して一年を超えない範囲内において政令で定める日から施行する。ただし、附則第六十四条、第六十六条及び第百二条の規定は、公布の日から施行する。

（処分等の効力）

第百条　この法律の施行前に改正前のそれぞれの法律（これに基づく命令を含む。以下この条において同じ。）の規定によってした処分、手続その他の行為であって、改正後のそれぞれの法律の規定に相当の規定があるものは、この附則に別段の定めがあるものを除き、改正後のそれぞれの法律の相当の規定によってしたものとみなす。

（罰則に関する経過措置）

第百一条　この法律の施行前にした行為及びこの法律の規定によりなお従前の例によることとされる場合におけるこの法律の施行後にした行為に対する罰則の適用については、なお従前の例による。

（政令への委任）

第百二条　この附則に規定するもののほか、この法律の施行に伴い必要な経過措置（罰則に関する経過措置を含む。）は、政令で定める。

な

は

ま

や

ら

あとがき

小島　浩之

本書『人文学と著作権問題――研究・教育のためのコンプライアンス』は、科学研究費補助金による研究成果の一部であるとともに、漢字文献情報処理研究会（漢情研）が二〇〇三年より継続的に実施してきた、著作権を中心とする知的財産権についての勉強会から生まれた成果でもある。

本書における、法條先生（法学者）と菅原先生（人文学者）の対話は、漢情研での十年間の討論・議論などを踏まえて書き下ろした部分と、二〇一三年の春から秋にかけて科研メンバーと石岡克俊氏とで、テーマを設定して複数回の討論を行い、その内容を文字に起こしたものに基づいた部分がある。これらを一貫した内容になるよう、全体をブラッシュアップする過程で法條先生と菅原先生の人格が形成されてきた。

菅原先生が、歴史学、それも古典文献から書誌学・古文書学、はてはフィールドワークまで、さらには文学・語学教育から図書館情報学・博物館学・人文情報学と何でもこいのスーパーマルチ人文学者となってしまったのは、この十年間に漢情研に関わった方すべてが、彼に仮託されているからである。漢情研に集う様々な人文学研究者の念から生まれた菅原先生に、学問の神様、道真公もさぞかし驚いていることであろう。

一方の法條先生について、読者諸氏は、本書執筆陣の中で唯一の法律学者である石岡氏の仮名と思われているかもしれない。確かに、本書における法律解釈については、石岡氏の監修・校閲を経ているが、法條先生がそのまま石岡氏というわけではない。法條先生は、漢情研（石岡氏も会員の一人である）が、やはり十年間で作り上げた、こんな法律学者がいたら面白かろう、というイメージの産物なのである。そういう視点で改めて法條先生を観察していただければ、「法條」という名字から想起される堅物のイメージとは異なり、好奇心旺盛な人間味あふれる存在であることがわかるだろう。

中国古代の法思想家・韓非の『韓非子』から生まれた、「守株待兎」（株を守りて兎を待つ）という故事成語がある。簡単にいえば、融通がきかないという意味だが、おそらく、本書は法律関係の本としてはこの正反対で、融通がききすぎて型破りなものになってしまった。著作権にかかわる本に「顔真卿自書建中告身帖」事件は必ずといってよいほど登場するが、これが資料としてどういうものか解説されることはなかったであろう。また、版木や木活字、ソシュールや内藤湖南の肖像が掲載された法律書もおそらく本邦初であろう。

人文学関係の方は法律学の、法律学関係の方は人文学の考え方に触れていただき、不思議な二つの学問の融合の世界に面白さを感じていただければ、執筆者の一人としては望外の喜びである。

末筆ながら、所蔵資料の画像使用を快諾いただいた、国立国会図書館・東京大学経済学図書館・東京大学経済学部資料室・寶山寺の各機関に心より御礼申し上げる。また、これまで著作権関係のイベントに参加していただいた多くの方々、さらには、毎年の会誌発行に加え本書の出版に際しても尽力いただいた、好文出版の尾方社長に感謝の意を表したい。

二〇一四年二月一六日

著者紹介

■石岡　克俊（いしおか　かつとし）
一九七〇年生　北海道出身　慶應義塾大学大学院法学研究科後期博士課程単位取得退学
【専門】経済法、知的財産法、消費者法
【現職】慶應義塾大学大学院法務研究科准教授
【著作】『知財20講 ― 知的財産の創造・保護・活用等の現状と課題』（共著・経済産業調査会）、『白書出版産業 ― データとチャートで読む日本の出版２０１０』（共著・文化通信社）、『電気通信事業における接続と競争政策』（編著・三省堂）

■小島　浩之（こじま　ひろゆき）
一九七一年生　岐阜県出身　京都大学大学院文学研究科修士課程修了
【専門】東洋史学および歴史資料の保存と活用に関する研究
【現職】東京大学大学院経済学研究科講師
【著作】「日本における唐代官僚制研究：官制構造と昇進システム（System）を中心として」（『中国史学』第20巻）、「資料保存の考え方：現状と課題」（『情報の科学と技術』Vol.60 No.2）、「東京大学総合図書館所蔵鷗外文庫『明代勅命』管見」（『漢字文献情報処理研究』第10号）

■上地　宏一（かみち　こういち）
一九七六年生　東京都出身　慶應義塾大学大学院政策・メディア研究科博士課程単位取得退学
【現職】大東文化大学外国語学部専任講師
【専門】コンピュータ漢字処理、語学IT教材開発
【著作】「漢字字形情報管理システムの構築と提案 ― 日本漢文学研究への応用 ―」（『日本漢文学研究』第3号）、「GlyphWiki 開放型フォント開発環境の構築に向けて」（『漢字文献情報処理研究』第7号）、『海外に行く人のインターネット活用ガイド』（共著・ぎょうせい）

■佐藤　仁史（さとう　よしふみ）
一九七一年生　愛知県出身　慶應義塾大学大学院文学研究科博士後期課程修了
【専門】中国近現代社会史、口述史。
【現職】一橋大学大学院社会学研究科准教授
【著作】『近代中国の郷土意識 ― 清末民初江南の在地指導層と地域社会』（研文出版）、『太湖流域社会の歴史学的研究 ― 地方文献と現地調査からのアプローチ』（共編著・汲古書院）

■田邉　鉄（たなべ　てつ）
一九六三年生　京都府出身　大阪外国語大学外国語学研究科修士課程修了
【専門】中国語教育、教育工学
【現職】北海道大学情報基盤センター准教授
【著作】「中国語ＣＡＩ実践レポート・『たまご一個いくら？』の中国語」（『漢字文献情報処理研究』第10号）

■千田　大介（ちだ　だいすけ）
一九六八年生　東京都出身　早稲田大学大学院文学研究科博士後期課程中退
【専門】中国近世通俗文学、中国伝統演劇、中国同時代文化
【現職】慶應義塾大学経済学部教授
【著作】『北京なるほど文化読本』（共著・大修館書店）、『Chinese Culture Review』1～7（共同監訳・好文出版）、「皖南皮影戯考 ― 伝播・変容・特色」（『近現代中国の芸能と社会 ― 皮影戯・京劇・説唱』好文出版）

■二階堂善弘（にかいどう　よしひろ）
一九六二年生　東京都出身　早稲田大学大学院文学研究科博士課程退学
【専門】アジアの民間信仰研究
【現職】関西大学文学部教授
【著作】『封神演義の世界』（大修館書店）、『明清期における武神と神仙の発展』（関西大学出版部）、『アジアの民間信仰と文化交渉』（関西大学出版部）

■師　茂樹（もろ　しげき）
一九七二年生　大阪府出身　東洋大学大学院文学研究科仏教学専攻博士後期課程単位取得退学
【専門】仏教学、人文情報学
【現職】花園大学文学部准教授
【著作】『情報歴史学入門』（共著・金壽堂出版）、「徳一の三時教判に基づく法華経解釈」（『印度學佛教學研究』59-1）

■山田　崇仁（やまだ　たかひと）
一九七〇年生　愛知県出身　立命館大学大学院文学研究科博士課程後期課程修了
【専門】中国先秦史
【現職】大阪大谷大学・滋賀大学・立命館大学講師
【著作】「N-gram 方式を利用した漢字文献の分析」（『立命館白川静記念東洋文字文化研究紀要』第1号）、「文字なる表記の誕生」（『中国古代史論叢』5集）、「書同文考」（『史林』91巻4号）

人文学と著作権問題
研究・教育のためのコンプライアンス

2014年2月28日　初版発行
2014年9月　1日　2刷発行

編者　漢字文献情報処理研究会
石岡 克俊　小島 浩之　上地 宏一　佐藤 仁史　田邉 鉄　千田 大介
二階堂 善弘　師 茂樹　山田 崇仁

発行者　尾方敏裕

発行所　株式会社好文出版
〒162-0041　東京都新宿区早稲田鶴巻町540　林ビル3F
Tel.03-5273-2739　Fax.03-5273-2740
http://www.kohbun.co.jp/

DTP制作　電脳瓦崗寨（http://wagang.econ.hc.keio.ac.jp/）
装丁　関原直子
印刷／製本　株式会社栄光

Printed in Japan　ISBN978-4-87220-177-2